Gertrude Bell *Ich war eine Tochter Arabiens*

Gertrude Bell

Ich war eine Tochter Arabiens

Das abenteuerliche Leben einer Frau zwischen Orient und Okzident

Mit einem Vorwort von Gabriele Krone-Schmalz

Scherz

Einzig berechtigte Übersetzung aus dem
Englischen von Gerda Bean.

Bearbeitung und überleitende Texte von Rachel Gratzfeld.

Schutzumschlag von Gerhard Noltkämper
unter Verwendung eines Fotos aus
dem Bell-Archiv, New Castle.

Erste Auflage 1993

Inhalt

Vorwort

Eine völlig unmögliche Frau – diese Gertrude Bell. Von einer geradezu verrückten Abenteuerlust besessen und doch faszinierend vernünftig. Nahezu unmenschlich ehrgeizig, aber nie abstoßend borniert. Kompetent und selbstbewußt, dabei rührend bescheiden. Eine kraftvolle Kämpferin, seltsam ergeben in ihr Schicksal. Bewundernswert, doch letztlich nicht zu beneiden.

Ich würde sie gerne fragen können, ob sie glücklich war oder ob sie sich nur eingerichtet hat – zugegeben auf einem äußerst hohen Niveau – mit der Frauen eigenen (zumindest ihnen nachgesagten) Anpassungsfähigkeit. So oder so, sie hat viel erreicht, sie hat viel bewegt, auch wenn andere die Schlagzeilen machten. Das ist heute allerdings oft nicht anders.

Gertrude Bell hatte alle Voraussetzungen, um in ihrer englischen Heimat ein sorgenfreies und luxuriöses Leben zu führen. Sie stammte aus einer sehr wohlhabenden Industriellenfamilie. Ihre Stiefmutter verstärkte das hohe gesellschaftliche Ansehen der Bells durch ihre vielfältigen Kontakte zu Künstlern und Kulturschaffenden. Gertrude wurde in ihrem Elternhaus vorbildlich gefördert und sie konnte ungehindert ihren Interessen und Neigungen nachgehen. Sie durfte studieren, tat es als eine der ersten Frauen in Oxford. Ungewöhnlich gute Voraussetzungen.

«Wie kannst du den Garten der Welt verlassen und in diese Wildnis ziehen?» so fragt sie einst ein Scheich in der Wüste. «Vielleicht verlangt das wirklich eine Erklärung», meint Gertrude dazu in einem ihrer Briefe, aber sie gibt sie nicht. Ob sie die Erklärung kennt?

Von außen betrachtet und mit dem zeitlichen Abstand eines Jahrhunderts drängt sich eine auf. Von der man nicht weiß, ob sie stimmt. Aber eine gewichtige Rolle hat sicher gespielt, daß der Mann ums Leben kam, in den sie sich verliebt hatte und den sie nicht hatte heiraten dürfen. Die Eltern waren dagegen. Als verheiratete Frau hätte sich Gertrude nie und nimmer so mit Haut und Haaren einer Aufgabe verschreiben können. Auch heutzutage ist es alles andere als selbstverständlich, einen zeitintensiven Beruf und Familie miteinander zu kombinieren – jedenfalls als Frau –, damals jedoch wäre es vollkommen unmöglich gewesen.

Als emotional und finanziell unabhängige Frau stand Gertrude Bell die Welt offen. Sie lernte Sprachen, vertiefte sich in die Geheimnisse der Geschichte und entdeckte den Reiz des Orients für sich. Mit ihrer einzigartigen Mischung aus unbefangener Neugier und politischem Scharfsinn begann sie, die uns Europäern fremde Welt zu begreifen. Es mußten schon außergewöhnliche Fähigkeiten und Kenntnisse sein, die Männer der damaligen Zeit dazu brachten, sich überhaupt für die politischen Einschätzungen einer Frau zu interessieren. Daß die männliche diplomatische Führungsschicht so ausgiebig von Gertrude Bells Wissen Gebrauch machte, hing nicht zuletzt auch damit zusammen, daß sie keine Angst vor ihrer Konkurrenz zu haben brauchte. Gertrude hatte die Rollenverteilung gut verstanden. Ihre Rolle war die der Beraterin im Hintergrund. Sie wäre nicht im Traum auf die Idee gekommen, einen entsprechenden Posten in den vorderen Reihen zu beanspruchen.

Sie war intelligent und stark genug, das mit Humor zu tragen. Ihre scharfen Analysen, ihre politischen Artikel, die sie über die arabische Welt in England veröffentlichte, erschienen zum Teil ohne ihren Namen und sie amüsierte sich über die Besprechungen, die von den «Männern der Praxis» redeten, die die anonymen Autoren seien. «Es ist witzig, ein Mann der Praxis zu sein, nicht wahr?» schreibt sie im September 1918.

Gertrude Bell verbiegt sich nicht. Sie leistet sich, gegen den Strom zu schwimmen, und ist nicht zimperlich, wenn es darum geht, die britische Arabien-Politik zu kritisieren, die «eine arabische Regierung mit britischen Beratern versprochen und eine britische Regierung mit arabischen Beratern aufgestellt hat».

Sie schreibt mit Blick aus Arabien auf den Ersten Weltkrieg: «Der Kredit der europäischen Zivilisation ist aufgebraucht ... Wie können wir, die wir unsere eigenen Angelegenheiten so schlecht bewältigt haben, den Anspruch erheben, anderen beibringen zu wollen, wie sie ihre Angelegenheiten besser bewältigen?»

Gertrude Bell hat nie den eigenen politischen Hintergrund zum Maßstab aller Dinge gemacht, sie hat immer das Andersartige zugelassen, es zur Kenntnis genommen und geschildert, ohne aus britischem Blickwinkel gleich eine Wertung darüber vorzunehmen.

Vielleicht war sie gerade deshalb eine der besten Übersetzerinnen persischer Literatur, weil sie die Menschen verstanden und sich auf Ungewohntes, Fremdes eingelassen hat, statt es von vornherein abzulehnen.

Die ausgezeichnete Beobachterin, die mit fast schon übertriebener Liebe zum Detail in ihren Reiseberichten die kleinste Kleinigkeit nicht unerwähnt läßt, bringt sich immer selbst mit ein, mit ihren Reaktionen, ihren Empfindungen. Das macht es so nah und so menschlich, nicht abgehoben und absolut. Sie wäre sicher auch eine sehr gute Journalistin gewesen ...

Ist es nicht beinahe unglaublich, daß es eine europäische Frau zu Beginn unseres Jahrhunderts in der arabischen Welt zu soviel Anerkennung gebracht hat; daß sich britische Diplomaten bei ihr kundig machten und König Feisal, an dessen Krönung sie maßgeblich mitgewirkt hat, sie bis zu ihrem Tode als Beraterin schätzte? Dennoch – die ketzerische Frage sei gestattet, ob das einem Mann in gleicher Weise hätte gelingen können.

Bei all den Nachteilen, die Frauen in puncto Chancengleichheit – damals erst recht, aber auch heute noch – in Kauf nehmen müssen, liegt der paradox anmutende Vorteil darin, daß man ihnen in der Regel nicht allzuviel zutraut. Das bedeutet, man kommt näher ran, wenn man nicht gefürchtet wird, und kann dann, wie Gertrude Bell, mit Kompetenz, Mut und Offenheit Vertrauen schaffen und überzeugen. Ein solides Fundament für Anerkennung.

Wie hat sich Gertrude Bell gefreut, als Fahad Bej, einer der bedeutendsten Scheichs, eines Tages eine Konferenz damit beschloß, die gewaltige Wirkung zu beschreiben, die einer von Gertrudes Briefen erzielt hatte. «Ich rief meine Scheichs zusammen», sagte er zum Schluß, «ich las ihnen deinen Brief vor und sagte zu ihnen: O Scheichs, dies ist eine Frau – wie müssen erst die Männer sein!»

«Dieser köstliche Redeschluß», so schrieb Gertrude in einem Brief, «rückte mich im Handumdrehen wieder an meinen wahren Platz.»

Es läßt sich schwer ausmachen, ob ihre Bemerkung mehr humorvoll, beinahe weise – als jemand, der über solchen Dingen steht – oder doch eher traurig, fast resigniert gemeint war. Bitter jedenfalls klingt es nicht. Verletzt wird sie gewesen sein, wie eben ein Mensch verletzt ist, wenn man ihn nach zwar gängigen, aber dennoch schiefen Kriterien bewertet.

Gabriele Krone-Schmalz

1
Wißbegierig und wagemutig – Jugendjahre

GERTRUDE BELL
Gelehrte, Historikerin, Archäologin, Forscherin, Schriftstellerin, Alpinistin, Gartenfreundin, hervorragende Dienerin des Staates. Sie wurde hier geboren am 14.Juli 1868 und starb am 12.Juli 1926 in Bagdad.

Diese Worte stehen auf der Gedenktafel an Gertrude Bells Geburtshaus in der englischen Grafschaft Durham. Das Haus gehörte ihrem Großvater, Sir Isaac Lowthian Bell, einem äußerst erfolgreichen Kohlengrubenbesitzer, Stahlfabrikanten und Gründer eines blühenden Industrieimperiums. Gertrude erbte seine intellektuelle Brillanz, seine Willensstärke, und ihm verdankte sie den bedeutenden finanziellen Rückhalt, der ihr die sorgenfreie Verwirklichung all ihrer Reisen und Unternehmungen ermöglichte.

Gertrude verlebte eine äußerst behütete Kindheit und wurde nach den besten Traditionen des englischen Landadels erzogen. Als sie drei Jahre alt war, ereignete sich in dieser heilen Welt eine Tragödie: Ihre Mutter starb wenige Tage nach der Geburt eines Sohnes – Maurice –, und Hugh Bell, Gertrudes Vater, war jahrelang untröstlich.

Doch 1876 heiratete er zum zweitenmal. Florence Olliffe war mit der künstlerischen und literarischen Elite von Paris aufgewachsen und entweder durch Blutsverwandtschaft, Heirat oder Freundschaft mit vielen der bekanntesten Familien Englands verbunden. Sie brachte die Kultur, die künstlerische Phantasie und das gesellschaftliche Ansehen in die Familie Bell, von dem der alte Sir Isaac geträumt hatte, und sie brachte Hugh und seinen Kindern großes Glück. Das Verhältnis zu ihrer Stieftochter war vorbildlich; von Beginn an nannte Gertrude sie gern «Mutter», und Gertrudes erste kindliche Briefe waren an sie gerichtet. Aber auch mit ihrem Vater verband Gertrude ein überaus liebevolles Verhältnis, das ihr ganzes Leben lang anhielt.

Bis zu ihrem fünfzehnten Lebensjahr wurde Gertrude, der Tradition folgend, zu Hause unterrichtet. Ihre große intellektuelle Begabung und ihr ungewöhnlicher Charakter traten früh zutage, und als ihr Bruder Maurice nach Eton ging, beschlossen Florence und Hugh, ihrer Tochter eine methodischere und breitere Ausbildung zu ermöglichen. Im Frühling 1884 fuhr Gertrude nach London, quartierte sich bei der Mutter von Florence ein und besuchte das Queen's College.

Ihre lebhaften Briefe nach Hause beschreiben die üblichen Sorgen und Freuden einer intelligenten, aufgeweckten Schülerin, doch beginnen sich Ehrgeiz und Wissensdurst Bahn zu brechen.

Es ist ihr brennender Wunsch, Geschichte zu studieren. «Bitte, lach mich nicht aus», schreibt sie an ihren Vater. «Es ist mir sehr ernst damit, nach Girton [erstes Frauen-College in England] zu gehen. Ich möchte wenigstens eine Sache von Grund auf wissen und können. Dieses dilettantische Lernen bin ich leid. Ich möchte mich ganz in etwas vertiefen.»

Auch Lehrerinnen und Lehrer waren von Gertrudes Intelligenz und Wissensdurst beeindruckt, besonders ihr Geschichtslehrer, der den Eltern eindringlich nahelegte, ihre Tochter nach Oxford zu schicken. Hugh und Florence hatten wohl Bedenken, denn es war damals in Europa noch völlig unüblich, daß Frauen studierten; doch schließlich stimmten sie zu.

Gertrude war noch nicht achtzehn, als sie 1886 in Oxford

eintraf und sich mit der ihr eigenen Energie in das Universitätsleben stürzte. Eine Freundin und Mitstudentin beschreibt Gertrude in einem Brief wie folgt: «Sie war wahrscheinlich die intelligenteste von uns, sicher aber die lebendigste, mit unerschöpflicher Energie, voller Vitalität, spielerisch und kraftvoll zugleich. Dabei eine merkwürdige Mischung aus Reife und Kindlichkeit.»

1888, kurz vor ihrem zwanzigsten Geburtstag, schloß Gertrude ihr Studium der Zeitgeschichte als erste Frau mit höchster Auszeichnung ab. Ein akademischer Grad wurde ihr nicht verliehen; dieses Recht erhielten Frauen in Oxford erst 1920.

Fast vier Jahre vergingen, in denen sich Gertrude zwischen Reisen, Gesellschaftsleben und Sprachstudium fragte, was die Zukunft bringen würde. Obwohl der Reichtum ihrer Familie ihr manches ermöglichte, standen einer Frau ihrer Zeit nicht viele Türen offen. Im Winter 1891 vertiefte sie sich in das Studium der persischen Sprache, da sie sich entschlossen hatte, der Einladung des damaligen britischen Botschafters Lascelles nach Teheran zu folgen. Frank Lascelles war mit Mary, der Schwester ihrer Stiefmutter, verheiratet.

Im Mai 1892 traf Gertrude mit Mary und deren Tochter Florence «im Garten Eden», wie sie Teheran enthusiastisch nannte, ein.

*

Gulahek, 18. Juni 1892

An den Cousin Horace Marshall

Sind wir wohl noch dieselben Menschen, wenn sich unsere ganze Umgebung, all unsere Verbindungen und Bekannten ändern? ... Wie groß die Welt ist, wie groß und wie wundervoll! Es kommt mir geradezu überheblich vor, von meinem unmaßgeblichen Standpunkt aus Dinge zu bewerten zu versuchen, für die ich im Grunde keine Maßstäbe habe. So schreibe ich Dir also unter Vorbehalt über Persien: Ich bin nicht ich, das ist meine einzige Entschuldigung. Ich gieße nur einiges von dem, was mir in den letzten beiden Monaten zuteil wurde, für Dich aus.

Also, in diesem Land tragen die Männer fließende Gewänder in Grün und Weiß und Braun, die Frauen heben verstohlen den Schleier, um vorbeigehende Fremde zu betrachten. Wo Wasser ist, bricht üppige Vegetation hervor, und wo keines ist, gibt es nichts als Steine und Wüste. Oh, die Wüste um Teheran! Meilen und Meilen, wo nichts, *nichts* wächst, eingekreist von öden, kahlen, schneegekrönten Bergen. Ich habe nie gewußt, was eine Wüste ist, bis ich hierherkam. Es ist etwas ganz Wunderbares! Und plötzlich, aus dem Nichts, aus einem bißchen kalten Wasser bricht ein Garten hervor. Und was für ein Garten! Bäume, Brunnen, Becken, Rosen und ein Haus darin, Häuser, wie in unseren Kindermärchen! Besetzt mit winzigen Spiegeln in zauberhaften Mustern, blaue Fliesen, Teppich, das Plätschern fließenden Wassers, und der Brunnen. Hier sitzt der verzauberte Prinz – feierlich, würdevoll, in lange Gewänder gekleidet. Er schreitet Dir entgegen, wenn Du eintrittst, sein Haus ist Deines, sein Garten ist Deiner, sein Tee und seine Früchte – alles ist Dein. Euer Sklave von Gottes Gnaden hofft, daß die Gesundheit Eurer Hoheit gut ist? Sie ist sehr gut, dank Seiner großen Güte. Würden sich Eure Herrlichkeit zu diesem Kissen begeben? Eure Herrlichkeit setzt sich und verbringt zehn Minuten damit, mit ihrem Gastgeber blumige Komplimente auszutauschen, die ein Dolmetscher übersetzt, während Eis und Kaffee serviert werden; und danach reitest Du erfrischt, verzaubert und mit vielen Segnungen auf Deinem glücklichen Haupt nach Hause. Ach, wir kennen keine Gastfreundschaft im Westen und keine Manieren. Ich schämte mich fast vor den Bettlern auf der Straße – sie tragen ihre Lumpen mit mehr Anmut als ich mein bestes Kleidungsstück, und die Schleier der einfachsten Frauen (der Schleier ist der Prüfstein der Toilette einer Frau) sind weit besser umgelegt als meine. Ein Schleier sollte vom Scheitel bis zur Sohle fallen, und er sollte nicht durchsichtig sein.

Sag, ist es nicht erfrischend für den Geist, in einer Hängematte zu liegen, die zwischen den Platanen eines persischen Gartens aufgeknüpft wurde, und die Gedichte von Hafis zu lesen – im Original, wohlgemerkt –, aus einem seltsam in geprägtes Leder gebundenen Buch, das man im Basar gekauft hat? Das prosaische Wörterbuch, das ebenfalls in meiner Hängematte liegt, verstecken wir einstweilen unter den Musselinunterröcken!

Auch dies ist angenehm: um 7 Uhr morgens nach einem zweistündigen Ausritt erhitzt und staubig nach Hause zu kommen und ein kaltes, mit köstlichem Rosenwasser parfümiertes Bad vorzufinden und danach ein ausgezeichnetes und ersehntes Frühstück in einem Zelt im Garten.

Im Garten sind große, tiefe Becken, wo ich abends oft zwischen Tennis und Dinner in eiskaltem Wasser schwimme. Bevor wir Teheran verließen, ging ich, wenn es zu heiß zum Schlafen war, im Morgengrauen hinaus und schwamm im Schatten der Weiden. Wir haben Teheran inzwischen sehr gern verlassen, obwohl uns das Haus dort gefiel. Es wurde in der Stadt sehr stickig und windstill. Obwohl wir jetzt nur sechs Meilen entfernt leben, geht hier immer ein frischer Wind, außer vielleicht nachmittags zwischen zwei und vier, wenn man im allgemeinen schläft.Wir leben viel näher bei den Bergen, und hier sind überall bewässerte Felder, wo das Korn fast reif zum Schneiden ist. Welch angenehmes Klima!

Ich lerne Persisch, nicht mit großer Energie, man tut hier nichts mit großer Energie. Mein Lehrer ist ein reizender alter Mann mit leuchtenden Augen und einem weißen Turban, der kein Englisch und nur so wenig Französisch kann, daß er weder die Dichter für mich übersetzen noch irgendwelche grammatikalischen Schwierigkeiten erklären kann. Aber wir kommen trotzdem erstaunlich gut miteinander aus und verbringen viel Zeit mit langen philosophischen Gesprächen, die ich auf französisch und er auf persisch führt.

*

In den sechs Monaten, die Gertrude bei den Lascelles in Persien verbrachte, setzte sie ihre Sprachstudien fort und nahm begeistert am gesellschaftlichen Leben in den Diplomatenkreisen teil. Bei diesem ersten selbständigen Aufenthalt jenseits der Grenzen des konventionellen Familienlebens im viktorianischen England, passierte, was vorauszusehen war: Sie verliebte sich. Henry Cadogan war Angehöriger der britischen Gesandtschaft, zehn Jahre älter als Gertrude, gut aussehend, charmant, ein begeisterter Sportler und mit einem Interesse für Geschichte und Literatur, das dem ihren ebenbürtig schien. Die Romanze entwickelte sich. Drei Monate lang waren sie fast jeden Tag zusammen, lasen Gedichte, unternahmen lange Reitausflüge in die Wüste, und schließlich hielt Henry um Gertrudes Hand an. Hugh und Florence erhielten einen ekstatischen Brief, in dem Gertrude sie um den Segen für die Verlobung mit Henry bat. Die sonst so großzügigen Eltern verweigerten jedoch ihre Zustimmung. Zwar gab es an Mr. Cadogans Herkunft nichts auszusetzen – er war immerhin Enkel eines Grafen –, doch hatten sie wenig vorteilhafte Informationen über ihn selbst bekommen: Er war nicht nur ein mittelloser Diplomat ohne Aussicht auf eine Spitzenposition, sondern angeblich auch ein Spieler. Undenkbar, ihre Tochter mit einem solchen Mann zu verheiraten! Obwohl Gertrude alles versuchte, um Hugh und Florence von ihrer Haltung abzubringen, hätte sie ihren Wunsch nie im Leben gegen den Willen der Eltern durchgesetzt.

«Ach», schreibt sie kurz vor ihrer Abreise aus Persien Ende August 1892, «ob Ihr wohl den ganzen Sonntag damit verbracht habt, über mein weiteres Leben zu beratschlagen? Ich komme so gerne wieder nach Hause – aber ich fürchte mich auch schrecklich davor, Henry Cadogan auf unbestimmte Zeit Lebwohl sagen zu müssen. Denn wenn Papa es wirklich ernst meint und es ganz und gar nicht in Frage kommt, dann bleibt ihm nichts anderes übrig, als noch mindestens ein Jahr, vielleicht zwei, in Persien zu bleiben, und uns beiden bleibt nichts anderes, als zu warten und zu warten, bis er Botschafter oder etwas Überraschendes und Einträgliches wird.»

Und wenig später gesteht sie ihrer Stiefmutter Florence: «... Denke nicht, daß ich, könnte ich wählen, nicht alles noch einmal würde haben wollen – die Ungeduld und die Schmerzen und die Abreise, die noch bevorsteht. Es hat sich alles gelohnt, mehr als gelohnt. Manche Leute leben ein ganzes Leben und erfahren dieses Wunderbare nie. Wenigstens habe ich es kennengelernt und habe ich gesehen, wie sich die Möglichkeiten des Lebens plötzlich vor mir auftaten – nur muß man vielleicht ein bißchen weinen, wenn man sich abwenden und das alte, enge Leben wieder aufnehmen muß.»

Ende Oktober 1892 war Gertrude wieder zu Hause. Neun Monate später fiel Henry Cadogan in Südpersien vom Pferd, stürzte in einen eisigen Fluß und starb an einer Lungenentzündung. In dem Dreivierteljahr ihrer Trennung hatte sich an Gertrudes Gefühlen nichts geändert, und sie trauerte lange um ihn.

In den folgenden Jahren war Gertrude entweder in Begleitung ihres Vaters oder ihrer Brüder Maurice und Hugo viel auf Reisen. Sie fuhren nach Frankreich, Algerien, Deutschland; Gertrude vertiefte sich in die Kunstschätze Italiens und Griechenlands und erlernte fast jede neue Sprache schnell und von Grund auf. Auch die Lascelles traf sie wieder, diesmal allerdings in Berlin. Frank war inzwischen dort Botschafter, und Gertrude wurde auch Kaiser Wilhelm vorgestellt. An ihre Halbschwester Elsa schrieb sie amüsiert:

*

Berlin, 22. Januar 1897

Liebste Elsa,
am Mittwoch machte ich meinen Diener vor dem Kaiserpaar. Es war eine sehr schöne Zeremonie. Wir fuhren mit der gläsernen Kutsche zum Schloß, und als wir ankamen, salutierte die Wache. Ein herrliches Gefühl! Dann warteten wir lange Zeit

mit all den Diplomaten in einem Raum neben dem Thronsaal, und ungefähr um acht wurden die Türen geöffnet. Wir brachten uns hastig gegenseitig die Schleppen in Ordnung und marschierten in einer Prozession hinein, während die Kapelle den Marsch aus Lohengrin spielte. Der Kaiser und die Kaiserin standen auf einem Podium am Ende des Saales, und wir schritten durch eine Art Passage, die von Reihen um Reihen rosa gekleideter Pagen gebildet wurde. Der «Allerhöchste» sah in seiner roten Uniform außerordentlich gut aus – ich konnte mir die Kaiserin nicht so genau anschauen, weil ich damit beschäftigt war, nicht auf Tante Marys Schleppe zu treten! Sie stellte mich vor und trat dann zur Seite, während ich zweimal knickste. Dann wußte ich nicht, was zum Teufel ich als nächstes tun sollte, aber Tante Mary machte mir ein kleines Zeichen, ich solle hinter ihr hinausgehen, und so «enjambéte» ich ihre Schleppe und floh!

*

Kosmopolitisch, neugierig, begeisterungsfähig wie sie war, hatte Gertrude nicht nur gesellschaftliche, kulturelle und intellektuelle Interessen, sondern auch sportliche. Unter anderen Lebensumständen hätte sie durchaus ein weiblicher Abenteurer werden können. In den Alpen hatte sie Bergsteigen gelernt, und sie galt zu ihrer Zeit als eine der wagemutigsten Alpinistinnen. Noch heute trägt eine Spitze der Engelhörner (Berner Oberland) ihren Namen. Wenn sie von Bergerlebnissen durchaus erschreckender Art berichtet, muß der Leser sich immer auch vor Augen halten, mit welcher Ausrüstung Frauen um die Jahrhundertwende zu Berg gingen: lange, feste Röcke, Schnürstiefel, dicke Hanfseile, Holzstangen statt Pickel etc. Schutz gegen Nässe und Kälte gab es praktisch nicht.

*

Grindelwald, 12. September 1901

An die Stiefmutter

Unsere Geschichte ist traurig. Gestern morgen stiegen wir bei sehr unsicherem Wetter zu einer Hütte auf, um den Finsteraarhorn-Kamm zu erreichen. Es goß in Strömen, regnete den ganzen Nachmittag, und heute früh um sechs begann es zu schneien. Um acht, als wir uns auf den Weg machten, lagen drei Zoll Neuschnee, und so eilten wir nach Grindelwald zurück. ... Es ist sehr provozierend, wenn man das Gefühl hat, wirklich gute Kletterpartien vor sich zu haben! Wir hoffen, eine neue Engelhorn-Spitze zu schaffen, und wir haben die Hoffnung auf einen der hohen Gebirgskämme noch nicht ganz aufgegeben. Ich hätte wirklich gern, daß einer davon meinen Namen trägt! Es ist ein alberner Wunsch, nicht wahr? Aber man hat doch gern die Anerkennung, die man verdient.

Rosenlaui, 8. Juli 1902

An die Stiefmutter

Ich hatte eine ganz luxuriöse Reise. Meine beiden Führer holten mich ab, ich aß zu Abend, machte Pläne, ging zu Bett und schlief elf Stunden!

... Wir standen rechtzeitig zum Mittagessen in diesem wunderbaren Ort auf, und ich wurde von meinem Freund, dem Gastwirt, begeistert empfangen – oh! ich muß Dir noch sagen, daß der Schaffner im Zug der Brünig-Linie mich gefragt hat, ob ich die Miss Bell sei, die im vergangenen Jahr das Engelhorn bestiegen habe! Es ist noch eine andere kletternde Frau hier, Frl. Kuntze – und sie ist wirklich sehr gut, aber nicht sehr erfreut, mich zu sehen, da ich ihr Ulrich Fuhrer wegnehme, mit dem sie bisher geklettert ist. Sie hat einen Deutschen dabei, einen bekannten Bergsteiger, und ich saß heute nachmittag bei ihnen und habe mich mit ihnen unterhalten, als sie von einem kleinen Ausflug zurückkehrten. Sie haben verschiedene Touren in den Engelhörnern gemacht, aber das Beste in dieser Gegend muß noch absolviert werden, und Ulrich und ich werden übermorgen auf Inspektionstour gehen.

Meiringen, Sonntag, 3. August 1902

An den Vater

Diesmal muß ich mit dem Bekenntnis beginnen, daß sich so manch düstere Prophezeiung von Euch beinahe bewahrheitet hätte und ich eigentlich recht erfreut bin, daß meine Knochen nicht verstreut und kalt in den Alpen herumliegen ... Seid jedoch unbesorgt, sie befinden sich alle heil und gesund auf der Grimsel, und gäbe es nicht diese leichten Erfrierungen an den Füßen, wäre ich schon wieder fröhlich auf dem Weg zu neuen Abenteuern ...

Am Montag regnete es, und wir konnten nichts unternehmen. Am Dienstag machten wir uns um 1 Uhr früh auf den Weg und nahmen uns einen Spalt hoch oben im Wetterhorn-Massiv vor, den wir durch das Fernglas erkundet hatten. Wir erreichten ihn nach einem dreistündigen Aufstieg, um dann leider festzustellen, daß ununterbrochen Eisabbrüche herabstürzten. Wir kamen zu dem Schluß, daß der Aufstieg viel zu riskant war – es wäre in der Tat schierer Wahnsinn gewesen. Traurig kehrten wir um.

Am nächsten Morgen fuhr ich um sechs von Meiringen ab und teilte den Waggon mit einem lieben amerikanischen Ehepaar, das auf einer Wandertour durch die Schweiz war – hauptsächlich per Eisenbahn, vermute ich. Also, wir aßen zu Mittag und machten uns am Nachmittag auf den Weg zum Pavillon Dollfuß, wo wir um sechs eintrafen. Etwas Einladenderes als die kleine Hütte an diesem Abend kann man sich kaum vorstellen. Das Wetter war perfekt, der schönste Abend, den ich je in den Alpen erlebt habe. Bis die Sonne um sieben hinter dem Schreckhorn unterging, saß ich ohne Mantel draußen und ging botanisierend über die Alp, während meine Führer die Suppe kochten. Ich fand sehr süße blaße

Veilchen unter den großen Steinen und hatte alles für mich allein.

Vor uns lag die Besteigung der Finsteraarhorn-Ostwand – das ist ein hübsches Problem, und die Meinungen der Experten gehen hinsichtlich der Machbarkeit sehr auseinander. Dr. Wilson hat es sich in diesem Jahr angesehen und sich dagegen entschieden. Wir haben es uns zwei Jahre lang angesehen und uns dafür entschieden, und andere Autoritäten sind mit uns einer Meinung. Der Berg hat auf der Seite gegenüber dem Schreckhorn eine Reihe von Abschwüngen, die sich strahlenförmig vom extrem spitzen Gipfel bis zum Finsteraargletscher erstrecken ... Der Grat, der immer diskutiert wurde, baut sich vom Gletscher her in einer Folge von Felstürmen auf, die in einem solch unmöglichen Winkel zur steilen Bergwand stehen, daß man sich wundert, wie sie überhaupt stehenbleiben; und eigentlich kann man wirklich nicht von Stehen reden, denn im oberen Teil kippen sie ständig ab. Dauernd rollen Felsbrocken in die Couloirs zwischen den Berggraten, und überall liegt und hängt lockeres Gestein, irgendeine Turmspitze kann ständig abbrechen. Aber wenn man nahe am Grat geht, ist man einigermaßen sicher, weil die Brocken in die Couloirs zu beiden Seiten fallen; das einzige Problem ist es, auf den Grat zu kommen – denn dafür muß man durch ein Couloir, in dem ständig Steinlawinen abgehen, von Schneelawinen ganz zu schweigen. Das fing schon an, als wir es eine Stunde nach Sonnenaufgang durchquerten. Wir verließen die Hütte um 1 Uhr 35.

Donnerstag. Wir überquerten den Gletscherabbruch genau bei Sonnenaufgang, und um sechs waren wir auf dem Grat, weit weg von den Steinen, die der Berg während der ersten halben Stunde Kletterei auf uns abgefeuert hatte (zum Glück zielte er schlecht). Wir frühstückten, dann folgte ein schwieriger und gefährlicher Aufstieg. Er war schwierig, weil die Wand extrem steil ist. Dann kamen die unvermeidlichen schwierigen Kaminklettereien – an einen erinnere ich mich besonders, weil es anschließend so verflixt schwer war, wieder herunterzukommen, oder wir hätten uns um einen Turm herummogeln oder ein vereistes Couloir durchqueren müssen. Jedenfalls war alles irgendwie gefährlich, weil der ganze Felsen brüchig war. Das fand ich am Morgen heraus, als ich mich mit der Hand in einem Riß abstützte, der aussah, als reiche er bis zum Grund aller Dinge. Leider brach daraufhin ein gewaltiger Felsbrocken heraus, fiel auf mich und schubste mich ein Stück abwärts, bis ich mich endlich auf einer winzigen Felsbank von ihm trennen konnte. Ich kam ohne Seilzug auf die Füße, Gott sei Dank – denn ein bißchen später ließ ich das Seil zufällig durch die Hände gleiten und stellte fest, daß der Felsbrocken es etwa einen Meter von meiner Taille entfernt zur Hälfte durchschnitten hatte. Und so ging es immer weiter den Grat hinauf, und die Türme vermehrten sich wie die Kaninchen und wurden steiler und höher, und als ich mich gegen 2 Uhr mal umschaute, sah ich große schwarze Wolken aus dem Westen heranrollen. Aber zu dem Zeitpunkt lag der höchste Turm des Grats noch weit über uns, und der Berggipfel war noch viel weiter weg, und obwohl wir noch immer nicht sehen konnten, wie der Grat oben aussah, waren wir voll Gleichmut und stiegen eine weitere Stunde auf, während sich das Wetter immer mehr verschlechterte.

Um drei, gerade als die ersten Schneeflocken fielen, ragten vor uns die letzten beiden Felstürme auf – und der erste sah ganz unmöglich aus. Der Aufschwung war immer schmaler geworden, die Seiten fielen steiler ab, während wir hochkletterten, so daß wir uns schon seit geraumer Zeit ganz nah an den scharfen Grat halten mußten; dann bäumte er sich zu einem großen Turm auf, der nach rechts überhing und aus schiefrigen, schlüpfrigen Platten bestand, die wie Dachziegel angeordnet waren, und darunter fiel der Berg etwa 20 Fuß [ca. 6 Meter] fast senkrecht zum Sattel hin ab. Wir befanden uns jetzt etwa 1000 Fuß [ca. 300 Meter] unterhalb des Gipfels, vielleicht sogar weniger, jedenfalls konnten wir die restliche Route ausmachen – sie war nicht einfach, aber möglich, waren wir erst einmal am Turm vorbei. Und wenn wir oben waren, konnten wir auf der anderen Seite bei jedem Wetter absteigen. Wir mußten es versuchen.

Der Schnee fiel schnell, er wurde von starkem Wind getrieben, und dicker Nebel quoll aus dem Tal über das Finsteraar-Joch. Wir krochen über den rasiermesserscharfen Grat eines kleinen Sattels, befestigten das Seil an einem Felsen und ließen Ulrich auf einen Sims unter dem Überhang des Turms herunter. Er probierte ein paar Minuten lang, Stand zu finden, dann gab er auf. Der Sims war furchtbar schmal, fiel nach außen ab und bestand aus höchst brüchigem Gestein. Hoffnungslos. Also versuchten wir es auf der andern Seite des Turms: Da verlief eine sehr steile, vereiste Rinne etwa 50 Fuß [ca. 15 Meter] quer nach oben. War diese Rinne gequert, schien der Rest normal zu sein. Wieder ließen wir uns am Extraseil zum Fuß des Turms hinab, mußten aber feststellen, daß auch diese Route unmöglich war. Ich glaube, einen Monat später hätte man das Couloir durchqueren können. Nach einem warmen August wäre das Eis geschmolzen, und obwohl die Rinne wirklich sehr steil ist, sah der Fels, soweit man ihn unter dem Eis ausmachen konnte, solide aus. Wir entschlossen uns jedenfalls zum Rückzug – obwohl der Abstieg über diesen entsetzlichen Grat furchtbar sein würde. Aber schon fuhr der Schnee in einer kleinen Lawine durch das Couloir, und der Wind stürzte sich auf uns und trug die Nebel mit sich. Bei gutem Wetter wären wir nur kurze Zeit auf dem Grat geblieben und hätten dann in den Hang traversiert zu einer anderen Route im oberen Fels. Zwar bin ich nicht sicher, ob das wirklich möglich gewesen wäre, aber wir hätten alles versucht. Nach einer halben Stunde Abwärtskletterei war rechts und links nichts mehr vom Berg zu sehen, nur wenn eine Wolke wegrollte und sich eine andere darüberschob, gab es ein bißchen freie Sicht. Der Neuschnee deckte die Felsen mit unglaublicher Geschwindigkeit zu. Nach den Schwierigkeiten beim Aufstieg kannst Du Dir vorstellen, wie es jetzt beim Abstieg aussah, wo wir den Stein nicht einmal mehr sehen konnten. Besonders an einer Stelle, wo wir einen Turm umrunden mußten.

Wir kamen um die Ecke, einen sehr steilen Kamin hinunter, erreichten eine schräg nach außen abfallende, schneebedeckte Felskante. Da war ein Riß, in dem man stehen und sich mit einer Hand an der Wand festhalten konnte, bevor man sich etwa 8 Fuß [ca. 2,5 Meter] auf einen steilen Schneeabhang hinunterlassen mußte. Wir befestigten das Extraseil und rutschten einer nach dem anderen über den Felsen auf den Schnee. Es war zwar mehr oder weniger sicher, weil man sich an dem gesicherten Seil halten konnte, aber es war doch ein schreckliches Gefühl. Ich werde mich mein Leben lang an jeden Zoll dieser Felswand erinnern! Es war jetzt fast sechs. Und wir wollten um alles in der Welt beim Kamin sein – der Kamin vom Mittag, der besonders schwierige –, solange er noch nicht völlig verschneit war. Wir quälten uns bis 8 Uhr weiter. Inzwischen wütete ein furchtbares Unwetter. Wir standen neben einem großen Felsturm, als es plötzlich krachte und sekundenlang eine blaue Flamme darauf tanzte. Mein Eispickel zuckte in meiner Hand, und ich hatte das Gefühl, durch meinen Wollhandschuh hindurch Hitze zu spüren. War das möglich? Ich habe den Handschuh nicht ausgezogen, um nachzusehen! Bevor wir wußten, wie uns geschah, schlug schon wieder ein Blitz ein – es war ein riesiger, hochaufragender Turm, der die Blitze anzog –, aber wir hielten uns nicht mit Vermutungen auf, sondern polterten so schnell wir nur konnten einen Kamin hinunter. Es ist nicht lustig, mitten im dicksten Gewitter einen Blitzableiter mit sich herumzutragen!

Es war klar, daß wir in dieser Nacht nicht weitergehen konnten. Das Problem war, das bestmögliche Nachtquartier zu finden, solange es noch hell genug war. Wir stießen auf einen winzigen windgeschützten Felsvorsprung; er war gerade groß genug, daß ich mich ganz hinten auf einen sehr spitzen Felsbrocken setzen konnte. Wenn ich mich krümmte, konnte ich sogar meinen Kopf schützen. Ulrich saß auf meinen Füßen, um sie warm zu halten, und Heinrich gleich davor. Beide steckten ihre Füße in ihren Rucksack, die goldene Regel des Biwakierens. Wir zitterten die ganze Nacht, aber unsere Hände und Füße waren warm, und Bergsteiger sind wie Mimosen, wenn es um ihre Zehen geht. Ich nickte ziemlich oft ein und wurde jede Stunde oder so durch die unerträgliche Unbequemlichkeit meiner Stellung geweckt, die ich dann um einen oder zwei Zoll veränderte, so daß es für eine weitere Stunde erträglich war. Zuerst machte das Gewitter das Ganze ziemlich aufregend. Die Donnerschläge folgten den Blitzen so rasch, daß kein Abstand dazwischen zu liegen schien. Wir seilten uns am Felsen über uns an – für den Fall, wie Ulrich ungerührt feststellte, daß einer von uns vom Blitz getroffen werden sollte und umfiele. Die Felsen um uns herum knisterten und zischten wie feuchtes Holz, das gerade zu brennen beginnt. Allmählich klarte die Nacht auf und wurde wunderschön sternenhell. Zwischen zwei und drei ging der Mond auf, eine winzige Sichel, und wir sprachen davon, was für eine Freude es sein würde, wenn die Sonne aufginge und uns die ersten Strahlen endlich wärmen würden. Aber die Sonne ging überhaupt nicht auf – oder praktisch nicht. Der Tag kam eingehüllt in dichtesten Nebel und mit einem schneidenden, schneebeladenen Wind – es war Freitag, die Sonne sahen wir den ganzen Tag nicht. Es mußte während des Gewitters dauernd weitergeschneit haben, denn als wir im ersten grauen Licht um etwa vier die Köpfe hoben und aufstanden (zu steif, um es noch einen Augenblick länger auszuhalten), war alles unter Schnee vergraben.

Ich kann Dir diesen Tag kaum beschreiben. Von 4 Uhr früh bis 8 Uhr abends waren wir auf dem Grat. In dieser Zeit aßen wir dreimal ein oder zwei Minuten lang; meine Verpflegung bestand aus genau fünf Pfefferkuchen, zwei Riegeln Schokolade, einer Scheibe Brot, einem Stückchen Käse und einer Handvoll Rosinen. Wir hatten nichts zu trinken außer einer Pfütze Schnaps am Boden meiner Feldflasche und einem Schluck Wein im Weinschlauch der Bergführer, aber es war zu kalt, um durstig zu sein. Ohne das Extraseil wären wir überhaupt nicht weitergekommen. Kannst Du Dir vorstellen, welche Mühe es kostete, alle paar Fuß einen Felsen zu finden, um den man es schlingen konnte, und dann mußten wir es hinter uns herunterziehen und wieder neu befestigen. Beide Seile waren völlig vereist und entsetzlich schwer zu handhaben, und das Wetter war grauenvoll. Es schneite den ganzen Tag, manchmal leise, wie anständiger Schnee fallen sollte, manchmal mit einem heftigen, bitterkalten Wind, der uns den Schnee nicht nur entgegentrieb, sondern der auch alles von den Felsen fegte, in die Abgründe, Couloirs und über uns wirbelte. In allen Couloirs strömten Schneeflüsse – wir mußten einen überqueren, oh, wie entsetzlich und mühsam das war! Sobald man eine Stufe zurechtgehauen hatte, war sie schon wieder voll Schnee, bevor man den Fuß hineinsetzen konnte. Wir waren entschlossen hinunterzukommen, unter allen Umständen. Und das hielt uns dermaßen beschäftigt, daß uns keine Zeit blieb, an die Beschwernisse zu denken. Ich weiß, ich habe nie an die Gefahren gedacht, nur einmal, und da war ich ganz ruhig. Ich erzähle Dir gleich davon.

Das nächste, das wir in Angriff nehmen mußten, war der Kamin. Wir mußten unser Seil zweimal darin festmachen, das zweite Mal an einem sehr wackeligen Stift. Ich hatte einen festen Stand und hielt Heinrich. Da war ein Überhang. Er kletterte ein bißchen, fiel dann auf weichen Schnee und kollerte das Couloir hinunter, bis mein Seil ihn mit einem Ruck aufhielt. Dann stieg er linkerhand auf einen Felsen, ungefähr auf halber Höhe des Überhangs. Ulrich kam zu mir herunter, und ich machte es genau wie Heinrich. Das vereiste Extraseil glitt mir wie Butter durch die Hände. Dann kam Ulrich. Er wurde von Heinrich und mir gehalten; ich stand ein gutes Stück weiter links, aber nur halb so hoch oben wie er. Er kletterte zu der Stelle hinunter, von der wir beide gefallen waren, und fragte uns bei jedem Schritt um Rat. Dann rief er : «Heinrich, Heinrich, ich bin verloren!» und purzelte hinunter, genau wie wir, und wir konnten ihn im Couloir halten – mehr tot als lebendig vor Angst. Wir gaben ihm ein Stück Zucker mit ein paar Tropfen von unserem kostbaren Brandy, und er erholte sich bald und machte so entschlossen weiter wie zuvor. Wir dachten, jetzt sei das Ärgste vorbei, aber es kam noch schlimmer. Es war eine Stelle, die uns schon beim Aufstieg Mühe gemacht hatte, eine steile, aber kurze Schräge aus vereistem Fels am Fuß eines Turms. Die Schräge war jetzt mit etwa vier Zoll Lawinenschnee bedeckt, und der Fels war nicht zu sehen. Das Ganze lag am Rand eines riesigen Couloirs, durch das ein Schneefluß schoß. Wir mogelten uns durch. Auf jeden Fall kamen Ulrich und ich dann zu einer Stelle am Ende des Extraseils, wo nicht genug Standplatz für uns beide war. Er war ungesichert und konnte mich nicht halten, Heinrich stand unter uns am Rand des Couloirs, auch ungesichert. Und ich sollte das Extraseil an einem Felsen ein kleines Stück unter mir neu befestigen, so daß ich ebenfalls praktisch ungesichert war. Aber es war die einzige Möglichkeit. Die Entfernungen waren für meine Arme zu groß, ich kam nicht an die Felsen heran: Ich reichte Heinrich meinen Eispickel und sagte ihm, mir bliebe nichts anderes übrig, als mich fallen zu lassen, aber er konnte sich nicht sichern oder tat es jedenfalls nicht, und eine Sekunde später stürzten wir beide Hals über Kopf das Couloir hinunter, das fast senkrecht abfiel. Ich habe keine Ahnung, wie Ulrich uns hat halten können! Er sagte selbst, er hätte es nicht für möglich gehalten, aber als er mich sagen hörte, ich würde fallen, bohrte er das spitze Ende des Eispickels blitzschnell in einen Riß über seinem Kopf, und damit und mit seinem Körper konnte er uns alle drei halten. Ich kam im Schnee gleich wieder auf die Füße, bekam meine Seilschlaufe frei, hielt Heinrich, holte seinen und meinen Eispickel, dann hackten wir uns langsam das Couloir bis zum Fuß des Felsens hoch. Aber es hätte ins Auge gehen können, und ich schämte mich ein wenig, weil ich mitschuldig war.

Ungefähr um 2 Uhr nachmittags wurden wir alle müde. Ich hatte Schmerzen in Schulter und Rücken, was vermutlich auf die Überanstrengung beim Klettern und die Erschöpfung durch das Zittern zurückzuführen war, denn es war unmöglich, die müden Muskeln in dieser bitteren Kälte zu beherrschen. Und so kletterten wir noch sechs Stunden weiter, von denen nur die letzte leicht war, und um acht erreichten wir endlich den Finsteraargletscher; im Dunkeln stießen wir mit viel Glück auf die richtige Stelle im Bergschrund und seilten uns darüber ab. Es war jetzt wirklich dunkel, der Schnee hatte sich in strömenden Regen verwandelt, und wir sanken mit jedem Schritt bis über die Knöchel im weichen Sulz ein. Außerdem waren wir völlig durchnäßt. Wir mußten mehrere große Spalten überqueren und den Abbruch hinunter, bevor wir den Unteraargletscher erreichten und in Sicherheit waren. Vor diesem Abstieg hatten wir keine Angst, da wir glaubten, uns auf unsere Laterne verlassen zu können. Aber kein einziges Streichholz wollte brennen. Wir hatten jede Sorte in metallenen Streichholzschachteln, aber die Schachteln waren naß, und wir hatten nicht einen trockenen Fetzen mehr an uns, um sie abzuwischen. Schließlich versuchten wir ohne Laterne weiterzugehen. Nach ein paar Schritten sank Heinrich fast bis zum Hals an einer weichen Stelle ein, und Ulrich und ich mußten ihn unter größten Schwierigkeiten herausziehen. Das war ein wirklich verzweifelter Augenblick. Wir hatten uns so auf trockene Dekken im Pavillon Dollfuß gefreut, und hier waren wir nun, mit der Aussicht auf eine weitere Nacht im Freien. Und sie würde schlimmer werden als die erste, denn wir saßen schutzlos und in peitschendem Regen auf dem Gletscher. Wir legten unsere drei Eispickel nebeneinander und setzten uns darauf. Ulrich und ich steckten unsere Füße in einen Sack, aber Heinrich weigerte sich, den anderen zu benutzen, und gab ihn mir, damit ich mich darauf legen konnte. Meine Schultern schmerzten unerträglich. Ich bestand darauf, daß wir alle etwas aßen, wenn auch nur einen Bissen. Dann legte ich mir ein nasses Taschentuch übers Gesicht, damit der Regen nicht darauf herumtrommeln konnte, und schlief ein. Es klingt unglaublich, aber ich glaube, wir schliefen alle mehr oder weniger, erwachten dann und wann in dieser fürchterlich unbequemen Lage und schliefen wieder ein. Ich tröstete mich, indem ich an Maurice in Südafrika dachte und wie er draußen im strömenden Regen schlief, was ihm nicht geschadet hat. Wir konnten die Zeit nicht bestimmen, aber früher als wir es erwartet hatten, zog über dem Schnee ein graues Licht auf, und als ich endlich meine Armbanduhr lesen konnte, da war es schon vier. Wir rappelten uns auf. Zuerst konnten wir kaum stehen, aber nach ein paar Schritten begannen wir ganz achtbar zu marschieren. Etwa um sechs erreichten wir die Stelle, wo wir uns vom Seil lösen konnten – nach 48 Stunden am Seil –, und wir kamen am Samstag um zehn am Grimselpaß an.

Alle hatten große Angst um uns gehabt, als sie das Wetter sahen, und nach Meiringen, nach Grindelwald telegraphiert, um zu erfahren, ob wir aufgetaucht seien. Ich stieg in ein warmes Bad und entdeckte zu meiner großen Überraschung, daß meine Füße eiskalt und völlig gefühllos waren. Nachdem ich aber einige gekochte Eier gegessen und krügeweise heiße Milch getrunken hatte, ging ich ins Bett und erwachte zur Dinnerzeit, um festzustellen, daß meine Zehen geschwollen und steif waren. Frau Lieseguay tauchte auf und sagte, daß ein südamerikanischer Arzt am Nachmittag vorbeigekommen sei, nach Ulrich und Heinrich gesehen, ihre Hände und Füße in Watte gepackt und ihnen geraten habe, sie sollten sich sehr warm halten. Also wickelte sie auch meine Füße in Watte – meine Hände sind fast wieder in Ordnung, aber ich glaube, meine Füße sind schlimmer dran als ihre. Es scheint sich jedoch langsam zu bessern, und ich denke nicht, daß ich zehenlos sein werde. Schlimm ist nur, daß man mit geschwollenen Zehen, die in Watte verpackt sind, überhaupt nicht gehen kann und ich einfach warten muß, bis sie heilen. Ich schlief etwa 24 Stunden und erwachte nur, um zu essen, und jetzt ist es 4 Uhr nachmittags, und ich stehe gleich auf und trinke Tee. Meine beiden Führer scheinen keinen Schaden genommen zu haben, außer daß Ulrich heute morgen über Rheumatismus klagte; was mich angeht, so bin ich vollkommen gesund, bis auf meine Zehen – noch nicht mal eine Erkältung. Erstaunlich!

Ist das nicht ein schreckliches Abenteuer? Jetzt, wo ich bequem im Haus sitze, frage ich mich doch ernsthaft, wie wir es fertigbrachten, heil vom Finsteraarhorn herunterzukommen und nicht an seinem Fuße erfroren zu sein.

2
Erste Wüstenreisen

Die Sehnsucht nach dem Orient, der sie seit ihrem Aufenthalt in Persien in Bann hielt, verließ Gertrude nicht. War sie zwischen ihren Reisen und Bergabenteuern zu Hause, studierte sie – neben Deutsch, Italienisch und Latein – Persisch und Arabisch. Sie veröffentlichte ihr erstes Buch, *Safar Nameh* – Persische Reisebilder –, und beendete die Übersetzung des Gedichtbandes, den sie erstmals zusammen mit Henry Cadogan in Teheran gelesen hatte: den *Diwan* des Hafis. Diese Übersetzung des berühmten persischen Dichters ins Englische gilt noch immer als eine der besten.

Im Oktober 1899 konnte sie endlich in den Nahen Osten zurückkehren. In Teheran hatte sie sich seinerzeit mit Dr. Fritz Rosen, dem deutschen Generalkonsul, und seiner Frau Nina angefreundet. Rosen war inzwischen Generalkonsul in Jerusalem, und Nina lud Gertrude zu einem ausgedehnten Aufenthalt ein. Mit einheimischen Begleitern unternahm Gertrude auf eigene Faust von Jerusalem aus mehrtägige Ausflüge in die Wüste.

*

Ayan Musa, Dienstag, 20. März 1900

An den Vater

Aus meinem Zelt. Ich reiste gestern kurz nach neun von Jerusalem ab, nachdem ich mit Hanna, meinem Koch, vereinbart hatte, daß er aufbrechen solle, sobald die Maulesel bereit wären. Ich ritt allein durch Jerusalem – die Straße war voll von Touristen und Eselkarawanen. Unterwegs schloß sich mir der eine oder andere Beduine an, und sie malten in den kräftigsten Farben die Gefahren aus, in die ich mich demnächst begeben würde – weil sie hofften, mit nach Moab genommen zu werden. Auf halbem Wege traf ich meinen Führer aus Salt, das liegt östlich des Jordan, der mir entgegenkam. Sein Name ist Tarif, er ist ein Diener des Geistlichen in Salt und deshalb Christ. Eine Zeitlang ritten wir zusammen. Aber er hatte ein müdes Pferd, deshalb ließ ich ihn nach einer Weile zurück, damit er mir langsam folgen konnte, und eilte nach Jericho hinunter, wo ich – völlig ausgehungert – gegen eins eintraf. Ich kehrte im Hotel Jordan ein. Danach gingen wir zum Mudir, dem Gouverneur, denn ich wollte die Wahrheit über die Geschichten erfahren, die man mir über Moab erzählt hatte; aber er war ausgegangen. Inzwischen waren Tarif und Hanna eingetroffen und berichteten, daß die Zelte sich um anderthalb Stunden verspäten würden, was das Campieren am Jordan an diesem Abend unmöglich machte ... Ich beschloß, diese Nacht in Jericho zu verbringen und früh aufzubrechen.

Nachdem ich heute morgen meine Maulesel und Hanna zur Jordan-Brücke weitergeschickt hatte, klopfte ich den Mudir heraus; er versprach, einen Führer nach Madeba zu schicken, der die notwendigen Arrangements für mich treffen sollte. Das Flußtal ist auf der anderen Seite breiter und war voll Tamarisken in voller weißer Blüte und Weiden mit ganz frischem Laub; es gab so gut wie keine Schlammlöcher, und als wir die Jordan-Ebene erreichten, stand die Wildnis in voller Blüte. Ein unvergeßlicher Anblick: Flächen über Flächen in den unterschiedlichsten, auserlesensten Farben – violett, weiß, gelb und ein ganz leuchtendes Blau – und Felder mit scharlachroten Ranunkeln. Viele der Blumen kannte ich nicht, wohl aber die gelbe Margerite, die süß duftende malvenfarbige Levkoje, eine prachtvolle, große dunkelviolette Zwiebelblüte, den weißen Knoblauch und die purpurrote Malve und höher oben eine winzige blaue Iris und rote Anemonen und ein aufbrechendes rosa Ding wie Lein.

Zu uns gesellte sich nun ein fröhliches Paar aus Bethlehem, ein wohlbeleibter, hellhäutiger Mann mit blondem Bart in Weiß mit einer gelben Keffieh (das ist das Tuch, das sie mit Kamelschnüren um den Kopf winden und das über die Schultern herabfällt), der auf einem sehr kleinen Esel ritt, und ein dünnerer und dunklerer Mann, der zu Fuß ging. Der erste sah aus wie ein stattlicher Bürger. Er fragte mich, ob ich Christin sei, und sagte, er sei Christ, Gott sei Lob und Dank! Ich erwiderte fromm, daß Gott recht tue. So reisten wir alle gemeinsam durch die blumige Wildnis weiter. Hin und wieder stieg der stille, aber liebenswürdige Ismael ab, um mir eine unbekannte Pflanze zu pflücken, während die anderen Abwechslung suchten, indem sie Ringeltauben anpirschten. Aber die Tauben waren viel zu schlau, und sie feuerten ihre Hinterlader vergeblich ab, standen bis zur Taille in Blumen und blickten den fröhlich davonfliegenden Vögeln nach. Ein bißchen weiter oben stießen wir auf große Getreidefelder, die von den Adwan-Beduinen angesät worden waren – «Araber» nennen wir sie östlich des Jordan, da sie Araber par excellence sind und genau wie wir ihre schwarzen Zelte «Häuser» nennen. Dann Lebwohl den Blumen! Jetzt sahen wir eine Gruppe schwarzer Zelte weit weg auf einem kleinen Hügel, der mit weißen Gräbern bedeckt war – Tell Kufrein wird er genannt –, und hier stand die Gerste in Ähren, und mitten in den großen Flächen waren aus Zweigen kleine Wachtürme gebaut worden, und auf jedem stand ein Mann, um Vögel und Menschen zu vertreiben. Einer spielte auf einer Flöte, als wir vorüberzogen – es war noch arkadischer als Arkadien. Wir hatten jetzt den Fuß der Vorberge erreicht, und die Ebene hinter uns lassend, begannen wir zu steigen. Wir überquerten einen Fluß, der das Wadi Hisban hinunterströmte (was im Hohelied das Hesbon mit den Fischteichen ist), an einem Ort namens Akweh. Es war so naß hier, daß wir zu einem Platz weiterritten, wo ein paar dornige Bäume standen, die von riesigen Schwärmen ruhender Vögel bevölkert waren – sie stürzen sich auf jeden kleinen Busch, da es so wenig gibt, und die Araber kommen und zünden die Büsche an und fangen und braten die Vögel auf einen Streich!

Auf der ersten Bergschulter stießen wir auf ausgedehnte Kornfelder. Das geht hier so: Die Araber säen in einem Jahr auf einem Feld und leben woanders, damit ihre Tiere nicht das wachsende Korn fressen. Im nächsten Jahr liegt das Feld brach, und das Brachfeld des vorangegangenen Jahres wird bestellt. Über der zweiten Schulter kamen wir in hügeliges Gelände und stiegen durch das Tal nach Ayan Musa hinab, einem arabischen Lager neben einer Ansammlung wunderschöner Quellen. Ich fand die schönste Iris, die ich je gesehen habe – groß und süß duftend und so dunkellila, daß die herabhängenden Blütenblätter fast schwarz sind. Sie schmückt jetzt mein Zelt.

Eine halbe Stunde später und ein kleines Stück weiter unten wurde auf einem hübschen Grasplateau mein Lager aufgeschlagen. Wir waren bald von Arabern umringt, die uns ein Huhn und ausgezeichnete saure Milch, «Laban» genannt, verkauften. Während wir feilschten, wanderten die Frauen und Kinder umher und aßen Gras, genau wie Ziegen. Die Frauen sind unverschleiert. Sie tragen ein sechs Meter langes blaues Baumwollgewand, das hochgerafft um Kopf und Taille gewunden wird und bis auf die Füße reicht. Ihre Gesichter sind vom Mund abwärts mit Indigo tätowiert, und ihr Haar hängt in zwei langen Zöpfen zu beiden Seiten herunter. Unseren Pferden und Mauleseln wurden die Vorderbeine gefesselt, und sie wurden gestriegelt. Hanna brachte mir eine ausgezeichnete Tasse Tee und um sechs ein gutes Abendessen, das aus Reissuppe und Olivenöl, einem Irish-Stew und Rosinen bestand.

Ist es nicht fabelhaft, Arabisch sprechen zu können? Wir haben heute eine große Schar Störche («Väter des Glücks» nennt Tarif sie) und einen Adler gesehen. Ich befinde mich jetzt unter den Bilka-Arabern, aber diese Leute hier sind die Ghanimat, was Hanna mit «Väter der Herden» übersetzt.

Mittwoch, 21.

Also, ich kann Dir jetzt die Kehrseite des Lagerlebens zeigen. Ich erwachte heute morgen bei Tagesanbruch und stellte fest, daß ein kräftiger Wind Wolken aus Osten heranblies. Um 7 Uhr fing es an zu regnen, trotzdem brach ich auf... Gegen Mittag kamen wir völlig durchnäßt in Madeba an. Als ich durch die schmutzigen, schlammigen Gassen ritt, wurde ich zu meiner Überraschung von einem Mann im Regenmantel auf amerikanisch begrüßt. Er ist Photograph, halb berufsmäßig, und sein Name ist Baker, und er ist sehr lustig und nett. Er reist mit einem Dragoman. Ich wählte meinen Lagerplatz auf der windgeschützten Seite des Dorfes, und Mr. Baker nahm mich mit zum katholischen Kloster, wo er logiert, so daß ich im Trocknen sitzen konnte, während mein Camp errichtet wurde. Ich schickte eine Nachricht zum «Amtsgebäude», um herauszufinden, was der Mudir aus Jericho im Hinblick auf meine morgige Eskorte bewirkt hatte. Ich erfuhr, daß der hiesige Mudir weg sei, daß aber der Effendi zu mir kommen würde. Er erschien, ein großgewachsener Türke mittleren Alters. Ich lud ihn mit aller Höflichkeit in mein Zelt ein und bot ihm Zigaretten an (Du siehst, eine schlechte Gewohnheit kann auch ihr Gutes haben!), während Hanna ihm eine Tasse Kaffee brachte. Aber – er konnte mir keinen Soldaten geben! Er hatte nicht genug. Ich beschloß zu warten, bis Kaffee und Zigaretten ihre Wirkung taten, und brachte das Gespräch auf andere Themen – mit so vielen höflichen Phrasen, wie mir einfielen. Glücklicherweise dachte ich ans Photographieren und erfuhr, daß es sein größter Wunsch sei, mit seinen Soldaten photographiert zu werden. Ich ergriff die Gelegenheit und bot es ihm an, würde ihm Abzüge schicken und so weiter, und der Schlußeffekt war, daß er extra für mich bei Tagesanbruch einen Soldaten schicken wollte. Ich halte es für einen großen Sieg, ein diplomatisches Gespräch so erfolgreich auf arabisch geführt zu haben, Du nicht auch?

Der Wind hat nachgelassen, und der Himmel ist klar, aber es ist kalt und eher feucht. Ich hatte die glänzende Idee, in der Stadt eine Kohlenpfanne holen zu lassen, die mir gefüllt mit Holzkohle gebracht und in meinem Zelt aufgestellt wurde. Ich habe mein Gewand darüber getrocknet. Von meinem Camp aus überblicke ich weite Ebenen voll wogender Kornfelder, die sich nach Osten hin erstrecken.

Donnerstag, 22.

Heute war ein ganz wunderbarer Tag. Hanna weckte mich. Um 6 Uhr 30 hatte ich gefrühstückt und war startbereit. Ich ließ fragen, ob mein Soldat käme. Er traf wenige Minuten später ein, ein großer, gutaussehender, fröhlicher Tscherkesse auf einem kräftigen Schimmel, und kurz vor sieben ritten wir los. In einer Senke stießen wir plötzlich auf ein großes Lager von Christen aus Madeba und hielten an, um sie und ihre Schafe zu photographieren. Sie melkten sie, wobei die Schafe Kopf an Kopf in einer dicht geschlossenen Reihe von vielleicht jeweils vierzig zusammengebunden waren. Wir ritten weiter und weiter, das Gelände hob und senkte sich, immer das gleiche schöne Gras – keine Straße, wir ritten quer durchs Land. Wieder ein großes Lager von Christen. Die Menschen waren äußerst freundlich, und ein Mann wollte unbedingt seine kleine Stute besteigen und mitkommen, nur so zum Vergnügen. Und so galoppierten wir zusammen davon, durch viele Herden und an Gruppen würdevoller Störche vorbei, die herumstaksten und Heuschrecken fraßen, bis wir zur Straße kamen, der Pilgerstraße nach Mekka. Eine richtige Straße ist es natürlich nicht. Sie ist etwa eine Achtelmeile [ca. 200 Meter] breit und besteht aus Hunderten von parallel verlaufenden Spuren, die die riesige Karawane, die sie zweimal im Jahr passiert, gezogen hat.

Als nächstes kamen wir an einigen Lagern und Herden der Beni Sakhr vorbei, des gefürchtetsten aller arabischen Stämme und die letzten, die sich der Herrschaft des Sultans unterwarfen – «Sehr viel nicht angenehm», sagte Tarif –, und jetzt waren wir beinah am Fuß der niedrigen Berge, und vor uns standen die Ruinen von Maschetta. Sie stammen von einem persischen Palast, der von Chosru I. begonnen und nie fertiggestellt wurde; im Jahr 611 unserer Zeit überfiel er das Land und plante, sich hier eine prachtvolle Jagdhütte einzurichten. Die Grasebenen wimmelten nur so von Wild. Die Schönheit von allem ist ganz unbeschreiblich. So etwas vergißt man sein Leben lang nicht. Schließlich kehrten wir äußerst widerwillig um und machten uns auf den Rückweg. Schon nach wenigen Schritten begegneten wir drei Beni Sakhr; sie waren bis an die Zähne bewaffnet, hatten ein äußerst finsteres Aussehen und wirkten sehr bedrohlich. Als sie den Soldaten sahen, schleuderten sie uns einen unfreundlichen Gruß entgegen und setzten nach einem kurzen Austausch von Höflichkeiten ihren Weg fort – wir meinten, die Begegnung wäre ohne den «Geleitschutz» sicher anders verlaufen! Wir ritten weiter quer durch das Flachland und scheuchten mehrere Füchse und einen kleinen grauen Wolf auf. Leider sahen wir die weißen Gazellen nicht, von denen es so viele geben soll, und auch keine Schakale und Hyänen.

Donnerstag, 29.

Wadi Musa – endlich sind wir angekommen, und es ist den ganzen langen, langen Weg wert. Wir stiegen zum Dorf hinab, wo wir hofften, Proviant zu bekommen, aber es gab nicht ein einziges Huhn, deshalb schickten wir einen Mann eiligst zum nächsten Beduinenlager, um ein Lamm zu besorgen. Bis jetzt – 7 Uhr – ist noch keines aufgetaucht! Wir haben jedoch Laban und Gerste und Butter und können uns so mit unserem eigenen Reis und Brot am Leben erhalten. Wovon die Menschen im Dorf leben, kann ich mir nicht vorstellen. Sie hatten nicht einmal Milch.

Wir ritten weiter und kamen bald zum Eingang des Hohlwegs, der nach Petra führt. Der Bab es-Sik ist eine Passage von etwa einer halben Meile Länge und an manchen Stellen nicht mehr als acht Fuß [ca. 2,5 Meter] breit; die Felsen erheben sich auf beiden Seiten steil in die Höhe; sie sind aus Sandstein im wunderbarsten Rot und bilden manchmal oben fast einen Bogen. Der Bach fließt dazwischen und füllt den ganzen Weg aus; früher floß er durch Kanäle, und die Straße war gepflastert. Oleander blühte am Bach entlang, und hier und da hing eine Efeuranke über dem roten Felsen herab. Völlig hingerissen ritten wir weiter, bis wir plötzlich durch die schmale Öffnung der Felsen den schönsten Anblick hatten, den man sich vorstellen kann. Stell Dir einen Tempel vor, der aus dem massiven Felsen gehauen ist, die Fassade von großartigen, freistehenden korinthischen Säulen gestützt, hoch bis zur Spitze des Felsens ragend, in den feinsten Proportionen und mit Gruppen von Figuren, die so frisch aussehen, als wären sie eben erst herausgemeißelt worden – all dies im rosenroten Felsen, den die Sonne gerade berührte und fast transparent machte. Allmählich wurde die Schlucht breiter, auf beiden Seiten waren aus dem Stein Felsengräber gehauen, in allen Formen und auf jede erdenkliche Weise verziert ... Wir ritten weiter und erreichten einen großen, offenen Platz. Die Felsen wichen auf beiden Seiten vor einer Art Amphitheater zurück, das voller Ruinenhaufen war. Und hier campierten wir inmitten von kunstvoll verzierten Gräbern, mit dreistöckig angebrachten Säulen und Simsen und das Ganze von einer großartigen Totenurne gekrönt. Alles fast wie Rokoko – so wie in venezianischen Kirchen des siebzehnten Jahrhunderts, nur nicht so von der Zeit zerrieben wie hier und nicht so farbig und wettergegerbt. Nein – ein Vergleich mit Bernini fiele zu dessen Ungunsten aus ... Es ist eine Märchenstadt, rosa und wunderbar. Die breiten, gepflasterten Straßen erstrecken sich bis hinauf zu einem verfallenen Torbogen und verschwinden dann. Plötzlich ragt eine massive Wand auf. «Eine rosenrote Stadt, halb so alt wie die Zeit.» – Wenn doch bloß das Lamm käme!

Montag, 2. April

Wir brachen heute früh um 7 Uhr auf. Es war sehr warm, mit starkem, glühendheißem Wind aus Süden und einem schweren heißen Nebel, äußerst unangenehm. Über zwei Stunden lang ritten wir steil bergan. Eine Freude waren die Meilensteine, die erstaunlich gut erhalten sind. Viele stehen immer noch aufrecht in Dreier- oder Vierergruppen. Ich habe manchmal acht an einer Stelle gezählt – ich weiß nicht, warum das so ist. Vielleicht hat jeder nachfolgende Herrscher, der die Straße ausbessern ließ, noch ein paar eigene Meilensteine aufgestellt. Die Inschriften sind zwar erkennbar, im allgemeinen aber wohl schwer zu entziffern, weil die Buchstaben so verwittert sind. Außerdem sind eine Menge arabischer Stammesmarkierungen darüber eingeritzt worden.

Wir kamen zu einem winzigen Dorf mit einer wunderhübschen Quelle und einer Wassermühle. Wir waren immer noch sechs Stunden von Kerak entfernt, und Ali war vor Hitze so rot im Gesicht, daß ich dachte, er würde einen Sonnenstich bekommen. Ich beschloß deshalb, hierzubleiben. Mein Lager wurde auf halber Höhe des Berges errichtet, die Quelle vor meiner Tür und davor dichte Getreidefelder, in denen Gerste reifte und die Störche herumstaksten. Ein riesiger Schwarm ließ sich am Berg nieder, und als ich einen Spaziergang machte, fand ich schnell heraus, was die Aufmerksamkeit der «Väter des Glücks» so in Anspruch nahm: Der Boden hüpfte vor Heuschrecken. An manchen Abhängen hatten sie jedes Blatt gefressen, und sie arbeiteten sich bis zum Getreide vor.

Ich habe meine Leute gerade beim Brotbacken beobachtet. Zum Glück war aus der Mühle unter uns Mehl zu haben. Sie machten mit zwei Holzklötzen Feuer, und als sie genug Asche hatten, formten sie aus Mehl und Wasser einen riesigen Kuchen, zwei Fuß im Querschnitt und einen halben Zoll dick, und bedeckten ihn mit heißer Asche. Nach einer Viertelstunde mußte er gewendet und wieder bedeckt werden. Das Ergebnis ist – heiß gegessen – köstlich. Das Brot wird ziemlich hölzern, wenn es abkühlt. Das Mehl ist sehr grob, fast wie Haferflocken. Dies sind die Augenblicke, in denen mein Camp sich von der besten Seite zeigt – ein halbes Dutzend zerlumpter Zuschauer saß im Kreis des flackernden Lichts, und ein winziger Mond hing darüber ...

Einer meiner Maultiertreiber, Muhammad, ist Druse. Wenn alle seiner Sekte so sind wie er, müssen sie eine ganz reizende Rasse sein. Er ist ein großer, gutaussehender Bursche, sanft und ruhig und äußerst enthaltsam. Er ißt nichts außer Reis und Brot und Feigen. Es macht mich nur noch neugieriger darauf, Hauran, das drusische Hauptzentrum, kennenzulernen, und die beiden Maultiertreiber möchte ich sehr gern mitnehmen: Sie sind sehr tüchtig und gefällig, und es wäre interessant, Muhammad in drusischem Land dabeizuhaben. Man mag von ihren religiösen Bräuchen vielleicht nichts erfahren oder sehen, aber er hat mir eine Menge von ihrem Leben und ihren Sitten erzählt. Er sagt, fast alle Menschen im Libanon sind Drusen. Er selbst kommt aus Beirut, wo er neben Ali wohnt. Sie sprechen beide mit dem hübschen, weichen, singenden Akzent des Libanon. Ich habe die unterschiedlichsten Akzente um mich, denn Tarif spricht beduinisches Arabisch und Hanna das echte Cockney von Jerusalem. Sie wollen manchmal von mir wissen, was das richtige ist.

Ich war in meinem ganzen Leben noch nie so sonnenverbrannt. Ich bin satt rotbraun – ganz und gar nicht kleidsam! – trotz des extravaganten Huts, den Du mir geschickt hast.

Freitag, 6. (wieder Jericho)

Madeba muß im Verhältnis zu seiner Größe mehr Moskitos und Flöhe als alle bewohnten Flecken auf dem Globus haben. Hauptsächlich wegen der Moskitos war meine Nacht ziemlich ruhelos, es regnete außerdem in Strömen, und Regen macht auf einem Zelt ein unverschämt lautes Geräusch. Zudem ließ mich der Gedanke an meine armen Leute draußen nicht zur Ruhe kommen. Es regnete immer noch ein wenig, als ich um 5 Uhr aufstand, aber die Wolken hoben sich. Ich brach mein Lager ab und ritt mit Hanna nach Jericho hinein. Wir kamen dieselbe Straße herunter, auf der wir hochgeritten waren – aber – die Ebene war verdorrt. In den zwei kurzen Wochen hatte die Sonne alles bis auf die hohen, trockenen Margeritenstengel verschlungen. Es war kaum zu glauben, daß es vor so kurzer Zeit noch so schön gewesen war. Jericho sieht gar nicht gut aus, ganz verbrannt und ausgedörrt.

Deraa, Montag, 30. April 1900

An den Vater

Heute morgen hatte keiner von uns einen sehr weiten Weg vor sich, deshalb bin ich erst um 6 Uhr 30 aufgestanden, was höchst angenehm war. Als ich aus meiner Zelttür schaute, leuchtete der schneebedeckte Hermon direkt vor mir. Er war so schön, daß ich die größten Schwierigkeiten hatte, mein Gesicht nicht nach Norden zu wenden und direkt auf ihn zuzueilen, aber das Drusengebirge stand neblig am östlichen Horizont, und das muß ich zuerst in Angriff nehmen. Wir frühstückten wie gewöhnlich vor dem Zelt der Rosens, wobei Hermon den vierten Platz an unserem Tisch einnahm, und um 8 Uhr 30 trennten wir uns, ich zog nach Osten und sie nach Westen. Ich habe zwei Maultiertreiber, Muhammad und Jakub, und Hanna. Wir ritten durch Getreidestraßen über die große Ebene von Hauran. Dörfer lagen verstreut da, und die Menschen sahen wohlhabend aus. Einige Felder waren gepflügt und lagen für die Saat des nächsten Jahres brach. Sie düngen praktisch nie, so daß sie Gerste nicht zwei Jahre hintereinander anbauen können. Die Landkarten weisen dieses Land als den Anaseh gehörend aus, ein großer Stamm, dessen Gebiet sich bis zum Euphrat erstreckt; aber sie scheinen ihre schwarzen Zelte weiter nach Osten hin verlegt zu haben, wahrscheinlich wegen der Übergriffe der türkischen Regierung.

Nach dreistündigem Ritt kamen wir zu einem aus Lehm und Stein erbauten Dorf, das auf einem kleinen Berg stand, mit einer Moschee auf dem Gipfel ... Die Menschen schnitten eifrig Gras und brachten es auf den Rücken von Kamelen nach Hause, eine beladene Koppel nach der anderen. In diesen Dörfern benutzen sie nur Kamele und einen kleinen Esel, der die Koppel anführt. Es blies ein kräftiger, kühler Westwind, aber die Sonne war glutheiß, so heiß, daß man einen Mantel anziehen mußte, um sie abzuhalten. Ich trage eine große weiße Keffieh um meinen Hut gewunden und um mich herumgewickelt, so daß nur meine Augen zu sehen sind, und die sind von einem blauen Schleier teilweise versteckt. Aber der Hauptkomfort dieser Reise ist mein Männersattel, sowohl für mich als auch für mein Pferd. Niemals, niemals wieder werde ich auf irgend etwas anderem reisen. Erst jetzt habe ich echte Bequemlichkeit beim Reiten kennengelernt. Bis ich zu sprechen anfange, denken die Leute immer, ich sei ein Mann, und reden mich mit Effendim an! Du mußt aber nicht glauben, daß ich nicht einen höchst eleganten und schicklich geteilten Rock trage; da aber alle Männer auch eine Art Rock tragen, dient dies nicht dazu, mich von ihnen zu unterscheiden.

Bosrah, Mittwoch, 2. Mai

Ich bin von Intrigen umgeben! Ich werde Dir alles von Anfang an erzählen. Wir brachen mit einem Soldaten als Führer über die mit Getreidefeldern übersäten Ebenen auf. Hier und da hob sich ein schwarzes Dorf vom Grün ab, und der Boden war mit schwarzem, porösem Stein bedeckt. Die vulkanischen Spitzen des Dschebel Drus lagen den ganzen Tag im Osten vor uns. Um 11 Uhr kam ich im ersten wirklich interessanten Dorf, Dschiseh, an, und hier nahm ich die Bauweise dieser Region in Augenschein. Du mußt wissen, daß ihre Eigenarten auf die Tatsache zurückzuführen sind, daß es überhaupt kein Holz gab (und gibt); als im ersten Jahrhundert die Römer hier eine große Kolonie errichteten, bauten sie nur mit Stein – die Dachbalken sind lange Steinblöcke, die sich von Bogen zu Bogen über den Räumen erstrecken, die Türen sind massive Steinblöcke, in die entzückende Muster geritzt sind. Sogar die Fenster sind aus perforiertem und geschnittenem Stein. All dies aus schwarzem Basalt. Es sieht kurios aus. In Dschiseh stand ein vollständig erhaltenes Haus, klein und viereckig, um das auf der Außenseite ein Sims oben herum verlief, aber es hatte überhaupt keine Fenster.

Bosrah lag, bevor wir ankamen, während Meilen schwarz und eindrucksvoll vor uns, ein Gewirr aus Säulen und Triumphbogen mit der alles überragenden Burg. Ich bestieg den quadratischen Turm des Minaretts und blickte über die Stadt – Säulen, schwarze, quadratische Türme über jeder Kirchenruine und Moschee, die große Burg und die Haufen herabgestürzter Steine. Ein fröhlicher, gutaussehender Mann, der Mamur (Verwalter des Sultans), hatte sich zu mir gesellt und kletterte mit mir in den Kirchen, zwischen umgestürzten Mauern und in zerstörten Häusern herum. Solch ein Schauspiel vergangener Pracht und gegenwärtigen Schmutzes läßt sich kaum vorstellen. Überall waren Steinblöcke mit lateinischen, griechischen, kufischen und arabischen Inschriften in die Mauern der Fellachenhäuser eingebaut, kopfüber, zusammen mit den perforierten Platten, die einmal Fenster waren, und Stükken von Säulen und Kapitellen. Nach zwei Stunden wurde mir vor Müdigkeit und Hunger leicht schwindlig. Schließlich führte der Mamur mich zur Burg hinauf, damit ich den Ausblick auf die Stadt genießen konnte, und stellte mich dem Hauptmann vor, der uns Stühle und Kaffee auf seinem Dach bereitstellte und anschließend Gläser mit Arrak und Wasser in dem darunterliegenden Raum. Der Mamur ist aus Beirut und spricht Arabisch, aber der andere ist ein echter Türke, und unsere gemeinsame Sprache ist Französisch – höchst unzureichend seinerseits. Schließlich überredete ich sie, mich gehen zu lassen, und zog mich in meine Zelte unterhalb der Burg zurück. Ich fand den Mudir (Gouverneur der Stadt) auf mich wartend vor, ein gutaussehender, würdevoller Araber, auf den die türkischen Gernegroß-Beamten sehr herabsehen. Wir tauschten höfliche Begrüßungen aus, dann genoß ich das Abendessen und ging zu Bett.

Heute morgen erschien der Mamur, um mich zu einem Ruinendorf im Norden zu bringen. Ich ging zuerst zum Mudir, den ich in seinem schattigen Gewölbehof sitzend antraf. Er bot mir Kaffee an, und die Verhandlungen begannen. Wo ich hinginge? «Nach Damaskus.» – «Gott hat es geschaffen! Es gibt eine gute Straße nach Westen mit den und den Orten, sehr schönen Ruinen.» – «So es Gott gefällt, werde ich sie sehen! Aber zuerst möchte ich mir Salkhad anschauen.» (Das ist das Herz des Drusenlandes, und sie wollen nicht, daß ich hingehe.) «Salkhad! Da ist überhaupt nichts, und die Straße ist sehr gefährlich. Es kann nicht sein.» – «Es muß sein.» – «Aus Damaskus ist ein Telegramm gekommen, das mich bittet zu sagen, der Mutussarif fürchte um die Sicherheit Ihrer Person.» (Das ist nicht wahr.) «Engländerinnen fürchten sich nie.» (Das ist auch nicht wahr!) «Ich möchte die Ruinen ansehen.» Und so ging es immer hin und her, bis ich ihm schließlich erklärte, heute ginge ich nirgendwo hin, und er sagte, er suche mich später auf. Wir trennten uns, wobei er sagte: «Sie haben mich geehrt!» Und ich: «Gott behüte Sie!»

Ich ritt mit dem Mamur durch die Gegend und überquerte unterwegs viele schöne römische Brücken. Es gab sonst nichts von Interesse, und wir wandten uns nach Osten nach Dschemurrin, wo einige sehr eindrucksvolle Hausruinen stehen. Die Mauern sind auf eine ganz wunderbare Weise ohne Mörtel errichtet worden: Die Steine sind ausgezackt und ineinander eingepaßt. Wir waren gegen 11 Uhr zurück. Ich aß zu Mittag, und danach kamen mich meine beiden türkischen Freunde besuchen, blieben aber zum Glück nicht lang. Während sie bei mir waren, strich ein drusischer Scheich um mein Zelt herum, aber unter den Augen der Beamten konnte ich nicht mit ihm reden. Auch ein Beduine war hier, um zu fragen, ob ich nach Osten reisen möchte; ich stelle mich aber lieber unter den Schutz der Drusen. Es ist ungeheuer amüsant, und meine Diener gehen voll auf den Spaß ein. Wenn ich mich doch bloß mit den Drusen in Verbindung setzen könnte, dann wäre alles gut. Falls nicht, werde ich versuchen, morgen sehr früh aufzubrechen und drauflos zu stürmen. Wenn ich erst drusisches Land betreten habe, reise ich schnell weiter, und die Türken werden es schwer haben, mich einzufangen, denn sie haben fürchterliche Angst vor den Drusen. Weiß Gott – es kann schiefgehen! Ich nehme an, daß die beiden Türken aus Eifersucht auf den Mudir, der die örtliche Autorität ist, mir nichts in den Weg stellen werden. Aber man weiß nie, wieviel von dem, was sie sagen, wahr ist, und ich hole mir so weit wie möglich selbst Rat. Bis jetzt habe ich noch nicht verraten, daß es gar nicht Salkhad ist, das ich besuchen will, sondern ein paar zerstörte Städte weiter nördlich, aber ich vermute, daß sie es wissen.

Heute nachmittag machte ich allein einen Spaziergang. In Bosrah herumzulaufen ist, als ob man versuchte, in einem Zimmer nur auf den Möbeln herumzugehen. Die Spielregel ist, nie von den Hausdächern herunterzusteigen, und im allgemeinen schafft man es. Nach dem Tee holte mich der Mamur ab und brachte mich hinauf in das Zimmer des militärischen Herrn in der Burg. Sie hatten beide ihre Augen mit Khol geschwärzt, aber sonst war ihre Toilette unvollständig. Der Hauptmann wurde rasiert, während ich dasaß und Kaffee trank. Dann machten wir einen Spaziergang durch die Stadt, den ich bis zum Sonnenuntergang hinauszog, weil ich den Besuch des Mudir verpassen wollte. Aber er kam nicht, und ich hoffe, es bedeutet, daß er von meinen Bewegungen offiziell nichts wissen will.

Dschebel Drus, Donnerstag, 3. Mai

Ich bin ihnen durch die Finger geschlüpft, und bis jetzt kann ich mein Glück kaum fassen. Die Geschichte beginnt letzte Nacht. Du mußt sie ganz hören. Ich aß früh zu Abend, und während ich in meinem Zelt saß und las, hörte ich die Stimme des Mudir. Ich blies mein Licht aus, und als Hanna kam, um mir sein Kommen zu melden, ließ ich ihm ausrichten, ich sei sehr müde und zu Bett gegangen. Ich hörte folgende Unterhaltung: *Hanna:* «Die Lady ist seit Sonnenaufgang wach. Den ganzen Tag ist sie spazierengegangen und geritten, jetzt schläft sie.» *Mudir:* «Marschiert sie morgen?» *Hanna:* «Das weiß ich nicht, Effendim.» *Mudir:* «Sag ihr, sie muß es mich wissen lassen, bevor sie irgendwo hingeht.» *Hanna:* «Wie es Euch beliebt, Effendim.» Und er ging, aber nicht ohne versichert zu haben, daß er mich aufzuhalten gedenke. Ich änderte rasch meine Pläne. Er wußte, daß ich nach Salkhad reisen wollte, und wenn er erfuhr, daß ich geflohen war, würde er mich auf dieser Straße verfolgen lassen. Ich beschloß deshalb, einen Ort weiter nördlich, Areh, anzusteuern, wo ein mächtiger Drusenscheich lebt. Außerdem führte die Straße an Dschemurrin vorbei, das ich kannte und wohin ich den Weg finden könnte. Die Vorsehung hat mich, wie Du sehen wirst, bei dieser Entscheidung beraten. Ich sagte meinen Dienern Bescheid. Muhammad versuchte mich umzustimmen; er sagte, wenn ich dem Mudir erklärte, ich würde nach Suweidah reisen, dann würde er keine Schwierigkeiten machen, da sich dort türkische Soldaten aufhielten. Aber ich wußte es besser, und außerdem, was war so gut daran, von einem türkischen Beamten an einen anderen weitergereicht zu werden? Ich erfuhr hinterher, daß Muhammad, der arme Kerl, halb wahnsinnig vor Angst war und alles versuchte, mich von meinem Vorhaben abzubringen.

Ich ging zu Bett, aber wegen der Aufregung und der Hunde schlief ich nicht viel. Um zwei weckte mich Hanna. Eine Stunde später war ich fertig und überwachte das Zusammenpacken unter den Sternen. Es war bitterkalt – man spürte es nach der Hitze des Tages und in unserer dünnen Sommerbekleidung. Ich ging auf und ab und betete, daß kein Soldat über die Burgmauer spähte, unsere Laterne sah und nachforschte, was los sei. Zum Glück wohnte der Mudir in der Stadt. Die Sterne verblaßten, und der dunkelste Augenblick der Nacht, wenn der Osten weiß wird, setzte ein. Um vier brachen wir auf. Es war eine kitzlige Sache, unseren Weg im Dunkeln um die Mauern herum nach Osten zu finden. Diesen Straßenabschnitt kannte ich nicht, ich hatte nur den Anfang und das Ende gesehen. Die Häuser schienen nach uns zu greifen, und plötzlich entdeckten wir, daß wir dem Stadtinneren zustrebten, und mußten unseren Weg zurückverfolgen. Wir benötigten fast eine Stunde dazu, aber schließlich lag die Nordostecke hinter uns, und ich stieß auf die Straße nach Dschemurrin. Wir waren nur zwei Männern begegnet, die ihre Kühe hinaustrieben. Inzwischen hatte sich das kleine Wolkenband im Osten rosa verfärbt. Eine halbe Stunde später war es golden, und wir sahen die schwarzen Ruinen von Dschemurrin vor uns. Die Sonne ging auf, kurz nachdem wir an ihnen vorbei waren. Jetzt mußten wir unseren Weg mit Hilfe meiner ausgezeichneten Karte finden. Es war nicht schwierig, denn wir hatten die römische Straße als Führer, aber es schien ein langer Weg bis zum ersten drusischen Dorf zu sein. Muhammad zitterte vor Angst, einem Drusen oder Soldaten zu begegnen. Ich fürchtete nur letzteres, das aber sehr.

Die Straße stieg allmählich an. Wir konnten nichts vor uns sehen als den oberen Rand des mit Getreide bebauten Westabhangs und ein schwarzes Dorf, wo ich Drusen anzutreffen hoffte; es stellte sich aber als verfallen heraus. Im Getreidefeld war jedoch ein Mann mit dem weißen Turban und der schwarzen Keffieh der Drusen, und ich grüßte ihn deshalb (in der richtigen Form) so: «Friede sei mit dir! O Sohn meines Onkels!» Er brachte uns auf den Weg, den wir verpaßt hatten. Schließlich erreichten wir den Gipfel des letzten Abhangs und sahen weit vor uns fruchtbares, bewässertes Land, in dem vulkanische Hügel verstreut lagen, und dahinter höhere Berge und den spitzen Gipfel des Kulieb, der über allem ragte – das Kleine Herz, der höchste Berg des Dschebel Drus. Vor uns, keine halbe Meile entfernt, lag ein winziges Dorf. Ich eilte weiter. Am Fuß des Berges, auf dem es lag, befand sich ein Teich mit Feigenbäumen. Frauen füllten ihre Tonkrüge mit Wasser, drusische Frauen in langen blauen und roten Gewändern und weißen Musselinschleiern, die sie über ihre Köpfe und um ihre Gesichter gezogen hatten, und am Ufer stand ein wunderschöner Junge von 19 oder 20 Jahren. Ich stieg ab, um mein Pferd zu tränken. Der Junge kam zu mir, nahm meine Hände und küßte mich zu meiner Überraschung auf beide Wangen. Mehrere andere Männer und Jungen kamen herbei und schüttelten mir die Hände. Ihre Augen sehen riesig aus, mit Khol geschwärzt, bei Männern und Frauen gleichermaßen. Sie sind dunkel, mit gerader Stirn, geraden Schultern und dem Ausdruck wacher und sanfter Intelligenz, was außerordentlich anziehend ist. Ich fragte den hübschen Jungen, ob er uns den Weg nach Areh zeigen würde; er bot uns seine Dienste an, indem er sein Herz und seine Stirn als Zeichen des Gehorsams berührte. So zogen wir weiter durch Wiesen, Kornfelder und Weinberge in diesem lieblichen, hügeligen Land. Die Maultiertreiber begannen zu singen, und die freundlichen Menschen mit den weißen Turbanen in den Weinbergen hielten in ihrer Arbeit inne und grüßten, als wir vorüberzogen, und ich lachte den ganzen Weg über vor Schadenfreude bei dem Gedanken an den Mudir und die Türken.

Und so erreichten wir gegen 8 Uhr 30 Areh. Einige Personen von augenscheinlicher Wichtigkeit standen vor ihren Haustüren am Fuß des Berges; ich ritt zu ihnen und grüßte sie mit einem Salam. Sie nahmen mich an beiden Händen und baten mich, abzusteigen und Kaffee mit ihnen zu trinken. Das war genau das, was ich wollte, denn ich brauchte Informationen. Wir gingen Hand in Hand auf drusische Art, unsere kleinen Finger, nicht die Hände, verschränkt, zu den nächst gelegenen Häusern. Als ich eintrat, fragten sie: «Bist du Deutsche?» Und als ich ihnen sagte, ich sei Engländerin, fielen sie mir fast um den Hals – eine andere Einführung braucht man hier nicht. Mit vielen Maschallah! türmten sie ihre gesamten Kissen zu einem erhöhten Sitz für mich auf, brachten einen Schemel für meine Füße und Wasser zum Händewaschen, und dann setzten sie sich im Kreis auf den sauberen, mit Matten ausgelegten Boden und bereiteten Kaffee für mich. Der netteste von allen, Hamma Hamid, saß neben mir und legte seine Hand auf meine Schulter, wenn er mit mir redete. Ich erzählte ihnen allen meine Geschichte und wie ich den Behörden entfloh und zu ihnen kam, wobei ich von vielen willkommen heißenden Zwischenrufen und der Zusicherung unterbrochen wurde, daß es hier keine Regierung gebe (das heißt Türken) und daß ich bei ihnen sicher sei und hingehen könne, wohin ich wolle. Das Gefühl der Bequemlichkeit und Sicherheit und des Vertrauens und die Gewißheit, mit aufrichtigen Menschen zusammenzusein, waren herrlicher, als ich Dir sagen kann.

Nach dem Kaffee (der sehr gut war) fragte ich, ob ich den Scheich sehen könne. «Scheich!» sagten sie; «Jahja Beg ist der Anführer aller Drusen im Land, natürlich mußt du ihn besuchen.» So stiegen wir auf den Gipfel des Hügels, auf dem das Haus des Begs stand, Hamma und ich Finger in Finger, und unterwegs erzählte er mir, daß der Beg fünf Jahre im Gefängnis in Damaskus zugebracht habe und erst vor drei Wochen entlassen worden sei, und er riet mir, ihn mit großem Respekt zu behandeln. Er ist der vollkommenste Typ des Grandseigneurs, ein großer, kräftiger Mann (40 bis 50, nehme ich an), sehr gut aussehend und mit auserlesensten Manieren. Wir gingen geradewegs in seinen Empfangsraum, wo er auf einem Teppich saß und mit sechs oder acht anderen von einer großen Platte aß. Er bat mich, in diesem Kreis Platz zu nehmen, und ich aß mit, wobei ich die dünnen Brotscheiben als Löffel und Gabel benutzte. Das Essen bestand aus Laban und einem ausgezeichneten Eintopf aus Bohnen und Fleisch. Ich hätte gern sehr viel mehr davon gegessen, aber der Beg war fertig, und ich fürchtete, es wäre unhöflich. Die Platte wurde entfernt, und er türmte Kissen für mich auf dem Boden auf. Ich wartete sehr höflich, bis er sich hinsetzte, denn er ist ein König, verstehst Du, und ein sehr guter König dazu, obwohl sein Königreich zufällig nicht sehr groß ist. Dann mußte ich meine Geschichte noch einmal erzählen, und der Beg schloß seine großen Augen und neigte hin und wieder sein Haupt und murmelte: «Daghi, daghi» – es ist wahr –, während ich sprach. Ich erklärte ihm, was ich alles besichtigen wollte und daß ich Suweidah wegen der Türken und auch wegen des Telegraphen dort – die größte aller Gefahren – meiden wollte, und er war äußerst mitfühlend und arrangierte alle meine Reisen für mich und sagte, ich könne mit seinem Schutz rechnen, wo immer ich hinginge. So tranken wir Kaffee, und dann schlug jemand (zu meinem größten Entzücken) vor, ich solle den Beg photographieren, und ich setzte ihn auf seiner Veranda in Positur; er sah prächtig aus. Dann trennten wir uns, und ich ging hinunter zu einer herrlichen Rieselwiese, wo ich meine Pferde und Maultiere grasen sah, und brach mit meinen Treibern und Führern auf.

Freitag, 11.

Damaskus, aber ein langer, langer Tag, um es zu erreichen. Wir brachen zeitig auf, und nach einstündigem Ritt passierten wir ohne Kommentar die erste türkische Garnison. Dann kamen endlose fünf Stunden. Wir schienen der Landschaft nie näher zu kommen. Wir zogen weiter bis zum Fluß Awadsch, wo wir Mensch und Tier unter Pappeln und Weiden tränkten, ein bezaubernder Ort. Ich ritt allein zu den Schwarzen Bergen hinauf, eine niedrige Gebirgskette, und von oben sah ich weit in der Ferne in einer grünen Ebene und von Gärten umringt Damaskus. Das ist die richtige Art, um in einer großartigen orientalischen Stadt anzukommen. Ich reiste mit den Kamelkolonnen, die die Handelsware nach und aus Damaskus transportieren, und den Arabern auf ihren hübschen Pferden und den Eseljungen, die Gras holen, und der ganzen bunten Bevölkerung einer orientalischen Straße. Aber der Weg war sehr lang. Es war vier, bevor ich in der Stadt eintraf. Ich bummelte durch die Basare und blieb stehen, um Eis zu essen, das aus Milch und Schnee gemacht wird, und Limonade aus einer Porzellanschüssel zu trinken, die halb mit Schnee und halb mit Zitronensaft und Wasser gefüllt war – nichts schmeckte jemals so gut. Um fünf erreichte ich mein Hotel, sah zu, daß man sich um mein Pferd kümmerte, und machte mich auf den Weg zum deutschen Konsulat, um die Kleiderkiste, die ich aus Jerusalem geschickt hatte, abzuholen. Dort fand ich zu meiner Freude auch Briefe von Euch allen vor. Ein sehr höflicher orientalischer Sekretär hat mir Ratschläge über Palmyra gegeben, wohin ich am Mittwoch gehen werde, wenn Euer Telegramm zufriedenstellend ist; in etwa zwei Wochen werde ich wieder hiersein.

Liebster Vater! Du bist ein absoluter Engel, daß Du mich all dies machen läßt! Ich kann mir nicht vorstellen, daß die Palmyra-Reise viel teurer sein wird als all die anderen. Es scheint, daß ich allerhöchstens drei Soldaten mitnehmen muß. Dir, Mutter, habe ich so viel zu sagen, daß mein Brief wieder überlang werden würde, wenn ich damit anfinge. Es ist manchmal ein sehr komisches Gefühl, ganz allein draußen in der Welt zu sein, aber meistens betrachte ich es jetzt, wo ich mich daran gewöhnt habe, als eine Selbstverständlichkeit. Ich glaube nicht, daß ich mich jemals einsam fühlen werde, obwohl ich mir als einzigen Menschen oft Papa herbeiwünsche. Ich glaube, es würde ihm wirklich gefallen. Ich möchte alle Erfahrungen mit ihm austauschen. Dich möchte ich haben, um mich mit Dir zu unterhalten, aber nicht in einem Zelt mit Ohrwürmern und schwarzen Käfern und schlammigem Wasser zum Trinken! Ich glaube nicht, daß Du Dich unter solchen Bedingungen wohl fühlen würdest... Natürlich ist es ein großer Unterschied, wenn man Arabisch kann. Es würde sonst wenig Spaß machen.

Damaskus, 14. Mai 1900

An ihre Familie

Meine Lieben. – Heute kam zu meiner großen Erleichterung Euer Telegramm.

Morgen werde ich mit einer Eskorte von drei Soldaten aufbrechen, es läßt sich alles gut an. Ich erwarte, in vierzehn Tagen zurückzusein. Ich werde Charlotte [Roche, Ninas Schwester] hier treffen, noch ein paar Tage bleiben und dann mit ihr über die Berge nach Baalbek und zu den Zedern reisen. Dann Beirut (eine Woche oder so) und von da per Schiff nach Jerusalem.

Mittwoch, 16.

Wir brachen um fünf auf, Ali und ich gingen voraus und erreichten Dscharad gegen 7 Uhr 30. Während Ali sich nach Kamelen umsah, die unser Wasser für die Nacht tragen sollten, lag ich auf den Kissen des Dorfscheichs, aß weiße Maulbeeren und trank Kaffee. Man drängte mir eine Wasserpfeife auf, aber ich lehnte sie strikt ab. Nie wieder! Sie schmeckt zu gräßlich. Eine Verzögerung trat ein, denn wir mußten auf die Maultiere warten, aber diese waren schnurstracks weitergegangen, ohne uns abzuholen, und warteten nun in Nasrije. Die Zeit wurde damit ausgefüllt, daß der gute Scheich uns ein ausgezeichnetes Mahl servierte, Brot und Oliven und Dibbis, eine Art Traubensirup, und Butter, Laban und Eier. Die Würdenträger des Dorfes kamen und unterhielten sich mit mir; es waren sehr angenehme Menschen. Die Araber, die sich in dieser Gegend niedergelassen haben, sollen angeblich die besten Leute in ganz Syrien sein, da sie direkt von den ursprünglichen Invasoren abstammen.

Wir setzten unsere Reise maultierlos und uns darauf verlassend, unser Getreide für die Nacht in Nasrije zu bekommen, fort. Wir kamen durch ein kleines Dorf und dann weiter durch eine Wüstenebene. Um 11 Uhr 30 erreichten wir Nasrije – möge Gott seine Häuser zerstören! Es gab kein Korn dort! Es blieb mir nichts anderes übrig, als Hanna und Jakub in das kleine Dorf zu schicken. Ich nahm meinen Lunch unter einem weißen Schirm ein, denn es gab keinen Schatten.

Nasrije ist ein neuer Ort, Eigentum des Sultans. Es liegt mitten im breiten, flachen Tal zwischen kahlen Bergen, denen wir den ganzen Tag lang gefolgt waren, und danach gibt es zwölf Stunden lang kein Wasser. Eine riesige Kamelkarawane graste in der Nähe ihrer aufgetürmten Sättel und eines kleinen Zelts, in dem einige Kaufleute aus Bagdad, die Besitzer der Karawane, saßen.

Nachdem wir die drei Kamele vorausgeschickt hatten, brachen wir auf und ritten bis fünf, als wir einfach irgendwo unser Lager aufschlugen; in der Wüste spielt es keine Rolle, wo. Ali und Muhammad, der Soldat, die beide hochintelligent sind, belebten die Wegstrecke, indem sie mir viele interessante Geschichten erzählten. Meine Soldaten sind entzückt, daß ich Arabisch sprechen kann. Sie sagen, es ist so langweilig, wenn sie sich nicht mit den «Herrschaften» unterhalten können. Sie reden kurdisch miteinander, da sie von kurdischen Eltern abstammen, sind aber beide in Damaskus geboren. Ihr Arabisch ist sehr gut. Meins wird wirklich ganz präsentabel. Ich glaube, ich spreche so gut Arabisch wie Deutsch (was nicht viel heißen mag!), aber ich verstehe es nicht so gut. Es ist – im biblischen Sinne! – beschämend reich an Worten.

Dies ist meine erste Nacht in der Wüste – die erste von weiß Gott wie vielen – vielleicht Dutzenden, Hunderten! Rechts von uns erstreckte sich eine große, leuchtende Salzfläche, als wir an Nasrije vorbeizogen, und während wir ritten, sah ich riesige Wasserflächen am Horizont – immer am Horizont, je weiter wir ritten, desto weiter entfernten sie sich. Eine halbe Stunde von hier kamen wir an einem zerstörten Chan vorbei – ich glaube, diese Herbergen sind auf dem ganzen Weg nach Palmyra in regelmäßigen Abständen anzutreffen. Ich wollte eigentlich schon zwei Stunden weiter sein, aber die Verzögerungen verhinderten es; morgen werde ich bei Mondschein aufbrechen. Der glatte, harte Boden gibt einen wunderschönen Boden für mein Zelt ab. Soll ich Euch sagen, was mein Haupteindruck ist? Die Stille. Es ist wie die Stille der Berggipfel, aber noch intensiver, denn dort kennt man das Geräusch des Windes und in der Ferne Wasser und herabstürzende Eisbrocken und Steine. Dort ist eine Art Echo der Geräusche, Du kennst es, Vater. Aber hier – nichts.

Sonntag, 20.

Palmyra – endlich bin ich hier angekommen, aber nach was für einem Ritt! Wir verließen Karjatin am Freitag abend. In der Dämmerung fanden wir uns im Wüstengebiet wieder. Die Nacht brach schnell herein, der Westen war wolkenverhangen. Mein rollender Stein, der ständig Moos ansetzt, hat noch einen weiteren Kameraden aufgelesen, einen Ahmed, weiß gewandet und auf einem Kamel thronend. Der Aga hat ihn als Führer zur Verfügung gestellt. Ich war nicht auf der normalen Straße, muß ich Euch sagen, weil ich beschlossen hatte, einen «Umweg» in südlicher Richtung zu machen, um zu vermeiden, daß wir denselben Hin- und Rückweg nahmen. Kein Tourist reist je auf dieser Strecke. Sie führt zu einer Quelle, der Quelle der Rehe, in den Süd-Bergen, was auf halbem Wege zwischen Karjatin und Palmyra ist. Wir mußten den Tieren zuliebe, für die wir kein Wasser hatten, sobald wie möglich nach Sonnenaufgang dort sein.

Es war sehr eigenartig, in der schweigenden Dunkelheit hinter einem weißgewandeten Führer einherzuschreiten, die drei Soldaten, schwarze Schatten, neben mir und die Maultiere hinterherklingelnd. In den ersten paar Stunden war da eine Art Pfad, den man weiß und klar durch die verkrüppelten Wüstenpflanzen hindurch sehen konnte. Als er abbrach, bog Ahmed resolut in das holprige Gelände unter den Bergen ab, wobei er sich an den Sternen im klaren Osten und einem schwarzen Berg orientierte, der vor uns aufragte und von dem, wie er sagte, die Quelle sieben Stunden entfernt war. Die Pferdehufe hallten auf den groben Steinplatten. Wir ritten weiter und weiter, und ich unterhielt mich zuerst mit einem meiner Männer und dann mit einem anderen, und in den Pausen schlief ich halb ein und erwachte, um vor mir Ahmeds schwankende Gestalt wie eine lockende Schicksalsgöttin zu sehen, die uns in eine grausame, wasserlose Welt führte. Hinter der Bergkette liegt ein Land, in das niemals jemand reist – auf direktem Wege nach Nedschd im Herzen Arabiens gibt es keine Quelle, keinen Brunnen; 44 wasserlose Tage, sagte Ahmed. Dann und wann gab er Bruchstücke von Informationen an mich weiter. Er kannte den Namen jedes Hügels und jeder nackten Bodenfalte – ich war überrascht, daß sie Namen hatten, aber wie's scheint, haben sie welche. So verlief unsere Unterhaltung: «Wo ist die Lady?» – «Hier, o Ahmed.» – «O Lady, dies ist das Tal des Wilden Ebers.» Es schien nichts weiter darüber zu sagen zu geben, außer daß es ein fürchterlicher, sandiger Ort war; ich antwortete, daß Gott ihn geschaffen habe. Ahmed akzeptierte diese zweifelhafte Aussage mit einem «Gott der Erhabene ist gnädig!». Worauf Ali, der fünffache Hadschi, jedesmal mit einem «Gelobt sei Gott, der groß ist! Möge er das Leben des Sultans verlängern!» einfiel. Kurz nach drei sagte Ahmed: «O Lady! Das Licht geht auf.» Ich hatte das Gefühl, ein Leben lang im Sattel gesessen zu haben, und mein Pferd fühlte wohl ähnlich. Es war so hungrig, daß es im Vorbeigehen nach dem Kamelfutter schnappte – die Bezeichnungen dieser Pflanzen kenne ich zwar, aber nur auf arabisch, so rede ich lieber nicht davon. Ich war ebenfalls hungrig und nahm einen kleinen Imbiß aus Schokolade und einer Orange zu mir, und dann stieg ich ab und ging fast eine Stunde lang zu Fuß. Ahmed ging auch, um mir Gesellschaft zu leisten.

In den Furchen über dem steinigen Boden wurde es rasch hell. Wir stiegen auf und ritten bis fünf, als die Sonne sich hinter Wolken versteckte. Wir zogen jetzt am Fuß der Berge dahin, und Ahmed begann sich umzublicken und zu fragen, wo die Quelle sei. Er war in seinem Leben erst einmal dort gewesen. Die Berge bestanden aus einer langen Reihe kleiner, steiniger Spitzen und jede Viertelmeile oder so ein Tal dazwischen. In einem dieser Täler befand sich hoch oben die Quelle. Die Frage war, in welchem. Ahmed war nicht sicher; so ließ er mich mit dem Kamel zurück und galoppierte in die Berge, um nachzuforschen. Die anderen holten auf, und ich ließ mir von Hanna ein bißchen Brot und eine Tasse Milch geben, die sich in Butter und Molke verwandelt hatte (aber schrecklich gut); ich schlief schon fast beim Essen ein. Eine halbe Stunde später hörte ich meine Männer sagen, daß Ahmed uns zuwinke. Wir waren ein gutes Stück zu weit gegangen. Wir ritten eine halbe Stunde zurück, bogen in eines der Täler ein und erklommen den Hang fast bis zur Spitze, und dort, auf einer winzigen Plattform zwischen Felsen, fanden wir die Quelle. Es war nur ein sehr kleines Becken und kaum halb voll. Das Wasser war klar und kalt, aber mit Wasserpflanzen bedeckt und voll schwimmender Dinge jeder Art. Den Soldaten und Tieren schien es jedoch nichts auszumachen, und ich schloß meine Augen und trank auch. Es war sieben vorbei, als wir ankamen. Ich aß etwas, kletterte zu einer schattigen Höhle hinauf und schlief bis eins, und zwar die Tatsache völlig ignorierend, daß mein Bett Disteln und meine Schlafgenossen stechende Fliegen waren. Wenn wir diese eine Quelle, die sich in den Bergen versteckte, verfehlt hätten, wäre es uns schlechtgegangen. Der gute Hanna brachte mir ein ausgezeichnetes Mittagessen aus gebackenen Kroketten und einem Rebhuhn, das er gefangen hatte, und Tee. Ich hatte ihm gesagt, er solle nichts kochen, aber sein Gewissen plagte ihn, und er hatte ein Holzkohlenfeuer zwischen zwei Steinen angefacht und diese Leckerbissen zubereitet, der Gute!

Um drei brachen wir wieder auf und ritten hinunter in die Ebene und dann am Fuß der Berge entlang direkt nach Osten. Zum Glück wurde es den ganzen Tag nicht richtig heiß. Die Sonne ging am wolkenlosen Himmel unter, und es wurde sehr kalt. Wir machten dann halt, damit die Tiere fressen und auch wir essen konnten. Ich zog Gamaschen, ein zweites Paar Knikkerbocker und einen Covercoat unter meinem dicken Wintermantel an, wickelte mich in eine Decke und ein Cape und schlief ein. Alle Männer folgten meinem Beispiel und wickelten sich in ihre langen Mäntel. Die Kälte und der helle Mond weckten mich um Mitternacht, und ich rüttelte alle meine Leute wach, und um eins waren wir von neuem unterwegs. Wir mußten ja wieder sobald wie möglich nach Sonnenaufgang unser Wasser erreichen, damit die Tiere nicht zu sehr Durst litten. Wir ritten weiter und weiter. Die Dämmerung kam, und die Sonne ging auf – der Abend und der Morgen des zweiten Tages –, aber ich schien seit Beginn der Zeit geritten zu sein. Bei Sonnenaufgang, weit in der Ferne, sah ich auf einer Hügelgruppe den Palast von Palmyra. Wir waren immer noch fünf Stunden entfernt. Es waren lange Stunden.

Die breite Ebene verengte sich allmählich, und wir näherten uns dem Westgürtel der Berge; felsig, zerklüftet und ohne Wasser. Es ist ein schöner Zugang: Die Berge bilden eine Art gigantische Avenue mit einer niedrigen Kette am Ende, hinter der Palmyra liegt; die flache Wüste, hier sehr sandig, läuft darauf zu. Mein Pferd war sehr erschöpft, und ich war halb benommen vor Müdigkeit. Vor Palmyra waren die Hügel mit den seltsamsten Bauwerken bedeckt, großen Steintürmen, vier Stockwerke hoch, manche mehr und andere weniger zerstört, die in Gruppen zusammenstanden oder die Straße säumten. Es sind die berühmten Grabtürme von Palmyra. Lange standen wir am Ende des Jochs und blickten über die Stadt. Ich frage mich, ob die weite Welt eine einzigartigere Landschaft bieten kann. Es ist eine Ansammlung von Säulen, die in langen Reihen Alleen bilden, zu Tempeln gruppiert sind, zerbrochen im Sand liegen oder einen einzigen langen Finger gen Himmel strecken. Dahinter befindet sich der riesige Baal-Tempel – im Innern ist die moderne Stadt errichtet –, seine Säulenreihen erheben sich aus der Masse von Lehmdächern. Und hinter allem erstreckt sich die Wüste, Sand und weiße Salzflächen und wieder Sand, Staubwolken wirbeln darüber, und der Euphrat ist fünf Tage entfernt. Palmyra sieht wie das weiße Skelett einer Stadt aus, das knietief im angewehten Sand steht. Wir ritten zu einer der beiden Quellen hinunter, denen sie ihre Existenz verdankt: eine reichhaltige Versorgung mit klarstem Wasser, aber so sehr mit Schwefel gesättigt, daß die ganze Welt darum herum nach Schwefel riecht. Die Pferde tranken jedoch gierig, und wir ritten eine Säulenreihe entlang bis zur zweiten Quelle, die viel reiner ist, obwohl auch sie stark nach Schwefel schmeckt. Wenn man das Wasser zwölf Stunden lang stehen läßt, verschwindet der Geschmack beinah, aber es bleibt schal und unangenehm, und ich füge etwas Zitronensaft hinzu, bevor ich es trinke.

Wir schlugen unsere Zelte inmitten der Ruinen neben einem Tempel auf – es war 10 Uhr 30, bevor die Maultiere auftauchten. Ich war zu müde, um viel Hunger zu haben, aber jemand brachte eine große Schale mit Milch, und ich aß saures Brot und Dibbis. Hier scheint immer ein Wind zu gehen. Am Nachmittag und Abend gab es einen solchen Orkan, daß ich dachte, mein Zelt würde weggerissen, aber es hielt stand.

Am nächsten Morgen empfing ich alle Größen der Stadt – der Mudir ist ein alter Türke, der viel schlechter Arabisch spricht als ich –, und nachdem ich sie wieder los war, ging ich hinaus und die Säulenstraße hinunter in den Sonnentempel – in die Stadt, sollte ich sagen, denn sie befindet sich fast ganz innerhalb seiner riesigen Außenmauern. Der hier verwendete Stein ist ein schöner weißer Kalkstein, der wie Marmor aussieht und wie die Akropolis zu einem Goldgelb verwittert.

Mittwoch, 23.

Um fünf brachen wir auf, gerade als die Sonne aufging. Als ich über den Hügel ritt, sah Palmyra im blassen, stürmischen Licht wie eine wunderschöne Geisterstadt aus. Ich kehre auf der normalen Touristenroute, der alten Hauptstraße durch die Wüste, zurück. In der vergangenen Nacht traf aus dem Osten eine große Karawane mit Kamelen ein, die den Agail-Arabern gehören und in Damaskus verkauft werden sollen. Der Anführer ist ein Scheich Muhammad. Ich traf ihn gestern in Palmyra, und er erzählte mir, daß er die Absicht habe, so Gott, der groß ist, will, mit mir zu reisen. Er kommt aus Nedschd und spricht das schöne Nedschd-Arabisch. Mit ihm sind ein oder zwei Bagdader, und der Rest der Gesellschaft sind wildeste, ungepflegteste Agail-Kameltreiber. Ich traf sie beim Frühstücken von Datteln, Kamelmilch und dem bitteren schwarzen Kaffee der Araber an – ein unvergleichliches Getränk. Ich nahm ein zweites Frühstück mit ihnen ein, und dann brachen wir alle zusammen auf. Der Grund, warum Scheich Muhammad mit mir reisen will, ist der, daß er den zusätzlichen Schutz meiner drei Soldaten – er hat zwei eigene – in Anspruch nehmen möchte, da er auf dem Weg nach Karjatin einen Überfall auf seine Kamele befürchtet. Für mich ist es ein Vergnügen, einem Agail einen Gefallen zu tun. Wir unterhielten uns sehr angenehm; die Bagdader gaben mir

Pfefferkuchen, wofür ich sie segnete, und wir machten Pläne für ein Treffen in Damaskus.

Gegen Mittag kamen wir an unserem Lagerplatz an. Es war ein kurzer Marsch, aber danach kommt kein Wasser mehr. Es war wieder glühendheiß. Ich war froh, in den Schatten meines Zeltes zu gelangen und zu essen und zu schlafen. Seitdem habe ich die Kamele beobachtet, die langsam hereintrotten und deren Herren einen Knüppel oder eine riesige Lanze von zwölf Fuß Länge in der Hand halten, und den ganzen Vorgang des Wasserschöpfens aus dem tiefen Brunnen und das Ausleeren des Wassers in Becken, die hastig im Boden ausgehoben wurden, damit die Kamele trinken können. Die Agail haben nicht weit von mir ein schwarzes Zelt aufgestellt und eine Lanze in den Boden daneben gerammt, und jetzt backen sie Brot für ihr Abendessen.

Freitag

Ich fand mein Lager in Mahin in der Nähe des Wassers aufgeschlagen vor, und Hunderte von Kamelen tranken nahebei. Eine große Truppe Hasineh-Araber war gerade eingetroffen, die aus ihrem Winterquartier zogen; ihre schwarzen Zelte waren nicht weit von mir entfernt aufgebaut. Ihr Scheich, Muhammad, kam mich besuchen, ein Jüngling von 20 Jahren oder jünger, gut aussehend, ziemlich dicklippig, ernst, das Haar in dicken Zöpfen unter seiner Keffieh herabhängend. Er trug ein riesiges Schwert, die Scheide mit Silber eingelegt.

Scheich Muhammad ist ein feiner Herr. Er besitzt 500 Zelte und ein Haus in Damaskus und weiß der Himmel wieviel Pferde und Kamele. Nach dem Tee erwiderte ich seinen Besuch und saß auf Teppichen und Kissen im großen Zelt des Scheichs, wobei die Hasineh einen Kreis um mich bildeten, während ich Kaffee trank. Auch die Mutter des Scheichs tauchte auf und wurde mit großer Ehrfurcht behandelt; Muhammad erhob sich und stellte ihr seinen Platz auf dem Teppich und seinen Kamelsattel zum Anlehnen zur Verfügung. Nach einer Weile nahm einer der finster blickenden, weißgewandeten Araber eine Rubaba, ein einsaitiges Instrument, das mit einem Bogen gespielt wird, und sang lange, melancholische Lieder dazu; monoton wurde jede Zeile des Verses im gleichen Takt gesungen und endete mit gesenkter Stimme, fast wie ein Stöhnen. Das Murmeln der Rubaba klang sonderbar und traurig und auf ihre Art wunderschön. All die schweigenden Leute saßen herum und blickten mich an, ungepflegt, halb nackt, ihre Keffiehs übers Gesicht gezogen, nichts lebendig an ihnen als ihre Augen. Über dem schwelenden Kameldung neigte der Sänger den Kopf über die Rubaba oder blickte zu mir auf, während er den wehklagenden Vers seines Liedes in die Dunkelheit hinaus sandte. Manchmal trat einer ins offene Zelt (die vordere Seite ist nie geschlossen) und stellte sich an den Rand des Kreises. Er grüßte den Scheich mit «Ja Muhammad!», die Hand zur Stirn erhoben, und die Gesellschaft mit «Friede sei mit euch», worauf wir alle antworteten: «Und Friede mit dir!» Dann vergrößerte sich der Kreis ein wenig, um für den Neuankömmling Platz zu schaffen.

Schließlich stand ich auf und verabschiedete mich. Ich hatte nur wenige Schritte getan, als mir meine Soldaten erklärten, ich hätte einen fürchterlichen Fauxpas begangen. Die Hasineh hätten ein Schaf für mich geschlachtet und bereiteten ein Essen vor, an dem ich hätte teilnehmen sollen, und weiter sagte Ali: «Muhammad ist ein großer Scheich, du solltest ihm etwas schenken.» Ich ging ziemlich bestürzt in mein Zelt zurück – was konnte ich ihm geben? Nach langem Überlegen schickte ich einen meiner Soldaten schließlich mit Alis Pistole, die in ein Taschentuch gewickelt war (man kann einem Araber nur Waffen oder Pferde schenken) und der Botschaft, ich hätte nicht gewußt, daß er mir solch eine Ehre erweisen wolle und ob er dieses Geschenk annehmen würde? Er ließ ausrichten, er sei dankbar für das Geschenk, und er tue nur seine Pflicht und ob ich ihm erneut die Ehre erweisen würde? Also ging ich mit meinen Begleitern zurück, und wir setzten uns alle wieder auf die Kissen und Teppiche und warteten.

Ich hatte keine Langeweile (aber Hunger!). Einer nach dem anderen kamen die Araber herein, bis der Kreis ganz um das große Zelt herum reichte. Ab und an machten Neuigkeiten die Runde – die Politik der Wüste: wer Pferde verkauft hatte, wer Kamele besaß, wer bei einem Überfall getötet wurde, wie hoch das Blutgeld sein würde oder wo die nächste Schlacht. Es war sehr schwierig zu verstehen, aber ich konnte mehr oder weniger folgen. Außer dem bitteren schwarzen Kaffee reichte man uns Tassen mit heißem Wasser, stark gesüßt und mit Mandeln gewürzt, was sie «weißen Kaffee» nennen. Schließlich kam ein schwarzer Sklave mit einem Wasserkrug mit langer Tülle, zuerst zu mir und dann zum Rest der Gesellschaft. Wir hielten unsere Hände hin, und er goß ein bißchen Wasser darüber. Und endlich Dinner – vier oder fünf Männer trugen eine riesige Schale herein, auf der Reis und das Fleisch eines ganzen Schafes angehäuft waren. Diese wurde vor mich auf die Erde gesetzt, und ich und etwa zehn andere saßen darum herum und aßen mit den Fingern. Ein schwarzer Sklave stand hinter uns mit einem Glas, das er auf Wunsch jedes Gastes füllte. Das Essen schmeckte ziemlich übel, salzlos und sehr zäh. Sie aßen außergewöhnlich wenig, und ich war immer noch hungrig, als der erste Kreis aufstand, um für den zweiten Platz zu machen. Mehr Händewaschen, dieses Mal mit Seife, und ich verbeugte mich und zog mich zu Keksen und zu meinem Bett zurück. Es war ein ziemlich kostspieliges Essen, aber die Erfahrung war die Pistole wert.

Dienstag, 29.

Der Ritt nach Damaskus hinein war wunderschön. Die Luft war süß vom Duft nach Feigen und Trauben und Kastanien, die Granatäpfel standen in leuchtendster Blüte, das Tal war voller Mühlen und Wasserläufen, von langen Pappelregimentern gesäumt – wunderschön ist es sicherlich zu jeder Zeit, aber wenn man aus der Wüste kommt, erscheint es einem wie das Paradies. Ich erreichte Damaskus kurz nach zwei und ritt durch die Basare, aß Aprikosen, von denen ganz Damaskus voll ist. Also, wer die Aprikosen von Damaskus nicht gegessen hat, hat noch keine Aprikosen gegessen.

Zu meiner Freude fand ich bei meiner Ankunft Charlotte und Briefe vor. Telegramme von Euch und die ausgezeichneten Kriegsnachrichten ... Ich hoffe inbrünstig, um den 21. in London zu sein. Ich würde gern eine Woche dort verbringen, weil ich doch ziemlich abgerissen bin, wie Ihr Euch sicher vorstellen könnt. Ich wünschte, ich wäre so gut mit Kleidung ausgestattet wie Elsa, sagt's ihr! Was meine Reisekleidung angeht – nein!! O meine liebe Familie! Ich sehne mich wirklich, wieder bei Euch zu sein. Ich möchte mich unheimlich lange mit meinen Schwestern über Nichtigkeiten unterhalten und über gewisse Dinge mit meinem Vater und über alles zusammen mit meiner Mutter ...

Wir werden morgen nach Jaffa gehen, da dort ein Schiff liegt und ich jetzt unbedingt nach Hause möchte. Aber Du weißt, liebster Vater, ich werde in Kürze wieder hier sein! Man kann vom Orient nicht mehr lassen, wenn man schon so weit vorgedrungen ist.

3
Archäologische Abenteuer

Trotz ihrer schriftstellerischen und sportlichen Leistungen hatte Gertrude Bell nach ihren eigenen strengen Maßstäben bis jetzt wenig vollbracht. Sie brauchte geistige Anregung, etwas, das ihren Verstand in dem Maß forderte, wie Berge und Wüsten ihren Körper beanspruchten.

Eine Zufallsbegegnung in Paris mit Salomon Reinach, Philologe, Archäologe, Kunsthistoriker und «ausgesprochen kenntnisreicher» Kustos des Nationalmuseums, lenkte sie auf einen neuen Weg. Reinachs offensichtlich grenzenloses Wissen und seine nachdrückliche Ermutigung regten sie zu Recherchen über die Altertümer an, die sie in Syrien so fasziniert hatten. Kurz nach dem «Examen» bei ihm beauftragte er sie mit der Verfassung einiger wissenschaftlicher Artikel, und im Januar 1905 war Gertrude wieder im Nahen Osten.

Die folgenden Jahre machte sich Gertrude nicht nur mit ihren wissenschaftlichen Entdeckungen und Berichten einen Namen als Archäologin, sondern wurde mit ihren Reiseberichten auch als Schriftstellerin bekannt.

*

Beirut, 18. Januar 1905

An den Vater

Ich befinde mich mitten im Orient! Es macht solchen Spaß. Ich dachte heute, als ich durch die Basare bummelte und allerlei Kleinigkeiten kaufte, was für eine Freude es ist, im Osten fast wie ein Teil davon zu leben, alles zu kennen, wie ich Syrien jetzt kenne, am Akzent und der Kleidung der Leute sagen zu können, wo sie herkommen, und im Vorübergehen die richtigen Begrüßungen auszutauschen. Ein Basar ist immer der Inbegriff des Orients, selbst in einer halbeuropäischen Stadt wie Beirut.

Dumeir, 20. Januar 1905

An den Vater

Aus meinem Camp. Du siehst, ich bin unterwegs! Ich bin heute morgen um zwölf endlich aufgebrochen – am ersten Tag ist der Aufbruch immer eine endlose Angelegenheit, und ich bin dankbar, daß ich es hinter mir habe. Es war glühendheiß, und ich, die ich wie eine besonnene Reisende meine Winterbekleidung anbehalten habe, mußte meinen Mantel in die Satteltaschen packen und im Hemd reiten.

Die Straße verläuft immer an der Küste entlang, man hat eine weite blaue See auf der einen Seite und Maulbeerhaine auf der anderen. Ich habe einen reizenden Lagerplatz in der Nähe eines Flusses und außerdem Vollmond, und ich diniere im Freien vor meinem Zelt. Ich erwähne das alles in der Hoffnung, Qualen zu bereiten – ich nehme stark an, daß Du mitten im Nebel sitzt, falls Du in London bist. Es ist großartig zu wissen, daß ich viele Monate unter diesem kleinen grünen Dach verbringen werde.

7. Februar 1905

An die Stiefmutter

Ich habe gestern einen merkwürdigen Abend verbracht. Mein Gastgeber war ein wohlhabender Einwohner von Salt, Jusef Sukkur mit Namen (Friede sei mit ihm!). Er setzte mich in seinen Empfangsraum, der reichlich mit Teppichen und Kissen ausgelegt war, dem es aber an Fensterscheiben mangelte und der deshalb etwas zugig war. Er und sein Neffe und seine kleinen Söhne hielten es für ein Gebot der Höflichkeit, mich keinen Augenblick lang allein zu lassen, und sie standen mir mit großem Interesse bei, während ich meine Stiefel und Gamaschen und sogar meinen Unterrock wechselte, denn ich war dick mit Schlamm bedeckt. Danach brachten sie mir ein ausgezeichnetes Essen, Fleisch und Reis und arabisches Brot und Orangen. Als ich fertig war, wurde es meinem Koch vorgesetzt, der sich uns zugesellt hatte. Dann hielt ich Audienz. Paulina, die Tochter des alten Mannes aus Haifa, der mir Arabisch beigebracht hatte, ihr Schwager, Habib Effendi Faris, der Schulmeister und der Doktor, alle «beehrten sich» («Gott bewahre! Die Ehre ist mein!» ist die Antwort). Wir tranken eine Menge bitteren Beduinenkaffee und kamen endlich zum Geschäftlichen, was folgendes war: Wie komme ich in den Dschebel Drus hinein? Schließlich arrangierte es Habib Effendi, der die Güte selbst war, mich zu seinem Schwager Namud hinauszubringen, der eine Ruine auf einem winzigen Berg drei Stunden östlich von Madeba bewohnt. Madeba liegt östlich des Toten Meeres, und Du findest es auf der Landkarte. Schließlich verließen sie mich, und mein Gastgeber, ein malerisch aussehender alter Mann, begann, die Steppdecken für mein Bett auszubreiten. Dann kam meine Gastgeberin. Obwohl sie Christen sind, hält ihr Mann sie strenger als irgendeine moslemische Frau, und sie sieht keine Männer. Sie war eine sehr schöne Frau, mit dunkelblauen Beduinengewändern bekleidet, die lange Robe fiel vom Kopf herab und war um die Stirn mit einem dunkelgestreiften Seidenschal festgehalten. Ihr Kinn und ihr Hals waren nach Beduinenart dicht mit Indigo tätowiert. Um zehn ließen sie mich allein, und ich ging zu Bett und schlief wie ein Stein. Der einzige Nachteil dieses Komforts war, daß ich mich überhaupt nicht waschen konnte. Weißt Du, ich war im Wohnzimmer untergebracht worden, und natürlich gab es dort keine Waschgelegenheit – wenn es überhaupt irgendwo eine gab.

Heute morgen brachte mir Jusef ein sehr gutes Frühstück aus Milch und Eiern und Brot und Honig. Habib stellte mir einen Führer zur Verfügung, und ich brach danach zu einem langen Tagesritt auf. Zum Glück war himmlisches Wetter. Es hatte in der vergangenen Nacht geregnet und sich ausgeregnet, wir hatten den ganzen Tag einen vollkommen klaren Himmel. Ich liebe diesen Teil des Jordanlandes. Wir ritten durch breite, flache Täler, baumlos, unbewohnt und kaum bebaut. Hin und wieder kamen wir an alten Ruinen vorbei, ein- oder zweimal trafen wir einen Reiter, ab und zu sahen wir eine Ziegenherde, die ein Araber mit einem ungeheuer langen Gewehr hütete. Am Nachmittag traten wir in die große, breite Ebene hinaus, die sich weit, weit bis zum Euphrat erstreckt. Die ersten paar Meilen standen voll mit Getreide. Ein oder zwei Meilen vor uns lag der Hügel, um den mein Freund Habib seinen Besitz hat. Wir schlugen das Lager am Rand des Hügels mit Blick nach Süden auf. Namud war unterwegs, es wurde aber nach ihm geschickt. Etwa 50 Bewohner der Ruinen arbeiten in Habibs Getreideland, und ein paar schwarze Araberzelte sind über die Ebene verstreut aufgeschlagen. Ein herrlicher Sonnenuntergang über allem, Neumond und absolute Stille. Und ich habe gerade den größten Luxus meines Lagers genossen – mein abendliches warmes Bad! Es ist alles unsagbar schön.

Mittwoch, 8.

Alles ist in Ordnung. Letzte Nacht traf Namud ein. Wir fielen einander um den Hals, bildlich gesprochen, und schworen uns Freundschaft, und er ging mit der Aussicht auf gute Gespräche am folgenden Tag. Es war furchtbar kalt in der Nacht. Nachdem ich mehrmals aufwachte, mußte ich aufstehen und meine ganzen Sachen anziehen. Der heutige Tag war köstlich: kalt, aber schön. Namud erschien nach dem Frühstück. Wir hatten Landkarten ausgebreitet – aber meine Reise über die nächsten drei oder vier Tage erscheint auf keiner Landkarte –, und er sagte mir genau, wie ich zum Dschebel Drus komme. Ich warte jetzt auf meinen arabischen Führer, und – Gott sei gepriesen! –

ich glaube, ich bin den Behörden ein zweites Mal durch die Finger geschlüpft. Es war schön, einen Tag im Lager zu verbringen, wo sich diese wunderbare Ebene vor mir wie das Meer erstreckt. Namud kennt meilenweit in der Umgebung jeden Scheich sämtlicher Beduinen, und wir hatten viele interessante Gespräche über sie. Er ist etwa fünfunddreißig, denke ich, ein Christ, ursprünglich aus Mossul, und er ist der Mann, nach dem ich seit langem gesucht habe. Wir haben eine große Reise für den übernächsten Winter geplant, mindestens bis in die arabische Wüste. Ich glaube, dieses Mal wird es klappen.

Samstag, 11.

Gestern hörte es auf zu regnen, aber das Wetter war immer noch so zweifelhaft, daß wir beschlossen, den Aufbruch in die Wüste nicht zu riskieren. Uns selbst macht es nicht viel aus, aber unsere Tiere müssen die ganze Nacht draußen im Regen stehen, und das ist schlimmes Wetter für sie. So ließ ich in Madeba mehr Getreide besorgen; ich selbst verbrachte den Nachmittag damit, über die Ebene zu einem ehemaligen römischen Lager zu reiten. Auf dem Rückweg machte ich bei den Zelten der Beni Sakhr Rast. Es war eine reizende Gesellschaft. Wir saßen ums Feuer und tranken Tee und Kaffee, und es gesellten sich gleich drei Scherarat zu uns. Sie waren ein oder zwei Tage draußen in der Wüste gewesen und wollten Namud Getreide abkaufen, ähnlich wie Joseph und seine Brüder nach Ägypten gekommen sein müssen. Die Scherarat sind ein sehr großer und mächtiger Stamm, aber von gemeinem Blut. Die hochgeborenen Araber wie die Sakhr verheiraten sich nicht mit ihnen; aber ihre Kamele sind die besten in Arabien. Sie froren sehr – es war ein bitterkalter Abend – und kauerten um das Feuer aus Wüstengestrüpp. Dann kam das Essen, Reis und Fleisch und saure Milch, sehr gut. Namud und ich aßen aus einer Schale und alle anderen aus einer zweiten. Während des

Essens gesellte sich ein hellhäutiger und gutaussehender junger Mann zu uns, bei dessen Eintreffen sich alle Sakhr zum Gruß erhoben und ihn auf beide Wangen küßten. Es war Gabtan, Sohn eines Scheichs der Dadscha, dem Stamm, zu dem ich reisen werde, sobald es aufklart. Er hatte gehört, daß Namud einen Führer für mich suchte. Er setzte sich in eine Ecke, aß wenig und sprach wenig, und sehr bald, nachdem wir gegessen hatten, rief einer unserer Gastgeber Namud zur Seite und flüsterte lange auf ihn ein. Er kam zu uns und sagte, wir sollten besser gehen, so sagten wir Salam und ritten mit Gabtan zurück zu unserem Lager. Es stellte sich heraus, daß zwischen den Scherarat und den Sakhr Blutfehde herrschte; die drei Scherarat hatten nicht gewußt, wer Gabtan war, aber er kannte sie, und da unsere Gastgeber die Situation als angespannt empfanden, hatten sie unseren Aufbruch beschleunigt.

Montag, 13.

Heute ist das Wetter herrlich geworden, wir hatten also gut daran getan, diese vier langweiligen Tage abzuwarten. Nach vielen Lebwohls und viel Kaffee machte ich mich mit Gabtan auf den Weg; wir ritten die niedrigen Berge hoch und über ihre welligen Gipfel. Das Land ist unserem eigenen Grenzland sehr ähnlich, nur weiter und öder. Von Zeit zu Zeit stießen wir auf kleine Zeltlager, zuerst von unseren Freunden, den Dadscha, dann von den Beni Hassan. In den Zelten der Kinder von Hassan herrschte großer Kummer. Gestern hatte ein Ghasu, ein Überfall, genau diesen Ort heimgesucht, 2000 Stück Vieh und sämtliche Zelte einer der kleinen, abseits gelegenen Gruppen wurden geraubt. Fünfhundert Reiter, sagten sie, waren es. Wir selbst ritten den ganzen Tag bis nach drei, das weite bergige Gelände hinauf und hinunter, mit dem Dschebel Drus immer vor uns, weit, weit weg im Norden. Und Gabtan erzählte mir dabei Geschichten über Ghasus.

Wir lagern jetzt in der Nähe eines großen Dorfes aus «härenen Häusern» – die Araber sagen nie Zelte –, die den Hassanieh gehören. Es ist ein himmlischer Abend, und wenn ich von meinem Zelteingang aus nach Westen schaue, kann ich türkisches Land sehen, und ich lache bei dem Gedanken, daß ich sozusagen an der Grenze entlangmarschiere, etwa zehn Meilen entfernt, und die können mich nicht einfangen oder festhalten. Es macht ziemlich Spaß, sie ein zweites Mal überlistet zu haben. Ich muß Dir erzählen, was mit den Notleidenden der Beni Hassan geschehen wird. Sie werden sich an ihre Stammesmitglieder wenden, und einer wird ein Kamel geben, ein anderer ein paar Schafe und einer Ziegenhaar für das Zelt, bis jeder genug hat, um überleben zu können – sie brauchen nicht viel. Dann warten sie den geeigneten Augenblick ab, bis sie alle Reiter ihrer Verbündeten versammeln und gegen die Urheber ihres Ungemachs zu Felde ziehen können. Und dann, wenn sie Glück haben, holen sie sich 2000 Stück Vieh und noch mehr zurück. Diese Überfälle sind eigentlich höchst unvernünftige Unternehmen – ungefähr so einträglich, wie wenn man sich gegenseitig die Wäsche stiehlt, aber so leben sie eben.

Beit Umm ed-Dschewal, Dienstag, 14.

Mutter der Kamele, so heißt der Ort, wo wir sind – kurz gesagt, wir sind angekommen, Gott sei gepriesen. Aber unser Ritt heute war nicht ohne Aufregungen. Die erste war ein Fluß, den der Regen randvoll gefüllt hatte und der mit einiger Geschwindigkeit dahinströmte. Das Wasser reichte den Pferden bis zu den Sattelgurten, und die Esel verschwanden fast. Außerdem waren die Ufer steil und schlammig. Gabtan war unbezahlbar, er lenkte seine Stute hin und her durch den Strom und brachte jedes Maultier sicher hinüber. Ich war wirklich dankbar, sie auf der anderen Seite zu sehen. Danach kamen wir in das schwarze Vulkangestein des Hauran; die Zelte der Beni Hassan wurden weniger und weniger, und schließlich erreichten wir eine große Ebene, die so flach war, wie sie nur sein konnte, und sich über eine Entfernung von zwei Tagesreisen bis zum Drusengebirge hin erstreckte. Gabtan war nervös. Er erwartete mit ziemlicher Sicherheit, auf Feinde zu treffen. Außerdem wußten wir nicht genau, wo in dieser riesigen Ebene die Mutter der Kamele lag. So ritten wir weiter und weiter und sahen schließlich auf einer kleinen Erhebung ein paar Schafhirten. Im selben Augenblick kamen zwei Männer über die Ebene von rechts auf uns zugerannt, und noch im Laufen feuerten sie auf uns – die übliche Begrüßung, wenn man jemanden nicht kennt. Gabtan erhob sich in den Steigbügeln und schwenkte seinen Pelzmantel über dem Kopf – dabei ritten wir langsam den beiden entgegen. Das beruhigte sie, und wir tauschten im nächsten Augenblick im besten Einvernehmen Begrüßungen aus. Sie zeigten uns den Weg, und es dauerte nicht lang, bis wir die Türme und Mauern von Umm ed-Dschewal vor uns sahen. Es sieht aus wie eine große Stadt, aber wenn man näherkommt, stellt man fest, daß es eine leere Ruine ist: Straßen mit Häusern, drei Stockwerke hoch, alle aus massivem, wunderschönem Stein, mit Außentreppen aus Stein und gebogenen Fenstern.

Ich habe mein Zelt auf einer freien Fläche in der Mitte aufgeschlagen. In meiner Nähe stehen ein paar Araberzelte. Bei Sonnenuntergang kletterte ich in einiger Entfernung von meinem Lager in den zerstörten Straßen herum, als plötzlich Gabtan schrecklich aufgeregt hinter mir hergerannt kam und sagte, wenn mich die Araber in der Dämmerung in meinem Pelzmantel sähen, würden sie mich ganz bestimmt für einen Ghul, einen Dämon, halten und erschießen. Leider verläßt uns Gabtan hier. Er ist ein wunderbarer Begleiter gewesen.

Umm er-Rumamin, Donnerstag, 16.

Ohne Zweifel ist dies eine wundervolle Welt. Hör zu, und ich werde Dir merkwürdige Dinge erzählen. Ich begann meinen Tag auf die friedlichste Art und Weise, indem ich Inschriften kopierte. Ich hatte ziemliches Glück, denn ich fand mehrere griechische, eine kufische und eine nabatäische – der Himmel weiß, was es bedeutet, aber ich schrieb alles gewissenhaft auf, die Gelehrten sollen es lesen. Dann frühstückte ich mit Scheich Muhammad in Atrasch. Ich ritt mit einem äußerst angenehmen Reisebegleiter, einem bemerkenswert intelligenten jungen Mann, weiter. Er fragte mich nach jeder englischen Sitte bis hin zu den Scheidungsgesetzen aus, die ich ihm freundlich erläuterte. Er wollte außerdem unbedingt wissen, wie ich über die Schöpfung der Welt dachte. So erreichten wir Salkhad. Ich ging geradewegs zum Haus des Scheichs und wurde sehr willkommen geheißen. Nun muß ich Dir berichten, daß es hier eine türkische Garnison gibt und einen Kaimakam «et tout le bataclan». Ich habe mit dem Scheich kein Wort ungestört reden können, denn immer, wenn wir zu sprechen beginnen, nähert sich uns leise ein türkischer Beamter, bis er in Hörweite ist – und dann sagen wir, wie veränderlich das Wetter ist. Als ich ihn ein weiteres Mal besuchte, traf ich den türkischen Mudir an, der neben dem Scheich wohnt und als eine Art Spion fungiert. Die Sache ist nämlich die: Ich möchte nach Osten in das wilde Safah reisen; ich genieße den Schutz der Drusen, aber den Türken gefällt dies ganz und gar nicht, und sie verbringen ihre Zeit damit, mir zu sagen, wie schrecklich gefährlich das ist. Aber von dem ganzen Gerede glaube ich kein Wort.

Salkhad ist eine kleine schwarze Lavastadt, die sich an den Südhang eines Vulkans klammert; beim Krater des Vulkans befindet sich die großartige Ruine einer Burg, höchst grimmig und prächtig. Als ich heute zu Abend speiste, tief in Gedanken versunken über die Intrige, die ich zu entwickeln gedenke, hörte ich lauten, wilden Gesang und dazu das Abfeuern von

Gewehren, und als ich hinaustrat, sah ich auf dem allerhöchsten Punkt der Burgmauern ein Feuer brennen. Du, der Du in Frieden lebst, was glaubst Du, was das bedeutete? Es war ein Ruf zu den Waffen. Ich sagte Dir schon, daß die Beni Sakhr und die Drusen erbitterte Feinde sind. Vor einem Monat verschleppten die Sakhr 5000 Schafe aus den drusischen Herden in der Ebene. Morgen machen sich 2000 Reiter auf, um ihre Tiere zurückzuerobern und jeden Mann, jede Frau und jedes Kind der Sakhr zu töten, die ihnen über den Weg laufen. Das Feuer war ein Signal für das ganze Land. Morgen werden sie sich hier versammeln, und der Scheich reitet an ihrer Spitze. An meinem Lagerfeuer saß ein Soldat. Er trägt die türkische Uniform, ist aber ein Druse aus Salkhad, und er haßt die Türken, wie nur ein Druse hassen kann. Ich fragte: «Spricht etwas dagegen, hinaufzugehen?» Er erwiderte: «Es spricht nichts dagegen, beehre uns.» Und zusammen erklommen wir im Mondschein die sandige Seite des Berges. Oben, am Rande des Burggrabens, fanden wir eine Gruppe Drusen vor, Männer und Jungen, die im Kreis standen und ein furchterregendes Lied sangen. Sie waren alle bewaffnet; die meisten von ihnen trugen bloße Schwerter. «O Herr unser Gott! Auf sie! Auf sie!» – Ich schloß mich mit meinem Führer dem Kreis an. «Laß das Kind die Seite seiner Mutter verlassen, laß den jungen Mann aufs Pferd steigen und davonreiten.» Wieder und wieder rezitierten sie einen einzigen Satz. Dann traten ein halbes Dutzend oder so in den Kreis und schwangen Knüppel oder gezogene Schwerter vor den Gesichtern der Umstehenden. «Bist du ein guter Mann? Bist du ein wahrhafter Mann? Bist du tapfer?» brüllten sie. «Ha! Ha!» war die Antwort, und die Schwerter funkelten im Mondlicht. Einige der Männer kamen zu mir und grüßten mich: «Friede sei mit dir!» sagten sie. «Die Engländer und die Drusen sind eins.» Ich sagte: «Gelobt sei Gott! Auch wir sind eine kämpfende Rasse.» Und wenn du dem Lied zugehört hättest, dann wüßtest Du, daß es nichts Besseres auf der Welt gibt, als hinauszuziehen und Deinen Feind zu töten.

Samstag, 18.

Heute war es bitterkalt. Ich beschloß deshalb, mich nicht vor morgen zu bewegen, und heute abend ist es klar und vielversprechend. Ich verbrachte einige Zeit damit, mich mit den türkischen Beamten anzufreunden, vor allem mit dem Mudir, einem reizenden und intelligenten Mann, einem Christen aus Damaskus. Das Ergebnis ist, daß ich gehen kann, wohin ich will, niemand wird einen Finger rühren, es sei denn, um mir zu helfen ... Du siehst, ich habe mit mehreren wichtigen Leuten – das heißt, in der Wüste wichtigen Leuten – Freundschaft geschlossen.

Montag, 20.

Wir hatten gestern einen Teufelsritt. Es war ein strahlender Morgen mit einem bitterkalten Wind, und ich beschloß loszureiten. So brach ich nach ausgedehntem Abschiednehmen mit einem drusischen Führer auf, und wir trotteten durch Schlamm und Geröll, während der Weg allmählich anstieg. Alles ging gut in den ersten drei Stunden, außer daß es so kalt war, daß ich in einem Pullover, einer Norfolk-Jacke und einem Pelzmantel ritt. Dann allerdings kamen wir in den Schnee, und es war scheußlich. Die Maultiere stürzten in Schneewehen, die Pferde bäumten sich und bockten, und wenn ich auf einem Damensattel gesessen hätte, wäre ich ein halbes Dutzend mal hinuntergefallen, aber auf diesem geliebten Sattel kann man gerade und sicher sitzen. So kämpften wir uns voran, der Wind nahm zu, und Schneeregen setzte ein. Die letzte Stunde ging ich zu Fuß und führte mein Pferd, denn es sank im tiefen Schnee bei jedem Schritt ein. Mir war so auch wärmer.

Als wir Saleh, unser Ziel, erreichten, ging der Schneeregen peitschend auf uns nieder. Das Dorf versank in Schneewehen und halbgefrorenem Schlamm. Es gab buchstäblich keinen einzigen trockenen Fleck. So ging ich zum Haus des Scheichs hoch, und dort traf ich seine Neffen an, die mich in den Makad führten, den Empfangsraum, in einem Eisenofen ein Feuer anzündeten und mir Tee bereiteten. Der Makad war ein recht großer Raum, dessen glaslose Fenster mit Läden dicht verschlossen waren, mit Filzmatten auf dem Boden und einem niedrigen Diwan, auf dem rund herum Teppiche für mich ausgebreitet lagen. Ein sehr schöner Raum. Während ich dasaß, meinen Tee trank und mich mit den Neffen unterhielt – reizende, intelligente junge Männer –, trat der Scheich ein, ein großer, sehr alter Mann, und bot mir auf sehr charmante Art jede Gastfreundlichkeit an, die ihm möglich war. Großes Interesse umgibt mich, denn ich bin die erste Ausländerin, die sich jemals in diesem Gebiet aufgehalten hat. Der Scheich wollte unbedingt, daß ich die Nacht in seinem Haus verbrachte, und ich sagte gern zu, denn es war in der Tat, auch für jemand, der das Zelten liebt, kein vielversprechender Abend. Die ganze (männliche) Familie trat einer nach dem anderen ein, er hat sechs Söhne und mehr Neffen, als ich je gesehen habe, und ich ließ mich auf dem Diwan nieder; alle Drusen saßen in Reihen um mich herum, und ich beantwortete alle ihre Fragen über fremde Länder und Sitten.

Zwei Söhne des Scheichs waren in Konstantinopel zur Schule gegangen, und der Scheich selbst hatte dort nach dem Krieg drei Jahre lang ehrenvoll im Gefängnis gesessen, so daß sie sich in der Welt ein bißchen auskannten und, wie es unter Drusen üblich ist, glänzend über das Weltgeschehen informiert waren.

Bald kam das Essen auf einem großen Tablett, Schalen mit Reis und Huhn und eine merkwürdige drusische Speise aus saurer Milch und Semen (was Fett ist) und Gemüse, eine Art Suppe, nicht sehr gut. Mein Führer und ich, die wir die Gäste waren, aßen zusammen. Dann setzten sich die anderen um das Tablett. Wir ließen uns wieder auf dem Diwan nieder, tranken Kaffee und setzten die Unterhaltung bis 9 Uhr fort, als Steppdecken gebracht und zu drei Betten ausgebreitet wurden, eines auf jeder Seite des Makad, und mein Führer, der Scheich und ich rollten uns zusammen und schliefen ein. Ich wünschte, Du hättest dieser Abendgesellschaft einen Augenblick lang beiwohnen und all die weißen Turbane und die wißbegierigen, schönen Gesichter der Drusen sehen und ihr Interesse und ihre Erregung über alles, was ich sagte, miterleben können.

Ich schlief tief und fest und erwachte kurz vor Sonnenaufgang. Die Luft im Makad war ziemlich stickig, deshalb schlüpfte ich in meinen Pelzmantel und ging in das stille, gefrorene Dorf hinaus. Unten beim Chan war ein sehr schöner alter Brunnen, dort stand ich im Schnee, beobachtete, wie die Sonne aufging, und sprach ein kurzes Dankgebet, dem schönen Wetter angemessen. Meine Diener schliefen im Chan, sie und die Pferde, alle zusammen unter dem dunklen Schutzdach. Ich nahm mit dem Scheich mein Frühstück ein, bestehend aus Tee, arabischem Brot und Dibbis, dem Traubensirup, den ich besonders gern mag.

Damaskus, Montag, 27.

Hier sind wir wieder. Ich kam gestern nachmittag an und stieg in einem faszinierenden Hotel mit Innenhof ab.

Ich stellte fest, daß sich die Behörden hier in einem qualvollen Zustand der Nervosität befunden hatten, solange ich im Dschebel Drus war! Sie erhielten drei Telegramme pro Tag über mich, und sie saßen da und fragten sich, was ich wohl als nächstes vorhätte. Der Gouverneur hat mir eine Nachricht geschickt, um zu fragen, ob ich ihm die Ehre erwiese, ihn aufzusuchen; ich habe gnädig geantwortet, daß ich mit dem Vergnügen gerechnet hätte, seine Bekanntschaft zu machen. Ich bin in Syrien eine Persönlichkeit geworden!

Payas, 17. April

An die Stiefmutter

Oh, was hatte ich für zwei ermüdende Tage! Was es bedeutet, in einem straßen- und brückenlosen Land nach und während eines schweren, um nicht zu sagen, wolkenbruchartigen Regens zu reisen, kannst Du Dir nicht vorstellen. Wir brachen gestern bei strömendem Regen [nach Kleinasien] auf, der Weg war unter Wasser, die Flüsse tobende Fluten. Mittags kamen wir zu einem Dorf, das in lieblichen Gärten verborgen lag, die Luft schwer mit dem Duft nach Zitronenblüten – und hier öffneten sich die Himmel, und es regnete so, wie ich es nie wieder regnen sehen möchte. Wir hatten beim Haus eines Türken angehalten, um ein Huhn zu kaufen – er bat uns einzutreten, bis der Regen aufhörte –, und ich nahm die Gelegenheit wahr, um Mittag zu essen.

In der Zwischenzeit brachte ein tosender Strom, den wir erfolgreich durchwatet hatten, die nachfolgenden Lasttiere zum Stehen, und während wir ahnungslos weiterritten, machten diese einen «Umweg» von nahezu zwei Stunden, um eine Brücke zu finden ... Ich war müde und naß und hungrig; schließlich trafen die Lasttiere ein, und wir schlugen das Lager im Platzregen auf, während sich die Diener, die es auch schwer gehabt hatten, gegenseitig beschuldigten und ihr Mißvergnügen aneinander ausließen. Nachdem ich dafür gesorgt hatte, daß die Pferde gefüttert wurden, ging ich ohne Abendbrot zu Bett. Es war scheußlich, das muß ich schon sagen, und der heutige Morgen war genauso schlimm. Alle Seile waren wie Eisen nach dem Regen, und die Zelte wogen Tonnen, und während ich im tiefen Gras herumplanschte (denn ich mußte jeden Handgriff überwachen und immer gut zureden), dachte ich, was für ein Idiot ich doch bin, mit Zelten zu reisen. Dann der Marsch – zum Glück ein kurzer. Historisch war es sehr interessant, denn wir gingen über den Belenpaß, über den viele Armeen nach Kilikien gezogen sind. Ich war fest entschlossen, meine Lasttiere heute nicht aus den Augen zu verlieren, und als wir an einem breiten, tiefen Fluß ankamen, wartete ich auf sie und ritt zweimal durch die Fluten hin und zurück, um ihnen beim Überqueren zu helfen.

Und jetzt hoffe ich, daß unsere Schwierigkeiten vorbei sind. Wir lagern an einem Ort in herrlichster Umgebung, die Sonne ist herausgekommen, unsere Zelte trocknen, und unsere Laune bessert sich. Ich glaube, wenn der Regen noch einen weiteren Tag gedauert hätte, wäre ich vor Verzweiflung – und vor Erschöpfung – gestorben. Ich bin wirklich in Kleinasien – ein höchst aufregender Gedanke.

18. April

Das besondere an dieser Reise ist, daß ich mich nur auf türkisch verständigen kann. Die Hauptschwierigkeit ist gegenwärtig, daß ich zwar ein paar Fragen stellen kann, aber die Antworten nicht so ohne weiteres verstehe! Es ist der größte Spaß ... Ich habe schon eine Unmenge dazugelernt. Es fing heute früh mit einem Soldaten an, der keine andere Sprache konnte, und ich mußte das Beste draus machen.

Es war ein wunderbarer, strahlender Morgen, und dieses Land ist unvergleichlich schön. Wir galoppierten über eine weite, herrliche Ebene, umgeben von den großen Schneegebirgen des Taurus und Giaur Dag – es war eine Stunde nach Sonnenaufgang, himmlischer, als es Worte beschreiben können. Dann kamen wir an einen tiefen Fluß, den wir mit einer Fähre überquerten.

Ein reizender Gentleman namens Mustafa hatte sich meiner Gruppe angeschlossen und ritt den ganzen Tag mit mir. So kamen wir zum antiken Hierapolis Cartabala, und hier verbrachten wir drei Stunden. Es liegt zwischen wunderbaren Klippen, die Akropolis sitzt auf einem großen Felsen, und darunter befinden sich ein schönes Theater, eine Säulenstraße und zwei sehr hübsche Kirchen. Die beiden letzteren photographierte ich mit großer Sorgfalt und vermaß sie. Als ich damit fertig war, war es fast Mittag, und ich nahm meinen Lunch in einem kleinen Dorf in der Nähe ein, wo ich ausgezeichnete Milch und Quark bekam, wofür ich nicht bezahlen durfte. Dann ritten wir fünf Stunden durch wunderschöne Landschaft bis nach Kars Basar, am Fuß des Taurus, wo ich das Lager aufschlug. Ich stattete dem Kaimakam einen Besuch ab und wurde eingeladen, mit einigen wichtigen Persönlichkeiten, die vor dem Café auf der Straße saßen, Tee zu trinken. Niemand war da, der hätte dolmetschen können, und so mußte ich selbst sprechen. Ich muß schon sagen, sie sind sehr clever, was das Verstehen angeht. Und jetzt mußte ich die türkischen Partizipien lernen – es gibt ungefähr dreißig. Ich gehe nicht sehr geschickt mit ihnen um.

Anavarsa, 20. April

Gestern morgen stellte ich fest, daß in Kars viele Inschriften zu kopieren und eine Kirche zu photographieren war, so daß eines zum anderen führte und ich erst spät aufbrach. Die Maultiere waren schon vorausgegangen – wir mußten einen riesigen Umweg in nördlicher Richtung unterhalb der Berge machen, um Überschwemmungen zu umgehen und zu Brücken zu gelangen, da wir die Flüsse nicht durchqueren konnten.

Dem Verlauf eines riesigen Aquädukts folgend, platschten wir bei Sonnenuntergang durch die nasse Ebene nach Anavarsa hinein. Die Burg steht auf einer Felsmasse von zwei Meilen Länge, die wie eine große Insel aus dem Meer der Ebene emporragt – sie ist wirklich ein Meer in diesem Augenblick, denn sie steht völlig unter Wasser. Der Fels ist etwa 300 Fuß [fast 100 Meter] hoch und an manchen Stellen vollkommen rechteckig. Die Burg erstreckt sich über den ganzen Gipfel, und dieser ist an bestimmten Stellen, wo es auf beiden Seiten jäh nach unten geht, wie eine Messerschneide, so daß gerade noch

Platz für eine einzige Festungsmauer vorhanden ist, um Festung mit Festung zu verbinden. Am westlichen Fuß dieser prächtigen Akropolis liegt die Stadt mit einer doppelten Mauer aus Türmchen darum herum. Sie war früher ein türkisches Lager, eine Schatzkammer Alexanders, dann römisch, dann die Hauptstadt des armenischen Königreichs – und jetzt ein Haufen Ruinen, der dicht mit Gras bewachsen ist.

Ich ritt durch den nördlichen Torweg der Stadt und hatte nicht die leiseste Ahnung, wo ich schlafen oder essen würde. Zu meinem großen Glück befand sich inmitten der Ruinen ein Wachhaus mit ein paar türkischen Soldaten, die mich mit Milch und saurem Quark versorgten. Dies und saures einheimisches Brot waren meine Mahlzeit. Dann breitete ich meinen Mantel auf dem Fußboden eines kleinen leeren Raumes aus und schlief trotz unzähliger Mücken tief und fest.

Den ganzen folgenden Tag verbrachte ich mit Forschen und Photographieren, und ich werde noch einen Tag hier verbringen und den Versuch machen, drei Kirchen zu vermessen und ihre Grundrisse zu zeichnen, ein äußerst schwieriges Unterfangen, weil sie stark zerstört sind und tief im Gras verborgen liegen.

21. April

An die Hitze des vergangenen Tages denkend, stand ich im Morgengrauen auf und machte mich auf den Weg, um meine Kirchen in Angriff zu nehmen. Die ganze Ebene, einschließlich meiner Zelte, lag unter einem dicken weißen Nebel, aber die Sonne schien auf den Erdfelsen, und als ich hinaufkletterte, sah ich die hohen weißen Spitzen des Taurus glitzern. Es war wunderschön. Ich nahm meinen Soldaten mit und zeigte ihm, wie er das Maßband halten sollte. Er begriff schnell, was ich wollte, und nahm eifrig an Türen und Fenstern Maß, als ob er sein Lebtag nichts anderes getan hätte. Nach fünf Stunden sehr harter Arbeit stellte ich fest, daß die Ergebnisse interessanter waren als erwartet. Mit einem Wort, die Kirchen hier sind nicht von der syrischen Sorte, wie sie von Rechts wegen sein sollten, sondern vom zentral-kleinasiatischen Typ. Ich denke, sie werden Josef Strzygowski [österreichischer Kunsthistoriker, Koryphäe auf dem Gebiet asiatischer Kunst] nicht wenig überraschen.

Etwas sehr Erfreuliches ist passiert. Eine der größten Kirchen ist dem Erdboden gleichgemacht – nichts als Fundamentspuren sind verblieben. Ich blickte mich nach Resten von Schnitzereien um, die auf den Stil der Ausschmückung hindeuten könnten, und fand nach ausgiebigem Suchen eine und nur eine – und sie war datiert! Es war ein großer Stein, der sich, nach seiner Form und den Zierprofilen zu urteilen, am Anfang zweier Fensterbogen der Apsis befunden haben mußte; das Datum war in wunderschönen erhabenen griechischen Buchstaben zwischen den beiden Bogen eingemeißelt: «Im Jahre 511.» Ich weiß nicht, ob hier die christliche Zeitrechnung benutzt wurde, aber es muß jedenfalls ziemlich nah an diese Zeit herankommen, denn das wäre ungefähr das Datum, das man erwartet hätte. War das nicht ein ungeheures Glück?

Nach dem Tee ritt ich auf der Ostseite um die Felsen herum und traf einen jungen Schafhirten. Wir banden mein Pferd an einem Felsen fest, und der Schäfer und ich kletterten den einzigen Pfad hinauf, der zum Bergfried führt. Wie alle Burgruinen war auch diese schöner außen als innen. Aber die Aussicht ist phantastisch und den Aufstieg wert. Um die Steilwand erstreckt sich die große Ebene, und der Ring der Schneeberge erhebt sich im Hintergrund. Wir vertrieben die Geier, die in Reihen auf der Burgspitze saßen – sie hinterließen einen fürchterlichen Gestank –, und in einem kleinen, tiefen Fenster fand ich ein Nest mit zwei braunen Eiern darin. Geiernester findet man nicht oft.

Ich bin den Türken hoffnungslos verfallen. Sie sind äußerst charmante Menschen, und irgendwann, wenn ich ihre Sprache ein bißchen besser beherrsche, werden wir sehr gute Freunde werden, das weiß ich jetzt schon.

Es ist glühendheißes Wetter. Die wilden Malven blühen, und heute sah ich die erste dicke Granatapfelblüte. Das bedeutet Sommer.

Binbirkilise, 13. Mai 1905

An den Vater

Falls Du die allerneuesten deutschen Archäologiebücher gelesen hättest, wärst Du verrückt vor Aufregung, mich hier zu sehen. Ich muß mit dem Anfang beginnen und Dir von Konya erzählen. Ich blieb vier Tage dort und lernte den deutschen Konsul (mit Namen Loytved) kennen. Er ist hochintelligent und seine Frau sehr liebenswürdig. Am Tag, nachdem ich eintraf, nahm er mich zu einem griechischen Dorf in den Bergen mit, etwa eine Stunde von Konya entfernt, wo sich, wie er sagte, eine Kirche befinde. Es war außerordentlich interessant und soll von Kaiserin Helena gegründet worden sein. Im selben Dorf stand auch noch eine Felsenkirche, die genauso alt, wenn nicht noch älter war, aber da Samstag war und gebetet wurde, konnte ich sie nicht kartographisch erfassen, deshalb kehrte ich am folgenden Tag zurück. In diesem Dorf werden Teppiche hergestellt. Loytved und ich nahmen bei einer reizenden griechischen Familie Marmelade und Wasser zu uns und begutachteten ihre Teppiche auf den Webstühlen. Der alte Priester erzählte mir von einer anderen Kirche in einem zweiten griechischen Dorf, und ich verbrachte einen weiteren Vormittag mit ihrer Vermessung; sie war genauso interessant wie die erste. Diese Dorfbewohner müssen, meiner Meinung nach, seit der Zeit von St. Paulus Christen sein, und die griechische Bevölkerung stammt zweifellos von griechischen Siedlern vor der christlichen Zeitrechnung ab ...

Ich aß täglich mit den Loytveds zu Mittag oder zu Abend, und er lud jedesmal auserwählte verbannte Paschas ein, um mich mit ihnen bekannt zu machen. Das Ergebnis waren äußerst interessante Gespräche, denn die größte Intelligenz der Türkei befindet sich im Exil und spricht sich, da im Exil, offen aus. Eines Tages werde ich Dir ein paar merkwürdige Geschichten erzählen. Ich habe nun also einen riesigen Bekanntenkreis in Konya und verbrachte meinen letzten Nachmittag in der Ottoman-Bank sitzend und die Stadt empfangend. Es war fast wie in Damaskus. Und meine Kleider sind aus Smyrna eingetroffen! Wenn du vier Monate lang aus zwei winzigen Koffern gelebt hättest, würdest Du verstehen, was das bedeutet. Alles ist relativ; eines Abends, als ich einen Rock anzog, der ursprünglich aus Paris stammt, kam ich mir fast zu schick vor, um mich darin zu bewegen.

Ich schickte meine Pferde drei Stationen voraus, und am nächsten Tag nahm ich selbst den Zug mit Fattuh, meinem neuen Diener. An einem glühendheißen Morgen gesellten wir uns zu den Pferden, packten unsere einzige Last auf ein gemietetes Tier und machten uns auf den Weg über die Ebene nach Binbirkilise. Der Name bedeutet «Tausendundeine Kirche», und es liegt am Fuß des Kara Dag, eines großen, einzeln stehenden Bergs, der sich abrupt aus der Ebene erhebt. Der Ort muß eine sehr wichtige frühchristliche Stadt gewesen sein, denn er ist voller Kirchen, die wohl bis in vorkonstantinischen Zeiten zurückreichen. Am Fuß des Bergmassivs liegt eine untere Stadt und etwa eine Stunde weiter auf einem Bergrücken eine obere Stadt; das Schicksal und mein Führer befahlen glücklicherweise, daß unser Weg uns zuerst zur oberen Stadt führte. Ich verliebte mich sofort in sie, eine Ansammlung wunderschöner Ruinen in einer kleinen, felsigen Mulde hoch oben im Gebirge – mit Kleinasien zu ihren Füßen. Wir kamen um die Mittagszeit an, und ich richtete mich in einer Kirchenruine ein; dann kam mir die glänzende Idee, daß ich mein Hauptquartier hier oben und nicht in Maden Scheher, dem eigentlichen Binbirkilise unten in der Ebene, aufschlagen könnte. Ich hatte keine Zelte bei mir, so daß ich erst einen Schlafplatz ausfindig machen mußte. Das Dorf besteht aus etwa 15 türkischen Familien, die sich aus den Ruinen Hütten gebaut haben, aber es ist türkische Sitte, daß jedes Dorf, egal wie klein, ein Gästezimmer für Reisende enthalten muß, und wir machten uns auf, dies zu suchen. Ja, natürlich, sagte der Scheich des Dorfes, es gebe ein «Oda» in seinem Haus und es stehe mir selbstverständlich zur Verfügung. Sobald ich es sah, wußte ich, daß sich meine schönsten Träume erfüllt hatten. Es war ein kleiner, nackter, aus Lehm gebauter Raum, in dessen Wände Gottes Name geritzt war, und vor dem Eingang überblickte eine Plattform die große Ebene und die Hänge des Kara Dag. Ich brachte die Filzdecken und Matten hinaus und stellte meine eigenen Sachen hinein.

Die untere Stadt ist kartographisch bereits gründlich erfaßt, die obere aber nahezu unberührt, so daß ich das Vergnügen hatte, die Arbeit selbst durchzuführen. Am ersten Tag ritt ich nach Maden Scheher und verbrachte den Tag dort photographierend und Strzygowskis Buch zu Rate ziehend. Die Kirchen waren höchst interessant, aber der Ort scheußlich, unerträglich heiß und mit widerlichem Wasser, so daß es ein wahres Vergnügen war, am Abend zu meinem Berg und meiner schönen Quelle zurückzukehren. Es war sehr faszinierend, eine ganze Stadt durchzuarbeiten und immer wieder die gleichen oder von der Kreativität des Erbauers leicht veränderte architektonische Merkmale vorzufinden. Und dann war es auch sehr amüsant, vier Tage lang eine türkische Dörflerin zu sein. Wenn ich zum Tee nach Hause komme, macht es mir viel Freude, meinen Freund und Gastgeber, den Scheich, beim Nachmittagsgebet auf einer Filzmatte vor seiner Tür anzutreffen (seine Orientierung stimmt nicht, er betet nach Westen blickend, was unmöglich die Richtung nach Mekka sein kann, aber ich wage doch zu behaupten, daß das einerlei ist), die Frauen zu sehen, die im Schatten der Mauer grobes Tuch weben, und die Männer, die ihre Holzpflüge durch das steinige Ackerland des Dorfes treiben. Alle akzeptieren mich ganz selbstverständlich außer den Hunden, die immer noch wie wild bellen, wenn ich vorübergehe. Und mein Haus ist ja so hübsch mit seinen Lehmwänden und dem Namen Gottes darüber geschrieben: Allah, Allah. Und meine Diener sind reizend. Und dann Fattuh, Gott segne ihn! Der beste Diener, den ich je hatte, immer bereit, mein Essen zu kochen oder ein Maultier anzutreiben oder mit dem gleichen Eifer eine Inschrift auszugraben.

Heute morgen bestieg ich den Kara Dag, noch dazu zu Pferd! Er ist ein riesiger Vulkan, dessen Krater ungefähr eine halbe Meile im Durchschnitt mißt und den ein Ring felsiger Spitzen umgibt. Die große Ebene erstreckt sich bis zu schneebedeckten Bergketten in der Ferne. Auf dem Kara Dag lagen immer noch Schneeflecken mit Krokussen am Rande, und im Eichengestrüpp der höheren Hänge gab es Schneeglöckchen und einen ganzen Hügel voll orangeroter Tulpen weiter unten und die schönsten Schachbrettblumen der Welt, ein leuchtendes, sattes Gelb mit braunen Punkten.

Siehst Du, Binbirkilise bildet einen wunderbaren Abschluß meiner Reisen. Es tut mir leid, daß ich morgen hinunter muß, aber meine Arbeit ist zu Ende, und wir haben unsere ganzen Lebensmittel aufgegessen. Heute haben wir es geschafft, dem Scheich ein Huhn abzukaufen – im ganzen Dorf gibt es nur vier, und ich hielt mich für ziemlich gierig, eines davon zu essen, aber Fattuh sagte energisch, daß sie drei übrig hätten und das sei genug. Das Huhn dachte anders. Es flüchtete sich in eine Kirchenruine nach der anderen und wurde schließlich auf einem Grabmal zu Boden gestreckt, wo Fattuh es mit meinem Gewehr erschoß!

16. Mai

Ich war heute früh auf, und um fünf ritt ich bereits in die Berge, um mir eine der großartigen Sehenswürdigkeiten Kleinasiens anzuschauen, die hethitischen Skulpturen in Loris.

Es war herrlich, bei Tagesanbruch dem schneebedeckten Taurus entgegenzureiten, und noch herrlicher, als wir nach etwa zwei Stunden ein wunderbares Tal mit einem rauschenden Bach betraten, das ich nicht kannte, bis wir zum Dorf Loris am Eingang einer phantastischen Felsschlucht kamen. Oberhalb des Dorfes schießt der Fluß kristallklar unter den Felsen hervor, und gleich unterhalb seiner Quelle ist der berühmte Felsen, auf dem sich die Skulpturen befinden. Zwei Figuren, ein Gott mit lockigem Haar und Bart und spitzen Schuhen und einer phrygischen Kappe, geschmückt mit einer Hörnerkrone, in seinen Händen die Früchte der Erde, Korn und Trauben, die er einer kleineren Figur anbietet, einem König, der mit betend erhobenen Händen vor ihm steht. Hinter den beiden verlaufen zwei Zeilen jener seltsamen Schrift, die niemand lesen kann, und unter dem Felsen rauscht das klarc Wasser des Flusses. Ich setzte mich unter die Walnußbäume und betrachtete dieses hervorragende 5000 Jahre alte Meisterwerk an Symbolik: der aus dem Berghang hervorbrechende Fluß, der für die ganze Ebene im Tal Fruchtbarkeit bringt, und der Gott, der mit Trauben und Getreide an der Quelle steht. Und dann kam jemand aus dem Dorf und brachte mir Eier und Milch und Honig und die größten Nüsse der Welt, und ich schmauste am Rand des Flusses. Und wenn ich die Sprache gekannt hätte, hätte ich dem Gott mit dem lockigen Haar und der Hörnertiara, der solch gute Dinge aus der nackten Erde hervorgebracht hatte, eine kurze Danksagung auf hethitisch dargeboten.

Ich ritt in glühender Hitze zurück und kehrte mit dem Zug nach Konya zurück. Der Konsul und seine Frau holten mich vom Bahnhof ab und speisten mit mir im Hotel. Dort traf ich Professor Ramsay, der mehr über dieses Land als jeder andere weiß; wir fielen uns in die Arme und verstanden uns gleich ausgezeichnet.

*

Dies war Gertrude Bells erste Begegnung mit dem Archäologen Sir William Ramsay; zwei Jahre später erforschten sie Seite an Seite die Kirchen Kleinasiens und veröffentlichten gemeinsam eine vielbeachtete Studie darüber.

Im Sommer 1905 war Gertrude wieder in England, und im Herbst setzte sie in Paris ihr Archäologiestudium bei Salomon Reinach fort. 1906 schrieb sie ihren Reisebericht *Durch die Wüsten und Kulturstätten Syriens*, und Anfang April 1907 war sie mit ihrem treuen Diener Fattuh wieder in Kleinasien. Fattuh begleitete sie auch auf ihren Expeditionen 1909 durch unbekanntes Gebiet in Mesopotamien und 1911 bei einer halsbrecherischen Durchquerung der Syrischen Wüste von Damaskus nach Bagdad.

*

Maden Scheher, Samstag, 25. Mai 1907

An die Stiefmutter

Ich muß wirklich mit einem Tagebuch für Dich beginnen. Die Ramsays sind gestern angekommen. Ich war mitten im Ausgraben einer Kirche, als plötzlich zwei Karren in Sicht kamen, und da waren sie. Es war etwa 3 Uhr nachmittags. Sie stiegen sofort aus, wollten gar nicht daran denken, zu den Zelten zu gehen, Lady R. bereitete Tee im Freien, und R. war sofort, alles andere vergessend, in die Schwierigkeiten vertieft, die die Kirche präsentierte. Es war einfach zu herrlich, jemanden zu haben, der darüber genauso aufgeregt war wie ich! . . .

Jetzt will ich Dir etwas sehr Verblüffendes erzählen. In der Nähe der Kirche, an der ich zwei Tage lang arbeitete, bevor R. kam, befinden sich einige große Felsen, auf denen ich eine sehr merkwürdige Inschrift fand. Je intensiver ich sie betrachtete, desto merkwürdiger wurde sie, und desto weniger hielt ich sie für eine christliche oder irgend etwas, das ich kannte; deshalb zeichnete ich sie mit großer Sorgfalt ab, komische kaninchenköpfige Sachen und eine Art geflügelte Kreuze und Waffen und Kreise, und mit einigem Zittern zeigte ich sie R. Sowie er darauf blickte, sagte er: «Das ist eine hethitische Inschrift. Das ist genau das, was ich am meisten zu finden hoffte.» Ich glaube, ich war noch nie so stolz.

So ist Kleinasien: Es gibt keine christlichen oder moslemischen Schreine, aber wenn man lange genug sucht, stellt man fest, daß es von Anbeginn der Geschichte ein heiliger Ort war, und jede Kirche auf dem Gipfel eines Berges steht da, wo auch die Hethiter ihre Andacht hielten. Wir begannen, merkwürdige Dinge zu finden, einen Turm einer sehr alten Festungsart, und dann fanden wir Einkerbungen in Steinen, die uns lange Zeit Rätsel aufgaben, bis ich, weil ich Ähnliches bereits in Syrien gesehen hatte, entdeckte, daß es Weinpressen waren. Kurzum, wir glauben, eine hethitische Siedlung in Maden Scheher gefunden zu haben und daß hier der Eingang der Festung war. Vielleicht finden wir keine weiteren Beweise, und die Sache muß eine Mutmaßung bleiben, aber die Inschrift auf dem Kara Dag ist ein Fixpunkt.

Maden Scheher, 29. Mai 1907

An die Stiefmutter

Ich erhielt heute einen langen Brief von Dir, mit Datum vom 19. Mai, dem Du ein paar Photographien von Hugo beigefügt hattest und in dem Du die Pläne für Elsas Hochzeit beschriebst. Ich fürchte, ich muß endgültig alle Hoffnung aufgeben, dafür nach England zurückzukehren. Ich bin in diese Arbeit verwickelt, und ich muß sie zu Ende bringen. Ich stehe um 5 Uhr auf und frühstücke, bevor die Familie Ramsay erscheint, mache mich noch vor 6 Uhr auf den Weg zum Ausgrabungsort und bleibe bis 12 Uhr dort, um die Ausgrabungen zu überwachen und Vermessungen vorzunehmen. Dann kehre ich für eine Stunde zu den Zelten zurück, denn die Männer haben in der Tagesmitte eine Stunde frei, und nach dem Lunch gehe ich zu den Ausgrabungen zurück und bleibe bis 5 Uhr oder später. R. taucht gegen 7 Uhr oder 8 Uhr am Morgen und gegen 3 Uhr am Nachmittag am Schauplatz auf. Dann muß er Inschriften finden und lesen und kartographieren, und mehr schafft er physisch nicht. Ich werde die ganzen Meß- und Planarbeiten machen müssen, und bin immer mal wieder zwölf Stunden pro Tag damit beschäftigt. Anders kann es auch nicht sein, denn das ist die Aufgabe, die ich übernommen habe. Natürlich macht es viel, viel Spaß, aber es ist auch sehr harte Arbeit, verstehst Du? Und außer mir ist niemand da, der es machen könnte. Deshalb kann ich jetzt nicht abreisen.

Daile, 8. Juni 1907

An die Stiefmutter

Heute haben wir den größten Exodus seit der Zeit der Juden erlebt. Wir haben unser ganzes Camp hinauf zum Sommerquartier verlegt. Es waren elf Kamele und vier Esel nötig, um uns zu transportieren. Es ist der Ort, an den ich zum ersten Mal vor zwei Jahren kam. Er liegt auf einem Sattel des Kara Dag, hoch über Maden Scheher, und setzt sich vollkommen aus Kirchen, Kapellen und Klosterfundamenten zusammen. Ein paar türkische Hütten sind in den Ruinen untergebracht – in einer wohnte ich vor zwei Jahren. Die Leute sind außer sich vor Freude über meine Rückkehr und bereiteten mir einen überschwenglichen Empfang. Sie hatten mir unten in Maden Scheher ausrichten lassen, daß sie hofften, ich würde hinaufkommen, und ich mietete alle Kamele für den Transport von ihnen.

Zum Interessantesten unserer Arbeit gehört das Erforschen der ersten Besiedlung des Berges. Es begann mit meiner hethitischen Inschrift. Wir fanden mehrere Überreste einer alten Stadt bei Maden Scheher, und heute, während wir mit dem Lager umzogen, hat Sir William drei hethitische Inschriften auf einem Ausläufer des Gebirges gefunden. Von all diesen Inschriften wollen wir Abgüsse machen, damit wir absolut perfekte Abdrücke besitzen. Wir bekommen so viel Material zusammen, daß ganz bestimmt ein Buch daraus entstehen wird.

Sir William wird den historischen und epigraphischen Teil schreiben und ich den architektonischen. Ich finde, es wird eine sehr lohnende Aufgabe sein, denn zum ersten Mal ist eine genaue Studie eines Teils dieser Gegend durchgeführt worden. Bisher sind die Leute nur durchgereist und haben gesehen, was sie sehen konnten, und sind weitergezogen. Wir werden ganz bestimmt wichtige Erkenntnisse zur Siedlungsart dieser Region beitragen können. Ich freue mich auf einen wunderbaren Winter zu Hause, wo ich meine Pläne zeichnen und meinen Teil des Buches schreiben werde. Ohne Sir W. wäre ich hier hilflos gewesen, und je mehr ich mit ihm arbeite, desto mehr mag ich ihn und respektiere ich sein Wissen. Es ist in der Tat ein phantastischer Erfolg, einfach alles so, wie ich es mir erhoffte.

Syrische Wüste, 10. Februar [1911]

An die Stiefmutter

... Packen am ersten Tag ist immer ein langwieriges Geschäft. Schließlich brachen wir kurz nach 9 Uhr auf, eine Reisegesellschaft aus 15 Personen, ich, ein Scheich, Fattuh, Ali, meine vier Kameltreiber und sieben Kaufleute, die zum Euphrat hinüberziehen, um Schafe zu kaufen. Nach einer halben Stunde passierten wir das türkische Wachhäuschen, den letzten Außenposten der Zivilisation, und stürzten uns in die Wildnis. Unsere Straße lag über einer weiten Fläche vor uns, abgegrenzt nach Norden hin von einer kahlen Gebirgskette, die in nordöstlicher Richtung verläuft und uns von der Palmyrischen Wüste trennt, und im Süden von einer Reihe ferner Hügel, vulkanischen Ursprungs, glaube ich. Als wir an einige Tempel kamen, die im Sommer trocken sind, füllten wir unsere Schläuche, denn da, wo wir lagern werden, gibt es kein Wasser. Es blies ein scharfer Wind, der sich manchmal zu einem wilden Sturm erhob und Hagelschauer auf uns niederließ; zum Glück hatten wir ihn aber im Rücken, so daß er uns nicht allzu viel anhaben konnte.

Am späten Nachmittag brach ein neuer Hagelsturm über uns aus, und beim Aufklaren zeigten sich die fernen Hügel schneeweiß. Wir hatten einen Ort erreicht, wo es etwas Gestrüpp gab, das als Feuerholz dienen würde, und hier lagerten wir im Windschatten einer leichten Anhöhe. Unsere Reisebegleiter haben drei große Araberzelte, die vorne offen sind, und wir unsere beiden englischen Zelte; merkwürdigerweise ist es trotz des Regens und kalten Windes recht warm. Ich weiß nicht, wie es kommt, daß man in der Wüste selten friert, vielleicht weil es nicht feucht ist. Der steinige, sandige Boden wird nie schlammig. Ein bißchen Gras beginnt zu wachsen, und wenn man über die weite Fläche vor einem blickt, ist es fast grün. Der alte Scheich jammert, daß wir nicht in einem Haus in Damaskus sind. «Beim Haupte deines Vaters!» sagte er. «Wie kannst du den Garten der Welt verlassen und in diese Wildnis ziehen?» Vielleicht verlangt das wirklich eine Erklärung.

13. Februar

Glaube keinen Augenblick lang, daß wir schon warmes Wetter haben. Heute um 5 Uhr 30 (meine Frühstückszeit) stand das Thermometer auf 26° [Fahrenheit = 3° C], aber es gab keinen Wind. Kurz nach sechs machten wir uns auf den Weg. Die Sonne ging eine halbe Stunde später in aller Pracht auf, und wir tauten auf.

Die Kamele schritten ziemlich träge dahin, denn sie hatten Durst, weil sie seit Damaskus nichts mehr getrunken hatten. Sie trinken nichts, wenn es sehr kalt ist. Aber unser Führer, Ali, versprach uns ein paar Teiche, gutes Wasser, sagte er. Als wir dort ankamen, stellten wir fest, daß einige Araber nicht weit davon entfernt gelagert hatten und von den Tümpeln nichts als zertrampelter Schlamm übrig war. Also mußten wir uns nach einem anderen Teich umschauen, und endlich fanden wir auch einen etwa eine Meile weiter mit sehr wenig Wasser darin, aber genug für die Reitkamele, meine Stute und unsere Wasserschläuche. Es ist jedoch äußerst trübe.

Wir kamen gegen vier, nicht weit von einigen Araberzelten entfernt, im Lager an. So gehen wir vor: Zunächst machen wir uns alle an die Arbeit, um die Zelte aufzubauen, wobei es zu meiner Aufgabe gehört, auszupacken und mein Campmobiliar aufzustellen. Bis ich damit fertig bin und meine Stiefel ausgezogen habe, hat Fattuh Tee bereit. Meine Begleiter verteilen sich mit Äxten über die Ebene, um Feuerholz zu sammeln, eine kleine, trockene Pflanze namens Schik, die höchstens sechs Zoll hoch wächst. Wir nennen sie «Baum». Mit ein paar Schlägen mit der Spitzhacke ist der quadratische Herd in den Zelten fertig, und einen Augenblick später brennt ein Bündel Schik lichterloh darin, der Scheich hat sich neben seiner Wasserpfeife niedergelassen, und das Kaffeekochen hat begonnen.

Als Lagerplatz suchen wir uns gewöhnlich eine Mulde aus. Bei der erstbesten Stelle, die als Lagerplatz in Frage kommt, will der alte Scheich immer gleich anhalten. «Dieser Raum ist gefällig», sagt er und blickt auf eine kleine Biegung in der Böschung. « *Wallabi*, o Scheich», sagt Ali, «der nächste Raum ist besser. Da sind mehr Bäume.» So gehen wir zur nächsten «bewaldeten» Kammer. Eine wunderbar interessante Erfahrung ist das alles. Gestern blieben meine Leute die halbe Nacht wach, weil meine Stute die Ohren aufrichtete und sie glaubten, sie habe Räuber gehört. Sie rannten die Böschung hoch und riefen: «Kommt nicht näher! Wir haben Soldaten dabei und Kamele.» Als wir heute morgen weiterritten, entdeckte Ali Hufspuren auf dem harten Boden und war überzeugt, daß es die Pferde unserer Feinde waren.

20. Februar

Wir marschierten gestern dreizehn und eine halbe Stunde lang, ohne irgendwo anzugelangen. Wir brachen um fünf in einer köstlichen, stillen Nacht bei einer Temperatur von 36° [Fahrenheit = 2° C] auf – es war richtig mild. Als wir den Eingang unseres Tals passierten und eine weitere, niedrige Ebene betraten, ging die Sonne klar und schön auf. Wir sollten das Wadi Hauran, den Vater aller Täler in dieser Wüste, in zehn Stunden erreichen und die kleine Ruine von Muheiwir eine halbe Stunde später; dort sollte es klares Wasser in Hülle und Fülle geben.

Wir waren guter Stimmung, wie Du Dir vorstellen kannst. Der Scheich sang Lieder aus dem Nedschd. So ritten wir weiter und weiter. Um 2 Uhr fragte ich Ali, ob es noch zwei Stunden bis Muheiwir seien. «Mehr», sagte er. «Drei?» fragte ich. «O Lady, mehr.» – «Vier?» fragte ich mit leicht sinkendem Mut. «*Wallahi*, nicht so viel.» Wir ritten weiter über kleine Hügel und gewelltes Flachland. Gegen fünf erreichten wir das zweite der Täler, El-Ud. Inzwischen ritten Fattuh und ich voran, und Ali suchte besorgt die Landschaft von jedem hohen Felsen aus ab. Der Scheich hatte sich hingesetzt, um eine Wasserpfeife zu rauchen, während die Lastkamele nachkamen. «Meine Lady», sagte Fattuh, «ich glaube nicht, daß wir heute abend noch Wasser erreichen.» Und der ganze Wasservorrat, den wir hatten, war ungefähr ein Becher voll in meiner Feldflasche. Wir ritten noch eine halbe Stunde das Tal hinunter und suchten schließlich im Einvernehmen mit Ali einen Lagerplatz aus. Wasser gab es allerdings keines. Der «Vater der Kamele», Abdullah, von dem wir unsere Tiere gemietet haben, behauptete jedoch, daß er Wasser brauche, um das Kamelmehl in dieser Nacht mischen zu können (sie fressen eine Art Teig), und eigentlich gegen unsere Überzeugung setzten wir unseren Marsch fort.

Wir ritten noch eine Stunde weiter; inzwischen war es stockdunkel geworden. Da ritt einer der Kaufleute zu mir heran und sagte, daß es böse für uns ausgehen könne, sollten wir in der dunklen Nacht einen Überfall erleben. Daß diese Befürchtung nicht unbegründet war, gaben alle zu. Wir ließen uns fallen, wo wir standen, und trotz der Dunkelheit hatte Fattuh im Handumdrehen mein Zelt aufgebaut, während ich meiner Stute die Vorderbeine fesselte und unter den Kamellasten mein Bett suchte. Niemand sonst schlug ein Zelt auf. Die anderen trieben die Kamele zusammen, und in ihrem Schutz machten sie mit dem Gestrüpp, das sie finden konnten, Feuer. Fattuh und ich teilten das Wasser in meiner Feldflasche in zwei Teile. Mit der einen Hälfte kochten wir Tee, den er und ich uns mit etwas Dosenfleisch und Brot teilten. Die andere Hälfte hoben wir für den nächsten Morgen auf. Keiner von uns war richtig durstig; dieses Wetter macht einen nicht durstig. Aber meine arme kleine Stute hatte seit zwei Tagen nichts getrunken und wieherte jeden, den sie sah, an. Das letzte, was ich vorm Einschlafen hörte, war, wie der brave Fattuh ihr gut zuredete. «Es gibt kein Wasser», sagte er. «Es ist keins da. *Ma fi, ma fi.*» Kurz nach fünf weckte er mich. Ich zog meine Stiefel an, trank den Tee, den er brachte, und ging in einen freudlosen Tagesanbruch hinaus. Der Himmel war mit niedrigen Wolken verhangen. Als wir unsere Kamele bestiegen, ließ uns ein schwacher und ziemlich trüber Schimmer im Osten ahnen, daß die Sonne aufging.

Es war gut, daß wir in der Nacht davor nicht versucht hatten, noch Wasser zu finden. Wir ritten heute sechseinhalb Stunden, bis wir im Wadi Hauran auf Regenpfützen stießen, und noch eine Stunde bis Muheiwir und zu ein paar guten Brunnen in der Talsohle. In den ersten vier Stunden führte uns der Weg über unfruchtbare Ebenen. Nach einer Weile sahen wir zahllose Kamele am kahlen Horizont weiden. Wir begannen, durch trockene Wasserläufe abzusteigen, und um die Mittagszeit fanden wir uns am Boden des großen Tales wieder und marschierten am Rand eines steinigen Flußbettes mit ein paar Regenpfützen. So kamen wir nach Muheiwir, einer kleinen Festungsruine, und hier trafen wir zwei Männer der Deleim mit einer Schafherde an – die ersten Menschen, die wir seit vier Tagen zu Gesicht bekamen. Unterhalb der Festungsruine befinden sich ein paar tiefe Quellen im Flußbett, und neben diesen lagerten wir, weil wir das Gefühl hatten, nach all unseren Anstrengungen ein paar Stunden Ruhe zu benötigen. Der Scheich hatte sein Kaffeefeuer angezündet, während ich mir einen ersten flüchtigen Überblick über die Ruine verschaffte. «O Lady», rief er. «Beehre uns.» Ich setzte mich und trank eine Tasse Kaffee. «Wo», sagte er und sah mich kritisch an, «wo ist dein Gesicht in Damaskus und wo dein Gesicht hier?» Und ich muß zugeben, daß seine Bemerkung gerechtfertigt war. Denn wie sieht man wohl nach zehn Tagen Frost und Wind und Sonne aus? Die Wolken haben sich alle verzogen – Sonne und Wasser und Ruinen, eines Menschen Herz kann nicht mehr begehren. Der Scheich läßt Dich grüßen.

23. Februar

Der Tag brach grau und trist und mit einer gelegentlichen Regenbö an. Wir machten uns frühmorgens auf den Weg und schlugen den vertrauten Pfad über die öden Wasserläufe nach Ain Sasa ein. Der Regen durchnäßte uns und machte den Weg matschig und beschwerlich, aber es hellte sich auf, bevor wir Ain erreichten. Wir machten dort unsere Mittagspause und warteten bis 11 Uhr auf die Lastkamele. Kubeisa war nur anderthalb Stunden entfernt, und weil es noch so früh war, beschloß ich, alle drängenden Einladungen des Scheichs – er stammt aus Kubeisa –, die Nacht bei ihm zu verbringen, auszuschlagen und dreieinhalb Stunden weiter nach Hit vorzustoßen. Die Treiber der Lastkamele wurden über die Änderung der Pläne informiert, und Fattuh und ich ritten beim Gedanken, unsere Karawane am selben Abend wiederzusehen, gut gelaunt weiter. Die Karawane, die wir von Damaskus losschickten, sollte in Hit auf uns warten.

Aber bevor wir Kubeisa erreichten, kam der Regen wieder in Sturzbächen auf uns herunter. Jetzt ist der Boden das, was die Araber «sabcha» nennen, weicher, krümeliger Salzsumpf, sandig, wenn es trocken ist, aber jeden Augenblick bereit, sich bei Regen in eine Welt aus klebriger Schmiere zu verwandeln. Das ist passiert, und da Kamele im Schlamm nicht gehen können, wurde ich plötzlich von einem kolossalen Sturz überrascht und fand mich und mein Kamel im klebrigen Matsch dahingestreckt. Wir rappelten uns jedoch unverletzt hoch und konnten unseren Weg nach Kubeisa fortsetzen. Und hier erwartete uns ein neues Mißgeschick. Der Regen fiel immer noch in Strömen. Abdullah, der «Vater der Kamele», erklärte, daß seine Tiere nicht über eine Straße nach Hit gehen könnten, die ganz sabcha sei, und selbst Fattuh gab zu, daß es, so müde und hungrig wie sie seien, unmöglich wäre. So dirigierte uns der Scheich unter großem Triumph und mit vielen Lobpreisungen Gottes zu seinem Haus, wo ich von einer Schar wunderschöner und neugieriger Frauen («Sie sind schamlos!» sagte Fattuh entrüstet) gepackt und in den stockdunklen Raum im Erdgeschoß geführt wurde, der das Wohnzimmer ist. Aber der Scheich rettete mich und brachte mich nach oben zum Empfangsraum auf dem Dach. Alle, die wir antrafen, fielen ihm um den Hals und begrüßten ihn mit einem Kuß auf beide Wangen, und sobald wir uns hinsetzten und mitten im Raum ein Feuer entzündet wurde, begannen sich alle Größen von Kubeisa zu versammeln, um ihn zu begrüßen und das Neueste zu erfahren. Zum Schluß waren es mindestens fünfzig an der Zahl. Dies war nun das Zimmer, in dem ich essen und schlafen sollte – es gab kein anderes. Ich nahm Fattuh beiseite – oder vielmehr nach draußen, denn der Raum war bis zum Überquellen voll – und sagte: «Die Nacht wird unangenehm.» Fattuh zog die Stirn in Falten und schritt wortlos die Treppe hinab.

Es hatte aufgehört zu regnen. Meine alten Bekannten in Kubeisa waren alle heraufgekommen, um mich zu begrüßen, und ich saß am Feuer und lauschte den Erzählungen und betete, daß Fattuh Fluchtmöglichkeiten finden möge. Er war erfinderisch wie immer. Nach zwei Stunden kehrte er zurück und sagte: «Mit deiner Erlaubnis, o Muhammad. Wir sind bereit.»

Er hatte Kamele und einen Esel gefunden, und wir brachen auf. Wir verabschiedeten uns äußerst gefühlvoll vom Scheich und ließen ihn mit seiner Wasserpfeife zurück. Die halbe Stadt, die weibliche Hälfte, folgte uns durch die Straßen, und wir wandten uns nach Hit.

Der erste Teil des Weges war hart und trocken. Bald sahen wir den Rauch der Pechfeuer von Hit am Horizont, und nach einigen Hügeln lag die große Erhebung von Hit und sein einziges Minarett vor uns. Anderthalb Stunden Weg standen uns noch bevor, die Sonne war untergegangen, und unsere Straße war ganz sabcha. Die Kamele rutschten und schlitterten auf dem Boden, der wie Seife war. Hätte es wieder geregnet, wären wir erledigt gewesen. Der Hügel zeichnete sich undeutlich durch die Nacht vor uns ab, und wir konnten gerade genug sehen, um mehr oder weniger auf der Straße zu bleiben – eher weniger als mehr –, aber nicht genug, um zu sehen, ob Stein oder Schlamm oder Schwefellachen vor uns lagen. So zogen wir großartigen Reisenden in Hit ein, naß und müde trotteten wir durch die Dunkelheit, sahen zweifellos wie Vagabunden aus und beendeten damit schmählich unser schönes Abenteuer. Die Karawanserei steht vor der Stadt; der Wirt ist ein alter Freund. «Ja Abud!» brüllte Fattuh. «Die Karawane, unsere Karawane, ist sie da?» – «Seid willkommen und möge die Erde für euch weit sein! Sie ist da!» Die Maultiertreiber eilten heraus, ergriffen meine Zügel, ergriffen meine Hand und legten sie sich auf die Stirn. Alles war in Sicherheit und gut, wir und sie und die Tiere und das Gepäck. Gepriesen sei Gott! Es gibt keinen anderen als Ihn. Der Wirt brachte mir Tee, und verschiedene Freunde kamen mich besuchen, ich speiste und wusch mich und ging zu Bett.

Und so, siehst Du, haben wir die Syrische Wüste überquert, als ob es die Hochstraße des Sultans gewesen wäre; wir haben viele Freundschaften geschlossen und die Ruinen gesehen, die wir sehen wollten, und vor allem anderen habe ich eine neue Theorie über die mittelalterlichen Wüstenstraßen entwickelt, die ich eines Tages durch eine neue Reise beweisen werde. Und alles, was übrigbleibt, ist die Hoffnung, daß dieser Brief, der die wahre Geschichte von allem ist, nicht in der Post verlorengeht.

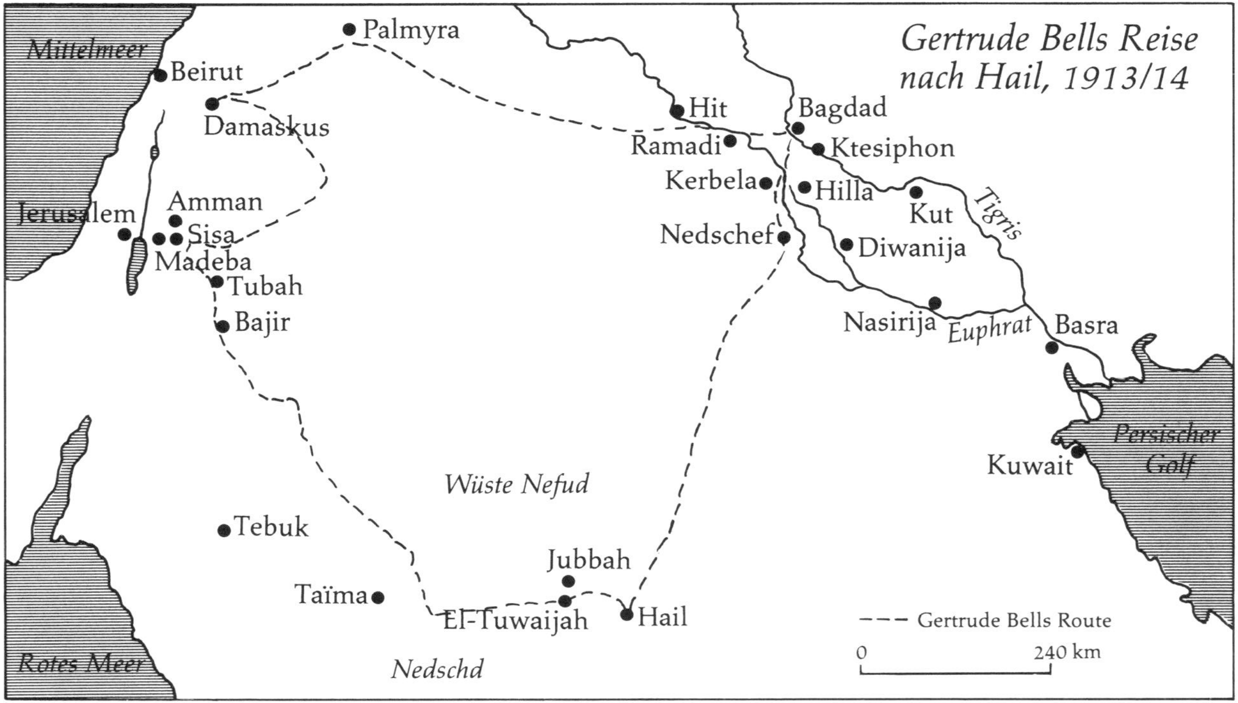
Gertrude Bells Reise
nach Hail, 1913/14
Mittelmeer
Palmyra
Beirut
Damaskus
Jerusalem
Amman
Sisa
Madeba
Tubah
Bajir
Hit
Ramadi
Bagdad
Ktesiphon
Kerbela
Hilla
Kut
Tigris
Nedschef
Diwanija
Nasirija
Euphrat
Basra
Persischer
Golf
Kuwait
Wüste Nefud
Tebuk
Jubbah
Taïma
El-Tuwaijah
Hail
Nedschd
Rotes Meer
Gertrude Bells Route
0
240 km

4
Im Herzen Arabiens – Die Reise nach Hail

Im November 1913 brach Gertrude Bell zur schwierigsten Reise ihrer Laufbahn auf. Sie wollte nach Hail, in die Wüstenstadt im Zentrum des heutigen Saudi-Arabien. Diese Reise stand bereits seit einigen Jahren auf ihrem Plan. Ihren Eltern gegenüber stellte sie alles so dar, als ob sie nur einen seit acht Jahren gehegten Wunsch in die Tat umsetzte, doch in Wahrheit war die Reise ein Mittel zur Flucht. Denn Gertrude war hoffnungslos und äußerst unglücklich verliebt.

Major Charles Hotham Montagu Doughty-Wylie von den Royal Welch Fusiliers, von seinen Freunden Richard oder Dick genannt, war der Neffe von Charles Doughty, dem berühmtesten Arabienreisenden seiner Zeit. Das erstemal begegnete Gertrude ihm 1909 in Konya, wo er britischer Konsul war. Drei Jahre später kreuzten sich ihre Wege in London wieder, als man ihn beim Roten Kreuz zum Leiter der Hilfsorganisation für die Opfer des Balkan-Krieges ernannt hatte. Privat trafen sie sich nur selten und kurz, doch gegen Ende des Jahres 1912 führten sie einen immer leidenschaftlicheren Briefwechsel.

Oberflächlich betrachtet paßten die beiden hervorragend zusammen: der ausgezeichnete Soldat und Diplomat und die brillante Schriftstellerin, Wissenschaftlerin und Reisende. Für ihre Liebe gab es allerdings keine Zukunft, denn Richard war bereits verheiratet. Wenn er seine Frau verlassen hätte, wäre das das Aus für seine berufliche Karriere und für sein Ansehen gewesen; so sehr er Gertrude auch liebte, war er doch nicht in der Lage, sie alle dem unvermeidlichen Skandal auszusetzen. Zwei Jahre lang hatte Gertrude das Unmögliche erhofft. Plötzlich konnte sie es nicht mehr aushalten.

Seit dem Tod von Henry Cadogan im Jahr 1893 hatte sie alle Gedanken an Heirat weggeschoben und sich ganz auf ihre Reisen konzentriert. Im Alter von 45 Jahren wurde sie nun in ihrem angenehm sicheren Gefühl, daß sie sich in ihrem Leben gut eingerichtet hatte, erschüttert.

Gertrudes Vater Hugh, der früher selbst viel reiste, mußte wegen seiner angegriffenen Gesundheit seit einiger Zeit das Haus hüten. Sein Vergnügen, an ihren Reisen teilzuhaben, sollte durch ihren persönlichen Liebesschmerz nicht getrübt werden, deshalb schilderte sie ihm in ihren Briefen weiterhin nur die Annehmlichkeiten und die Neuigkeiten aus der Wüste.

*

Damaskus, 29. November 1913

An den Vater

... Soweit ich es erkennen kann, und ich habe bis jetzt eine Menge Informationen von vielen Seiten erhalten, hat es noch kein Jahr gegeben, das für eine Reise nach Arabien günstiger gewesen wäre als dieses. Die Wüste ist absolut ruhig, und es sollte überhaupt keine Schwierigkeiten geben, nach Hail – der Hauptstadt des Emirs Ibn er-Raschid – zu gelangen und noch viel weiter. Außerdem habe ich heute den absolut richtigen Mann als Führer gewonnen. Ich könnte keinen haben, der mit allen arabischen Stämmen besser bekannt wäre. Ihn bekommen zu haben, ist ein außergewöhnlicher Glücksfall ... Ich muß Dir auch sagen, daß es ausgiebigen Herbstregen gegeben hat, so daß wir genügend Oberflächenwasser und auch Gras finden sollten.

Es geht mir viel besser nach vier Tagen hier, und ich beginne wieder, in den Rhythmus des Orients zu fallen ...

Liebster, geliebter Vater, halte mich nicht für wahnsinnig

oder unvernünftig und denke immer daran, daß ich Dich, mehr als Worte sagen können, liebe, Dich und Mutter.

Weißt Du, die Dinge lassen sich viel besser an, als ich erwartet hatte, aber sprich nicht mit Außenstehenden über Nedschd, falls nichts daraus wird.

*

Nur Sir Valentine Chirol, Auslandschef der *Times* in Delhi und ein lebenslanger Freund von Gertrude, die ihn zärtlich «Domnul» nannte, wußte über das tatsächliche Ausmaß ihres Unglücks Bescheid – und er war auch der einzige, dem sie sich anvertrauen konnte.

*

11. Dezember

An Sir Valentine Chirol

Meine Kamele ziehen übermorgen los und ich am folgenden Morgen. Ja, ich bin wieder unterwegs – und die Welt muß für eine Weile ohne mich auskommen. Es ist schon ziemlich langweilig, daß sich hier alles so hinzieht – ich hätte heute aufbrechen sollen, aber Fattuh hat einen leichten Malariaanfall, und ich habe die Abreise verschoben, damit er sich erholen kann. Ich möchte alle Verbindungen mit der Welt abbrechen, das ist das Beste und Klügste, was man tun kann. Die Straße und die Morgendämmerung, die Sonne, der Wind und der Regen, das Lagerfeuer unter den Sternen und Schlaf und wieder die Straße – wenn sie nicht heilen können, dann weiß ich nicht, was helfen soll. Und ich fange an, mich darauf zu freuen – glaube also nicht, daß ich mich in ein wildes und verzweifeltes Abenteuer stürze. Für ein Abenteuer ist es eigentlich ganz vernünftig, aber doch aufregend genug, um mich abzulenken. O Domnul, wenn Du wüßtest, wie ich in den letzten Monaten den Boden der Hölle abgeschritten bin, würdest Du mir recht geben, jeden Ausweg zu versuchen. Wie ich Dir schon früher gesagt habe, ist es zum größten Teil meine Schuld, aber deshalb ist es trotzdem ein nicht wiedergutzumachendes Unglück – für uns beide. Aber ich wende mich jetzt davon ab, und die Zeit dämpft selbst die stärksten Gefühle.

Amman, 11. Januar 1914

An Sir Valentine Chirol

Mein liebster Domnul,
seit ich Dir geschrieben habe, sind viele Dinge geschehen. Als erstes: Ich habe Deine beiden Briefe und das kleine Amulett bekommen, das ich mitnehmen werde, damit es mir Glück bringt; ich danke Dir ... Mein lieber Fattuh, den ich mit Typhus im Bett in Damaskus zurückließ, gesellte sich in Sisa zu mir; ich kann Dir gar nicht sagen, wie froh ich bin, meinen treuen Freund und Begleiter zurückzuhaben.

Ich ritt nach Salt, um den dortigen Kaimakam zu besuchen, einen reizenden, kultivierten Mann, der mich gehen lassen würde, wohin ich will. Aber ich möchte ihm keine Verantwortung aufladen, deshalb habe ich telegraphisch um eine Genehmigung aus Damaskus gebeten, einige Burgen weiter südlich aufsuchen zu dürfen. Bin ich erst in der Wüste, würde es mich sehr wundern, wenn ich nicht gehe, wohin es mir gefällt!

Ja, ich weiß, was Du dachtest, als Du den Tadsch Mahal im Morgengrauen sahst, und ich liebe Dich dafür, daß Du wünschtest, ich wäre bei Dir gewesen.

Ich habe zum ersten Mal Verlassenheit in der Einsamkeit gespürt, und an den langen Tagen auf dem Rücken der Kamele und den langen Abenden des Lagerns im Winter sind meine Gedanken weit vom Lagerfeuer an Orte gewandert, die brennende Gefühle wecken, und ich wünschte, es wäre nicht so. Manchmal bin ich mit einem so schweren Herzen zu Bett gegangen, daß ich glaubte, es nicht bis zum nächsten Tag durchzustehen. Dann kommt die Morgendämmerung, weich und wohltuend stiehlt sie sich über die weite Ebene und die langen, flachen Böschungen der kleinen Täler, und am Ende stiehlt sie sich auch in mein dunkles Herz. Ich bin keine Philosophin, aber in solchen Zeiten denke ich daran – und ich bin froh, daß ich daran denke –, daß wir nur wenig zählen. Die Erde dreht sich weiter, kleidet sich mit jeder Dämmerung in neue Schönheit und freut sich über sich selbst. Unsere Herzen werfen keine Schatten auf sie, und unsere schweren Schritte spürt sie nicht. Und ich wandere weiter durch das Sonnenlicht, getröstet – das ist das Beste, was ich daraus machen kann, zumindest lehrt mich die Einsamkeit Weisheit, lehrt mich Ergebenheit und wie Schmerz zu ertragen ist, ohne laut zu schreien.

*

Ein paar Tage später beginnt Gertrude mit Tagebucheintragungen für ihren unerreichbaren Geliebten.

*

16. Januar

Heute kehrte ich in die Wüste zurück, und da ich an der Station von Sisa vorbeiritt, hielt ich an und fragte, ob die fehlenden Briefe von Dir nicht zufällig dort seien. Aber da war nichts ...

Weißt Du, daß ich vogelfrei bin? Louis Mallet [britischer Botschafter in der Türkei] hat mich wissen lassen, daß meine Regierung, wenn ich weiter nach Nedschd in Zentralarabien reise, nichts mit der Sache zu tun haben will, und ich habe die osmanischen Behörden kategorisch von jeglicher Verpflichtung freigesprochen, indem ich versicherte, auf eigene Gefahr zu reisen ... Dieser Preis ist in Wahrheit nicht hoch, denn die Türken könnten ohnehin in keinem Fall für mich verantwortlich gemacht werden, da ich ohne Wache reise, und britischer Schutz ist in diesen Wüsten nicht viel wert. Wenn es sich meine Mitbewohner hier in den Kopf setzen, mich auszurauben, glaube ich nicht, daß irgendein Diplomat eine Armee schicken würde, um meinen Besitz zurückzuerobern.

Sonntag, 18. Januar

Wir sind zwei herrliche Tage lang über das hügelige Schammar-Gebiet geritten, und ich fange wirklich an, das alles zu genießen. Denn ich muß Dir sagen, der erste Teil des Weges gefiel mir so wenig, daß ich am liebsten umgekehrt wäre. Als ich mich jedoch vor zwei Tagen von der Zivilisation trennte, hatte ich das Gefühl, alle Lasten abgeworfen zu haben. Und jetzt blicke ich nur noch nach vorn, bis morgen, bis zum nächsten Tag – nicht weiter, aber es ist weit genug. Und vor allem genieße ich den Augenblick, noch während er vorübergeht.

Du mußt jetzt die Mitglieder der Expedition kennenlernen. Zunächst ist da der alte Muhammad al-Marawi. In seinen besseren Jahren kaufte und verkaufte er Kamele aus Nedschd. Jetzt erlebt er magere Zeiten und nimmt jede noch so merkwürdige Arbeit an, die sich ihm bietet – er hat wohl kaum merkwürdigere Arbeiten gehabt als jene, die ich ihm biete, denke ich. Väter und Großväter aller Scheiche gehören zu seinen Freunden oder Feinden, und seine Geschichten über Kriege und Abenteuer sind endlos.

Als nächstes ist da sein Neffe, Salim. Er bedient mich und hilft Fattuh. Er ist viel gereist und ein ausgezeichneter Diener, gebildet und hat gute Manieren. Dann kommt Ali. Der ist ein fauler Hund, aber ich liebe ihn. Er ist mutig wie ein Löwe und in der Stunde der Gefahr so kaltblütig, wie man ihn sich nur wünschen kann. Er wird mich nie verlassen. Er betrachtet sich als mein Gefolgsmann. In Amman trafen wir einen weiteren Neffen von Muhamad-Said, Hauptkameltreiber. Und dann ist da noch ein Neger, der von Anfang an bei mir war, Fellah. Wir heuerten ihn als Kamelhirten an, aber er ist zur Arbeit im Männerzelt befördert worden. Und schließlich ist da noch Fattuh, das A und O von allem; er hat seinen Blick überall, obwohl er ihn nie von mir zu wenden scheint.

Heute überquerten wir die Erhebung, die die Wasser des Toten Meeres von denen des Flusses Sirhan trennt. Auf dem welligen, mit Feuerstein bedeckten Land standen verstreut Kamelherden – ich sehe sie so gern. In jeder Herde sind ein paar dieser grotesken Kamelbabys, nur Bein und Hals und sonst nichts. Und dann kamen wir zum Omaijaden-Palast von Tubah, den ich den ganzen Nachmittag lang photographiert habe. Es war der erste heiße Tag, und ich speiste im Freien. Wir campieren tatsächlich innerhalb des Palastes, und heute abend sind wir Gäste von Königen. Und ich bin so zufrieden, wie der Empfänger solcher Gastfreundschaft sein sollte.

Mittwoch, 21. Januar

In den letzten Stunden überfiel mich große Sehnsucht, mit Dir zu reden. Wir sind immer noch in Bajir. Ich verbrachte den ganzen Morgen damit, die Ruinen zu kartographieren, und den ganzen Nachmittag, den Grundriß zu zeichnen. Ich glaube, ich habe ihn ziemlich gut hinbekommen, es war aber eine schwierige Aufgabe. Als alles erledigt war, rief mich der Scheich und sagte, er wolle, daß ich mir das Grab von Al-Marai ansehe, der mit dem Stamm der Beni Hallal gekommen war, als sie aus Nedschd zogen – «und Tunis eroberten», fügte einer der Führer hinzu. Das Grab lag neben einem ausgetrockneten Brunnen. Es mißt ungefähr vier Meter im Quadrat. «Das war eine Länge», sagte Ali, eine Richtung aufs Geratewohl auswählend. «Sie waren groß, die Beni Hallal.» – «Sie waren auch breit», bemerkte ich. (Der Himmel verzeih mir!) «Er war richtig quadratisch!» – «Nein», erwiderte Ali mit ernster Miene. «Es ist eine Kammer.» Ich bekam einen Lachanfall und war so damit beschäftigt, mein unpassendes Gelächter hinunterzuwürgen, daß ich die wundersame Geschichte von der Schlange, die auf Al-Marais Kopf fiel und durch einen Streich seines guten Schwerts getötet wurde, kaum hörte. Wie ich wünsche, Du wärst hier, um mitzulachen!

Gestern abend drehte sich das Gespräch am Lagerfeuer um

die Lebensjahre eines Menschen. «Die Grenze des Menschenalters ist 104», behauptete Fattuh. «O Vater des Elias», sagte Scheich Muhammad, «rufe den Propheten an! Es gibt keine Grenze für das Alter eines Menschen. Was sagt der *Indschil*, o Lady?» – «Die Thora», erwiderte ich, «das Alte Testament, sagt, daß eines Menschen Leben siebzig Jahre währt, und wenn er länger leben sollte, nützt es ihm wenig.» – «Du hast die Wahrheit gesprochen», sagte Muhammad. Ich zitierte Labid: «‹Und wenn er siebzig Jahre lebt und noch mehr, was bleibt außer dem Stab und den Fingern, die sich darüber schließen.›» Und während ich zitierte, nahmen die alten Worte frische Farbe von der umliegenden Wildnis an, wo sie ursprünglich zusammengeschweißt worden waren, denn der Stab aus Labids Vers ist der nämliche, den wir alle bei uns tragen, der Kamelstab. Meiner kommt aus Nedschd. Muhammad hat ihn mir geschenkt. Ich reite jetzt damit – zum Guten oder Schlechten, es ist alles eins.

Freitag, 23.

... Meine Kamele sind gerade von der Weide gekommen, vom trockenen Gestrüpp der Talsohle, wo wir lagern. Sie werden mit ihrer Abendmahlzeit gefüttert. Sie knien in drei Gruppen, wobei jedem einzelnen sozusagen der Tisch gedeckt wird – drei Säcke mit der entsprechenden Anzahl Futterkugeln für jede Gruppe. Ich schließe mich den Männern oft beim Füttern an. Ich liebe diese großen, wilden Tiere.

Vergangene Nacht regnete es, und im ersten Tal, das wir durchquerten, lagen Pfützen wie Silberlinge, die die Kamele gierig austranken. Sie haben Durst. Wir schleppen Wasser aus Bajir mit und gehen sparsam damit um, denn ich fürchte, wir finden morgen vielleicht keines. Ich kann Dir nicht beschreiben, wie öde und abschreckend dieses Land ist. Die dicht ausgesäten schwarzen Feuersteine glänzen, und nichts wächst in den Talsohlen außer Gestrüpp. Gestern fand ich eine tapfere kleine Geranie, die in den Niederungen blühte – die einzige Blume, die ich gesehen habe. Nein, nicht die einzige Blume – die Ringelblume ist nicht weniger mutig. Ich sah ihr fröhliches gelbes Gesicht zwischen den Steinen in Tubah.

Dienstag, 27.

Wir sind sicher zu den Zelten der Howeitat gelangt. Scheich Harb schlachtete ein Schaf für mich, und abends, als wir speisten, traf noch ein anderer Gast ein, Audeh Abu Taiji, ein Cousin des großen Scheichs. Er war zuerst sehr höflich, doch dann nahm das Gespräch eine merkwürdige Wende dahingehend, ob ich mit Erlaubnis der Regierung gekommen sei oder nicht und ob die Beduinen Ausländer in ihren Zelten mögen. Da stand ich auf und ging zu Bett und überließ es Muhammad al-Marawi, die Wogen zu glätten, was er mit großem Erfolg tat. Aber die Araber fingen trotzdem zu streiten und zu brüllen an – über eine private Angelegenheit –, und ich lag im Bett und lauschte gespannt, denn ich fürchtete, sie zankten sich mit meinem Führer. Es war alles nicht der Rede wert, wie üblich, obwohl sie darüber einen gewaltigen Lärm machten.

Mittwoch, 28.

Ich muß Dir sagen, daß man beim Reisen mit Arabern als dringendste Eigenschaft Geduld benötigt. Meine gute Fee vergaß, mich damit auszustatten – Du weißt, wie wenig ich habe –, aber vielleicht werde ich bis zum Ende dieser Reise gelernt haben, wie man sich darin übt. Wenn nicht, dann war es nicht aus Mangel an Gelegenheit. Heute morgen, als es um unseren neuen Führer ging, versammelten sich Scheich Harb und sein Bruder und ein Cousin von Audeh Abu Taiji mit ernster Miene im Männerzelt und warnten mich, daß die Straße nach Süden voller Gefahren sei. Die Howeitat haben den Lagerplatz verlassen und sind nach Westen gezogen. Die Wüste ist leer – den Räubern überlassen. Sie rieten mir eindringlich, nach Osten zum Wadi Sirhan und dann erst nach Süden zu gehen. Wenn ich damit einverstanden wäre, würde mich Harbs Bruder Awwad sicher in das Wadi bringen. Meine Männer fürchteten sich vor der südlichen Route, selbst Ali, der nicht so leicht aus der Ruhe zu bringen ist. Ich konnte nicht gegen diesen Rat angehen – vor allem, da es mir einerlei ist, welchen Weg ich nehme, und von hier bis zum Wadi Sirhan liegt ein Gebiet, das auf keiner Karte verzeichnet ist.

Donnerstag, 29.

Wir brachen heute mit Awwad als Führer auf und kamen bald darauf zu Audehs großem Zelt. Er ist unterwegs und überfällt die Schammar, wie es seine Gewohnheit ist; aber ich blieb eine halbe Stunde, trank Kaffee und photographierte sein Zelt und seine Frauen. Wir erhielten Nachricht, daß die Ruwalla im Wadi Sirhan lagerten. Es bedeutete mir nichts, aber Awwad bedeutete es eine ganze Menge, denn jeder Mann der Ruwalla, dem wir begegnen könnten, würde ihm unverzüglich die Kehle durchschneiden. Was sollten wir nun mit einem nutzlosen Führer anfangen? Wir waren schon unterwegs, als wir ihn schließlich zu Audehs Zelten schickten, um Ersatz zu holen. Kurze Zeit später erreichten wir unser Lager, und eine Stunde danach gesellten sich Audeh selbst mit breitem Lächeln und Awwad und andere aus dem scheichlichen Haus zu uns. Sie haben mir ein schwarzweißes Lamm geschenkt, mit dem ich eine so tiefe Freundschaft schloß, daß ich den Gedanken kaum ertragen kann, es zu opfern, doch ich kann es ja nicht gut mitschleppen. Audeh Abu Taiji möchte, daß ich morgen bei ihm bleibe, aber ich habe im Augenblick genug Scheiche besucht und sehne mich nach der Straße. Gott scheint mir einen Führer gesandt zu haben, und ich hoffe, daß wir unseren Weg fortsetzen können. Die Scheiche speisen heute abend mit uns.

Montag, 2. Februar

Es ist alles anders gekommen – wie immer!

Wir hatten unsere Kamele zum Tränken und Wasserholen zu einer fernen Regenpfütze geschickt. Sie stellte sich als so fern heraus, daß sie erst um 9 Uhr abends zurückkehrten. Die Kameltreiber berichteten, eines der Reitkamele habe sich vor sechs Stunden hingesetzt und wolle sich nicht mehr bewegen. Kamele machen das, wenn sie erschöpft sind. Du bist dann einfach hilflos. Wir schickten am nächsten Tag einen Mann los, um das Kamel zu holen, und blieben bei Scheich Abu Taiji.

Die Zeit, die ich bei ihm verbrachte, war nicht verschwendet. Ich bin noch nie zuvor im Lager eines großen Scheichs gewesen, und alles war neu und interessant. Und sehr schön: das sandige Tal und Abu Taijis großes, fünfmastiges Zelt, wo wir nachts saßen, während ein Mann von den Taten und Tagen aller Araber sang und Schalen mit Kamelmilch herumgereicht wurden, als die Mutterkamele mit ihren Kälbern zurückkamen – und nicht zuletzt Abu Taijis großartige Gestalt, die auf den Kissen neben mir saß, die weiße Keffieh über seine schwarzen Brauen fallend und seine Augen in Frage und Antwort funkelnd. Ich erlebte seine Rechtsprechung und fand sie gerecht. Ich hörte all seine Geschichten von der Wüste und schloß Freundschaft mit seinen Frauen. Du kannst Dein Haupt in seinen Zelten niederlegen und nachts schlafen und brauchst keine Angst zu haben.

Heute morgen setzten wir unseren Weg fort, und zwar mit einem neuen Führer. Wir sind etwa zwanzig Nächte von Hail entfernt. Ein kurzer Tag, aber die Kamelweide ist gut, und wir haben einen Tag ohne Weide vor uns. Am Nachmittag kletterte ich über die Sandsteinhügel. Weit in der Ferne über der Ebene glitzerten gelbe Sandhaufen, und rote Tells verliehen der Ödnis Farbe und Wärme. Aber was für eine Welt! Unglaubliche Einsamkeit – von Gott und Mensch verlassen, so sieht es aus und ist es auch. Ich glaube, niemand kann hierherreisen und als derselbe Mensch zurückkehren. Es drückt Dir seinen Stempel auf, zum Guten oder Schlechten.

Montag, 9. Februar

Am Samstag hatten wir einen glücklichen Tag, ritten zuweilen durch regelrechte Gärten mit grünen Sträuchern und blühendem Unkraut. Abends kam ein Gast zu uns, ein Howeiti, der Oryxantilopen gejagt hatte. Er hatte den Winter mit den Arabern des Wadi Sulaiman verbracht und berichtete, daß ihr Scheich etwa fünf Stunden in östlicher Richtung zu finden sei. Da dieser mit Sicherheit von unserer Anwesenheit hörte, hielten wir es für ratsam, zu ihm zu gehen und von ihm einen Führer mitzunehmen. Entsprechend veränderten wir unseren Kurs mehr nach Osten und erreichten seine Zelte etwa eine Stunde nach Mittag. Dieser Mann, Saijah ibn Musted, ist ein Gauner reinsten Wassers, verflucht von seinen beiden Eltern, wie wir sagen. Außerdem ist er einäugig – möge Gott ihm auch das andere Auge rauben! Er empfing uns mit größter Freundlichkeit, aber bei der ersten Kaffeetasse fragte er mich bereits über meine Landeskenntnisse und den Zweck meines Besuches aus. Nachdem ich mit ihm Datteln gegessen hatte, ging ich zu meinen Zelten, wohin er mir augenblicklich folgte und meine Besitztümer begutachtete. Sein Auge fiel auf mein Zeissglas, und er schloß es sofort in sein Herz. Er bat mich um alles, was er sah, und ich verweigerte ihm alles. Bei Einbruch der Nacht hatten wir uns geeinigt, daß ich ihm einen Revolver schenke, und dafür würde er uns seinen Neffen als Führer mitgeben. Aber am Morgen kam er wieder auf das Fernglas zurück und drohte, uns ohne Begleitung wegzuschicken und in der Nacht über uns herzufallen. Dies wurde Fattuh und Said mitgeteilt, zusammen mit weiteren Äußerungen, daß keine Christin jemals hier herumgereist sei und auch keine hier herumreisen solle. Ob diese Drohungen wahrgemacht worden wären, weiß ich nicht – so etwas stellt man nicht auf die Probe, wenn man es vermeiden kann. Aber Said, der die Araber gut kennt und auch diesen Scheich, flüsterte Fattuh zu, daß wir am besten nachgäben. Das Ganze endete damit, daß ich sowohl mein Fernglas als auch meinen Revolver los wurde.

13. Februar

Wir sind zwei Tage lang in der Wüste Nefud marschiert und campieren immer noch in ihrem Sand. Es geht sehr langsam voran, rauf und runter in tiefem, weichem Sand, aber es gefällt mir. Gestern um die Mittagszeit stießen wir auf einige sehr hohe Dünen, die ich erklomm – keine Kleinigkeit; ich sah von oben den ersten der Nedschd-Berge, im Westen die Hügel über Taima und um mich herum eine Wildnis aus Sandbänken und Dünen.

Wir haben heute abend ein wunderbar friedliches Lager. Es ist wolkig und mild – gestern nacht fror es wie der Teufel –, und ich fühle mich, als ob ich in der Nefud geboren und aufgewachsen wäre und keine andere Welt gekannt hätte. Gibt es eine andere?

15. Februar

Wir gehen noch zwei Tage durch die Nefud, weil es der sicherste Weg sein soll, und ich wünsche mir sehnlichst, jetzt, so nah bei Hail, nicht aufgehalten zu werden.

16. Februar

Heute leide ich an einem schweren Anfall von Depression – lohnt es sich, es in Worte zu fassen, oder werde ich hinterher deprimierter sein denn je? Die Depression ist auf den tiefen Zweifel zurückzuführen, ob das Abenteuer überhaupt der Mühe wert ist. Nicht wegen der Gefahr – das macht mir nichts aus. Aber ich fange an, mich zu fragen, welchen Gewinn ich daraus ziehen kann. Eine Kompaßüberquerung eines Gebiets, das mehr oder weniger bekannt ist, ein paar neue Namen auf der Landkarte – Namen von felsigen Bergen und unfruchtbaren Ebenen und ein paar tiefen Brunnen –, das ist wahrscheinlich alles. Sie bringt nichts, die Reise nach Nedschd, soweit es um einen echten Nutzen geht oder eine echte Erweiterung der Kenntnisse, aber ich beginne ziemlich deutlich zu sehen, daß das alles ist, was ich tun kann. Es gibt zwei Möglichkeiten, in Arabien gewinnbringend zu reisen. Die eine ist die Art nach Doughtys *Arabia Deserta*, indem man Monate und Jahre mit den Leuten und wie sie lebt. Dabei kann man etwas lernen. Es ist klar, *ich* kann diesen Weg nicht einschlagen; die Tatsache, daß ich eine Frau bin, hindert mich daran. Und die andere Art ist die von Colonel Leachman [Staatsbeamter und Reisender in Nordost-Arabien], indem man mit dem Kompaß in der Hand um der Landkarte willen und aus keinem anderen Grund durchs Land reitet. Das könnte ich vielleicht für eine begrenzte Zeit, aber ich bin nicht sicher. Jedenfalls ist es nicht das, was ich jetzt mache. Ich bin zu dem Ergebnis gekommen, daß ich in zivilisierteren Ländern nützlicher beschäftigt sein könnte, wo ich weiß, wonach ich zu suchen und wie ich es aufzuzeichnen habe. Wenn es hier etwas aufzuzeichnen gibt, ist die Wahrscheinlichkeit groß, daß man es nicht findet oder erreicht, weil ein feindseliger Stamm den Weg versperrt oder die Straße wasserlos ist oder etwas in der Art.

Was in den letzten zehn Tagen zufällig auf meinem Weg lag, ist nicht der Rede wert – zwei Brunnen, mir fällt wirklich nichts anderes ein. Ich fürchte, wenn ich zum Ende komme, werde ich sagen: «Es war Zeitverschwendung.» Es ist geschehen, und ich kann nun nicht mehr zurück, aber ich glaube, ich war eine Närrin, in diese Wüsten zu reisen, wenn ich nicht ungehindert an den Dingen arbeiten kann, derentwegen ich gekommen bin. Diese Überlegungen sind entmutigend. Sie kommen zu spät, wie die meisten unserer klügeren Ideen. Das sind heute abend meine Gedanken, und ich fürchte, sie kommen der Wahrheit gefährlich nahe. Ich wünsche fast, daß etwas passiert – etwas Aufregendes, ein Überfall oder ein Kampf! Es ist langweilig, eine Frau zu sein, wenn man in Arabien ist.

20. Februar

Gott ist gnädig, wir haben die Nefud hinter uns gebracht. Am Tag nach dem Regen – o wie roch der nasse Sand gut, und kleine Vögel zwitscherten nach Herzenslust! – stießen wir auf einige Zelte der Schammar, und da wir unser Lager nicht weit davon entfernt aufbauten, besuchte uns der alte Scheich Mhailam. Ihn überredeten wir, als Führer mitzukommen, und am nächsten Tag ritten wir bis zum nördlichsten Punkt des Dschebel Misma ... Ich blickte zwischen den schwarzen Felsen des Misma hinab und sah Nedschd. Eine erschreckende Landschaft in ihrer Einsamkeit. Die Ostseite des Misma fällt mit seinen Sandsteinschluchten, die zu einem rostigen Schwarz verwittert sind, steil ab. An seinem Fuße sind zahllose Gruppen von ebenfalls schwarzen Sandsteinspitzen versammelt, die sich übereinanderdrängen. Sie sehen aus wie das Skelett einer riesigen Stadt, die auf Sandstein und auf mit Sand bestreutem Boden errichtet wurde. Und dahinter: unendliche bleiche, leblose Ebenen, aus denen sich abrupt die großen Felsen des Sandsteingebirges erheben. Über allem peitschte der bitterkalte Wind die Wolkenschatten ... Hinunter und hinein gingen wir und lagerten am Rande der Nefud mit ausreichend Weideland.

24. Februar

Wir liegen kurz vor Hail, und ich wäre heute hineingeritten, wenn ich es nicht für besser gehalten hätte, meine Ankunft erst anzukündigen! Wir lagern in der Ebene. Von einem kleinen Felsen über meinem Zelt habe ich das Land ausgekundschaftet, die Türme und Gärten von Hail erspäht; alles hat Charles Doughty in *Arabia Deserta* denkwürdig beschrieben.

2. März

Welche Eigenschaft braucht man am meisten, habe ich Dich gefragt, wenn man unter Arabern reist? Geduld, wenn Du Dich erinnerst. Nun höre Dir an, was ich in der Woche, die ich hier verbrachte, erlebt habe. Ich wurde mit ausgesuchter Höflichkeit empfangen. Drei Sklaven – Abos, Sklave, ist ein sehr herabsetzendes Wort, doch das sind sie – kamen mir entgegengeritten und versicherten mir, daß Ibrahim, der Stellvertreter des Emirs, über meinen Besuch hocherfreut sei. Ich wurde in einem geräumigen Haus untergebracht, das Muhammad ibn er-Raschid als Sommerresidenz gebaut hatte. Sobald ich mich im Roschan, dem großen, mit Säulen ausgestatteten Empfangsraum, niedergelassen hatte und die Männer alle gegangen waren, um sich um die Zelte und Kamele zu kümmern, erschienen zwei Frauen. Eine war eine alte Witwe, die das Haus verwaltete. Die andere war eine fröhliche Dame, eine Tscherkessin, die Muhammad ibn er-Raschid gehört hatte. Sie war vom Palast heruntergeschickt worden, um mich zu empfangen und zu unterhalten. Am Nachmittag kam Ibrahim, in großem Staat und mit strahlendem Lächeln. Er ist ein intelligenter und hochgebildeter Mann mit einer hektischen, nervösen Art und einem ruhelosen Blick. Er blieb bis zum Nachmittagsgebet. Beim Hinausgehen sagte er Muhammad al-Marawi, daß mein Kommen unter den Ulemas Unzufriedenheit gestiftet habe und daß etc. etc. – kurz gesagt, ich solle erst dann ins Stadtzentrum hineingehen, wenn ich eingeladen wäre.

Am nächsten Tag schickte ich meine Kamele zum Grasen an den Rand der Nefud. Auf der Granitsandebene von Hail gibt es keine Weide, außerdem brauchten sie dringend Erholung. Ich verkaufte sechs für mehr, als sie wert waren; aber Kamele sind hier zum Glück im Augenblick teuer, jetzt wo der Emir weg ist und alle verfügbaren Tiere mit ihm. Nachdem dies erledigt war, saß ich still da und harrte der Ereignisse. Aber nichts geschah. Am nächsten Tag ließ ich Ibrahim ausrichten, daß ich seinen Besuch erwidern wolle. Er lud mich ein, nach Einbruch der Dunkelheit zu kommen, und schickte einen Mann und ein paar Sklaven, um mich abzuholen. Ich wurde im großen Roschan des Palasts empfangen, einem prachtvollen Raum, in dem große, steinerne Säulen ein hochragendes Dach stützten, die Wände weiß getüncht, der Fußboden glänzend, als ob er poliert sei. Eine große Gesellschaft war versammelt. Wir saßen alle an den Wänden entlang auf Teppichen und Kissen, ich zur Rechten von Ibrahim, und redeten meist über die Geschichte der Schammar im allgemeinen und der Raschids im besonderen. Ibrahim ist darin sehr bewandert, und ich hörte interessiert zu.

Dann folgte ein langweiliger Tag nach dem anderen. An einem Tag sandte Ibrahim einen Mann, mit dem ich durch die Stadt ritt und einen seiner Gärten besuchte – ein Paradies aus blühenden Obstbäumen in der Wildnis. Turkijjeh verbrachte einen anderen Tag mit mir; und meine eigenen Sklaven sitzen da und erzählen mir Geschichten von Überfällen und Raubzügen. Und meine Männer kommen und erzählen mir den Tratsch der Stadt.

Schließlich ließ ich nach meinen Kamelen schicken. Ich kann ihnen keine Zeit mehr zum Erholen geben, denn ich bin mittellos. Ich brachte vom Agenten in Damaskus ein Akkreditiv für die Raschids mit, doch Ibrahim weigert sich, es in Abwesenheit des Emirs zu honorieren, und wenn ich nicht ein paar

Kamele verkauft hätte, hätte ich nicht genug Geld, um weiterzureisen. Ich habe ohnehin nur das absolute Minimum. Das Gerücht geht um, daß die Drahtzieherin dieser ganzen Unannehmlichkeiten die Großmutter des Emirs, Fatima, ist, vor der Ibrahim eine höllische Angst hat.

Ich will Dir nicht verheimlichen, daß es Stunden beträchtlicher Angst gegeben hat. Um uns herum ist Krieg. Der Emir ist auf Raubzug, und Ibn Saud [Raschids Gegner und Herrscher von Nedschd] zieht seine Streitkräfte in Richtung Süden zusammen, vermutlich um den Emir zu überfallen. Wenn Ibrahim beschlossen hätte, meine Abreise bis zur Rückkehr des Emirs aufzuhalten, wäre es sehr unangenehm geworden. Ich verbrachte eine lange Nacht mit dem Aushecken von Fluchtplänen, falls etwas schiefgehen würde. Ich habe jedoch zwei mächtige Freunde in Hail, Scheiche der Anaseh, und diese haben energisch gegen die Behandlung protestiert, die man mir zukommen ließ.

Gestern verlangte ich eine Privataudienz bei Ibrahim und wurde, wieder bei Nacht, in einer oberen Halle des Palasts empfangen. Ich sagte ihm, daß ich nicht länger hierbleiben würde, daß das Zurückhalten des mir zustehenden Geldes mir große Unannehmlichkeiten bereitet habe und daß ich jetzt von ihm einen Führer verlangen müßte, der mich ins Grenzgebiet der Anaseh begleitete. Er war sehr höflich und versicherte mir, daß ein Begleiter bereitstünde. Es sieht nicht aus, als ob sie mir Hindernisse in den Weg legen wollen. Ich habe vor, meine besten Kamele auszusuchen und Fattuh, Ali und den Negerjungen Fellah mitzunehmen, um nach Nedschef zu reisen. Die anderen schicke ich nach Damaskus zurück. Da ich kein Geld habe, kann ich nichts anderes tun, als weiter nach Bagdad vorzudringen, aber es ist tröstlich zu wissen, daß ich dieses Jahr nicht mehr hätte ausrichten können. Ich hätte von hier aus nicht nach Süden ziehen können. Die Stämme sind in Aufruhr, und die Straße ist gesperrt.

Ich habe das Gefühl, in der letzten Woche ein Kapitel aus

Tausendundeiner Nacht durchlebt zu haben: die Tscherkessin und die Sklaven, der Zweifel und die Angst, Fatima, ihre Intrigen hinter den Mauern des Palasts spinnend, Ibrahim mit seinen lächelnden Lippen und seinem ruhelos verschlagenen Blick – und die ganze Stadt darauf lauernd, vom Schicksal der Armee zu hören, die mit dem Emir gezogen ist. Im übertragenen Sinne riecht der Ort nach Blut. Die Geschichten um mein Lagerfeuer herum handeln alle von Mord und Totschlag.

6. März

Wir sind endlich zum Ende der Komödie gekommen – denn als Komödie hat es sich schließlich erwiesen. Was der Grund von allem gewesen ist, kann ich nicht sagen, denn wer kann in ihre dunklen Köpfe blicken? Am 3. März erschien ein Eunuchen-Sklave, Said, eine Person von großer Wichtigkeit, und informierte mich, daß ich nicht reisen könne und daß sie mir auch kein Geld geben könnten, solange vom Emir keine Nachricht eingetroffen sei. Sofort schickte ich Botschaften an die Scheichs der Anaseh, und die Verhandlungen wurden mit neuer Energie wiederaufgenommen. Am nächsten Tag ließ des Emirs Mutter ausrichten, ich möge sie besuchen. Ich ritt feierlich durch die stillen, mondbeschienenen Straßen dieser merkwürdigen Stadt und verbrachte zwei Stunden – direkt aus Tausendundeiner Nacht – mit den Frauen des Palasts. Ich kann mir vorstellen, daß es nur noch wenige Orte gibt, wo man den unverfälschten Orient sieht, wie er seit Jahrhunderten gelebt hat, und zu diesen wenigen gehört Hail. Da waren sie, diese Frauen, in indische Brokatstoffe gehüllt, mit Juwelen behängt, von Sklaven bedient, und nichts verriet die Existenz Europas oder der Europäer – außer mir! Ich war der Schandfleck! Einige der Frauen des scheichlichen Hauses waren sehr schön. Sie gehen von Hand zu Hand – der Sieger nimmt sie. Und denke Dir, seine Hände sind rot vom Blut ihrer Ehemänner und Kinder!

Den nächsten Tag verbrachte ich in Einzelhaft – ich bin nämlich in diesem großen Haus, das sie mir zur Verfügung stellten, eine Gefangene. Heute kam eine Einladung von zwei Jungen, Cousins des Emirs, sie in ihren Gärten zu besuchen. Es war wieder phantastisch orientalisch und mittelalterlich. Said, der Eunuch, war mit von der Partie, und wieder brachte ich meinen Wunsch, von Hail abreisen zu dürfen, zum Ausdruck, und wieder stieß ich auf Ablehnung. Später redete ich äußerst energisch mit Said und beendete das Gespräch abrupt, indem ich aufstand und ging. Tatsächlich dachte ich, daß ich zu brüsk gewesen sei, aber um die Wahrheit zu sagen, ich hatte genug. Eine Stunde später kamen die Kamele; und nach Einbruch der Dunkelheit kam auch Said mit einem Beutel voll Gold und der Erlaubnis, zu gehen, wohin ich wolle und wann ich wolle. Warum sie jetzt nachgegeben haben, ist mir ein Rätsel.

17. März

Ich habe in den letzten zehn Tagen wegen der grausamen Reisestrapazen nichts von meiner Geschichte aufgeschrieben. Aber heute habe ich einen kurzen Tag gehabt und werde das ausnutzen.

Ich verließ Hail erst am 8. März. Ich erhielt die Erlaubnis, die Stadt und den Palast bei Tageslicht zu besichtigen und zu photographieren. Eines Tages, *inschallah*, wirst Du meine Bilder sehen. Als ich in meine Unterkunft zurückkehrte, drängten sich alle Menschen auf die Straße, um mich zu sehen, aber sie schienen nur wohlwollendes Interesse an mir zu haben. Schließlich versammelten sich die Lahmen, die Verstümmelten und die Blinden vor meiner Tür, und ich warf ihnen einen Beutel voll Kupfermünzen zu. So endete mein seltsamer Besuch in Hail nach elf Tagen Gefangenschaft in einer Art Apotheose! ...

Und jetzt will ich Dir sagen, was ich ganz allgemein von der arabischen Politik halte. Hail hat einen finsteren Eindruck auf mich gemacht. Ich mag die Herrschaft der Frauen und Eunuchen nicht. Der erfolglose Feldzug des Emirs und der Versuch, die Spuren mit gefälschten Berichten zu vertuschen, die leicht zu widerlegen sind, mildern meine Einstellung nicht. Ich glaube, die Raschids gehen ihrem Ende entgegen. Nicht ein erwachsener Mann ihres Hauses ist am Leben geblieben – der Emir ist erst sechzehn oder siebzehn, und alle anderen sind kleine Kinder, so grausam ist die Familienfehde. Ich würde sagen, daß die Zukunft bei Ibn Saud liegt. Wenn es stimmt, daß er die Türken aus der Hara vertrieben hat, ist er ein furchtbarer Gegner. Aber die Schammar mit ihrer achtzig Jahre dauernden Herrschaft hinter sich müssen erst einmal erobert werden. Falls Ibn Saud zu einem entscheidenden Schlag ausholen könnte, würden die Anaseh in Scharen herbeiströmen, um sich die Beute zu teilen, und dann könnte Hail wirklich fallen. Ich bringe es nicht über mich, den Raschids viel Gutes zu wünschen. Ihre Geschichte ist eine einzige lange Geschichte von Mord und Verrat – Du wirst sie eines Tages hören. Ich weiß nicht, wie Ibn Saud ist, aber schlimmer kann er nicht sein. Das wär's also! Meine nächste arabische Reise wird zu ihm führen. Ich habe schon alles geplant.

Bagdad, 26. März

Das Ende des Abenteuers läßt einen immer mit einem Gefühl der Desillusion zurück. Ich versuche mich im voraus darauf einzustellen, indem ich mich daran erinnere, wie ich mich zu anderen Zeiten auf das Ende freute, und als es dann kam, war es – einfach nichts. Staub und Asche in den Händen, tote Gebeine, die aussehen, als würden sie sich nie erheben und tanzen – man wendet sich ab und versucht, den Blick auf das Neue vor sich zu richten. Dieses Abenteuer war ebenfalls nicht erfolgreich. Ich habe nicht erreicht, was ich mir vorgenommen hatte.

Aber ich bin jetzt darüber hinweg, seit gestern. Es ist alles einerlei, und es ist mir egal. Schon will ich das Nächste, was immer es sein mag – mit diesem bin ich fertig. Aber vielleicht bin ich zu nah dran. Vielleicht, wenn es ein bißchen weiter weg ist, weiß ich mehr dazu zu sagen ... Nun, ich bin froh, daß ich Dir mein Herz ausgeschüttet und von der Ernüchterung erzählt habe, die mit dem Ende kommt. Du kennst sie auch, ganz bestimmt, und wirst verstehen.

Bagdad, 5. April

An Sir Valentine Chirol

Ich denke, ich werde gegen Ende des Monats in Damaskus sein, und Mitte Mai wird man mich wahrscheinlich in Konstantinopel sehen – wenn Sir Louis [Mallet] dort ist. Wenn nicht, kehre ich vielleicht über Athen zurück. Es spielt so oder so keine Rolle, tatsächlich stehe ich allem ziemlich gleichgültig gegenüber. Aber es liegt mir nichts daran, mich lange in London aufzuhalten, und wenn es keinen Grund zur Eile gibt, werde ich mich nicht beeilen. Wenn die Hitze nicht wäre, würde ich gern eine Weile hierbleiben. Ich mag Bagdad, und ich mag den Irak. Das ist der wahre Osten, und er ist aufregend; hier geschieht etwas, und die Romantik von allem berührt und fesselt mich.

Du wirst mich für eine Wilde halten, denn ich habe merkwürdige Dinge gesehen und gehört, und sie beeinflussen den Verstand. Du mußt versuchen, mich ein bißchen zu zivilisieren, geliebter Domnul. Ich glaube, Du wirst mich nicht verändert finden, und ich weiß, daß Du Nachsicht mit mir üben wirst. Ob *ich* mit England Nachsicht üben kann – zu den selben Dingen zurückkehren und wieder von vorn beginnen –, das frage ich mich manchmal. Aber sie werden auch nicht ganz dieselben sein, denn ich komme mit einem für immer veränderten Geist zu ihnen zurück.

*

Als Gertrude schließlich in London ankam, war sie in einer qualvollen Seelenlage. Ihre Gefühle für Richard Doughty-Wylie hatten sich durch ihre Arabienreise, die ihr von der Royal Geographical Society eine Goldmedaille einbrachte, nicht abgeschwächt, sondern noch verstärkt.

Sechs Monate nach ihrer Rückkehr brach in Europa der Erste Weltkrieg aus, und Ende 1914 arbeitete sie in Frankreich, in Boulogne, im Office for Tracing the Missing and Wounded (Suchdienst für Vermißte und Verwundete). Von dort schrieb sie an Richard:

*

Liebster, Liebster, ich gebe Dir dieses Jahr und alle Jahre, die ihm folgen, dieses kärgliche Geschenk – das Jahr und mich und all meine Gedanken und Liebe ... Du füllst meine Schale, diese flache Schale, die so tief geworden ist, um Deine Liebe und meine zu halten. Liebster, wenn Du mir sagst, daß Du mich immer noch liebst und willst, dann singt mein Herz – und weint vor Sehnsucht. Ich habe alle Höhlen der Welt mit meiner Sehnsucht nach Dir gefüllt; sie fließt über und kriecht zu den hohen Bergen hinauf, wo Du lebst.

*

Im Februar 1915 trafen sie sich in London zum letzten Mal. Was bei dieser Gelegenheit auch immer geschah oder gesagt wurde, es war jedenfalls vom Wissen geprägt, daß Richard wenige Tage später abreisen mußte, weil sich die britischen Streitkräfte in Gallipoli zusammenzogen. Am 26. Februar schreibt sie ihm:

*

Ich kann nicht schlafen – ich kann nicht schlafen. Es ist 1 Uhr früh am Sonntag. Ich habe versucht zu schlafen, jede Nacht wird es immer weniger möglich. Du und Du und immer Du stehst zwischen mir und meiner Ruhe. Leben nanntest Du mich und Feuer. Ich stehe in Flammen und werde verzehrt. Dick, es ist nicht möglich, so zu leben. Wenn alles vorbei ist, mußt Du Dich bekennen. Du mußt es wagen – bin ich es, die Dir Mut einhauchen muß, mein Soldat? Fordere mich vor aller Welt und halte mich für immer und ewig. Nur so kann es gehen ... Wenn es Treue ist, woran Du denkst, dann ist dies Treulosigkeit – sei der Liebe treu. Nun hör zu – ich werde Dir so nicht mehr schreiben. Nimm diesen Brief und lege ihn in die Nähe Deines Herzens, damit seine Wahrheit in den langen Monaten des Krieges sich einen Weg zu Dir bahnen kann. Ich bin am Ende angelangt. Wenn du mich liebst, nimm mich – wenn Du mich nur für eine Stunde begehrst, dann nimm diese Stunde, und ich werde es akzeptieren und die Rechnung bezahlen ... Und wenn Du stirbst, warte auf mich – ich habe keine Angst vor dieser letzten Reise; ich werde zu Dir kommen.

*

Der Rest ist Geschichte. Richard Doughty-Wylie wurde im April 1915, als er seine Truppe in einem heroischen Angriff auf Gallipoli führte, von einem Scharfschützen erschossen.

5
Orientsekretärin in Bagdad

Seit Ausbruch des Kriegs wurde Gertrude Bell ständig um ihre Meinung und ihren Rat gefragt. Ihre tiefgehenden Kenntnisse der Stämme Nordarabiens waren für die britische Taktik im Mittleren Osten unschätzbar. Sie war in Großbritannien durch ihre Reisen bekanntgeworden, ihr Buch «Durch die Wüsten und Kulturstätten Syriens» war hoch gelobt worden, und im britischen Außenministerium war ihr Name ein Begriff.

Im November 1915 wurde sie offizielle Korrespondentin und Informantin im Arab Bureau, dem in Kairo ansässigen Nachrichtendienst, der die Nahostpolitik Großbritanniens entwickeln sollte. Sie selbst wollte nach Richards Tod so wenig Zeit wie möglich in London verbringen.

Ihre Arbeit umfaßte die Auswertung der Informationen, die sie auf ihren Reisen gesammelt hatte, die Kartierung der Wüstengebiete, Eisenbahnlinien und lebenswichtigen Quellen und Oasen. Von großer Wichtigkeit für eine Allianz der Briten mit den Arabern gegen die Türken jedoch war, daß sie sich mit ihrer perfekten Kenntnis des Arabischen und mit der ihr eigenen Kühnheit Einblick verschafft hatte in die intrigante arabische Stammespolitik. Ohne ihre Berichte wäre der von dem legendären T. E. Lawrence organisierte Aufstand in der Wüste, der Unabhängigkeitskampf der Araber gegen die Osmanen, vielleicht nicht so erfolgreich gewesen. Gertrude Bell und T. E. Lawrence pflegten einen regen politischen Austausch; er nannte sie freundschaftlich «Gertie», sie redete ihn mit «mein lieber Junge» an.

Anfang 1916 wurde sie auf eine politische Mission nach

Delhi geschickt, arbeitete danach bis zur Vertreibung der Türken aus Bagdad als Agentin des militärischen Nachrichtendienstes in Basra und war danach in Bagdad als Orientsekretärin für den britischen Hochkommissar, Sir Percy Cox, tätig. In Mesopotamien war ein britisches Protektorat mit einem arabischen Emir geplant. Gertrude Bell sollte eine hervorragende Rolle dabei zukommen.

*

Bagdad, 20. April [1917]

An den Vater

Welch eine Ankunft! Sir Percy begrüßte mich auf das herzlichste und sagte, mir sei ein Haus zugeteilt worden. Ich machte mich auf den Weg, um es mir anzuschauen, und fand einen winzigen, stickigen Kasten von einem Haus in einem schmutzigen kleinen Basar vor. Es war vollkommen leer – alle Möbel, die ich dabeihatte, waren bei meinem schweren Gepäck und noch nicht an Land, und ich hatte nicht einmal einen Boy, da ich meinen Diener beim Gepäck gelassen hatte. Zum Glück hatte ich mich, als routinierte Reisende, nicht von meinem Bett und Bad getrennt. Diese stellte ich auf, packte außerdem meine Kiste aus, die in den Tigris gefallen war, und hängte alle Sachen zum Trocknen über das Geländer des Hofes. Es war drükkend heiß. Ich hatte noch nicht einmal einen Stuhl, auf den ich irgend etwas legen konnte, und wenn ich Wasser zum Waschen wollte, mußte ich meine Vordertür öffnen und den Basar zu Hilfe rufen. Glücklicherweise waren die Leute sehr hilfsbereit. Ich speiste mit Sir Percy, bewaffnete mich mit einem Laib Brot für das Frühstück und kehrte in mein leeres Haus zum Schlafen zurück.

Ich muß jedoch eingestehen, daß ich mich, nachdem ich mir die Haare gemacht und auf dem Fußboden gefrühstückt hatte, ein bißchen entmutigt fühlte. Es war klar, daß sofort etwas geschehen mußte, und ich machte mich auf die Suche. Das erste, worauf ich stieß, war ein Rosengarten mit drei Sommerhäusern darin, ganz in der Nähe des Political Office, der obendrein einem alten Freund von mir, Musa Chalabi, gehörte. Ich beschloß sofort, dies sei das Richtige, aber es mußten eine Küche und ein Badezimmer angebaut und Markisen angebracht werden – tausend Dinge. Ich bat Musa Chalabi um Hilfe und ließ einen alten Mann, einen Diener, den ich seit Ewigkeiten kenne, kommen, und nach fünf Tagen Arbeit bin ich drin – «tant bien que mal», doch es sieht vielversprechend aus ... Und meine Rosen, muß ich Dir sagen, sind phantastisch. Oh, aber es ist heiß! Ich sehne mich nach meinen dünnen Sommerkleidern. Wann sie hier wohl eintreffen?

Inzwischen sind alle meine Bekannten und Freunde herbeigeströmt, um mich zu besuchen. Ich habe den Nakib, den obersten Geistlichen und mein Verbündeter seit vielen Jahren, besucht und wurde mit offenen Armen empfangen. Und alles ist ungeheuer interessant – das Kriegsministerium bittet telegraphisch um signierte Artikel von mir etc. etc. Ich werde einen aufregenden Sommer haben. Sir P. gibt mir eine Menge spannender Dinge zu tun und ist der gütigste aller Chefs. Bagdad besteht aus Unmengen von Rosen und Glückwünschen. Sie freuen sich aufrichtig, von den Türken befreit zu sein. Den Rest ein andermal, ich hab so viel zu tun.

Bagdad, 27. April 1917

An die Eltern

... Ich bin nie zu Hause, es ist wirklich schade, aber ich habe vor, mich am Nachmittag, wenn ich meine Artikel fürs Kriegsministerium schreibe, endgültig zurückzuziehen; sonst werde ich dauernd von Besuchern gestört. Ich empfange sie wirklich gern, und sie sind als Informationsquellen äußerst nützlich, aber sie verschlingen die Stunden. Ich habe sehr amüsante Wiederbegegnungen mit Herren, die ich in Hail und Nedschef und der Himmel weiß wo sonst noch kennenlernte. Es macht riesigen Spaß, außerdem macht es einen stolz, so viele Bekanntschaften vorweisen zu können. Aber die Hitze! In meinem kühlsten Raum ist es heute nacht nach dem Dinner 90° [Fahrenheit = 32° C], und natürlich ist das eigentlich gar nichts. Im nächsten Monat wird es mindestens zehn Grad heißer sein ... Ich bin mir einer unwürdigen Freude über die materielle Bequemlichkeit meines Daseins bewußt. In Basra konnte man nichts bekommen – ich lebte ein Jahr lang von Dosenmilch und Butter, und schließlich habe ich ohne sie gelebt, weil mir die Dosensachen zum Halse raus hingen. Hier habe ich jeden Tag frische Milch und Butter und sauren Quark. Eine Schüssel mit saurem Quark ist mein Mittagessen, und das ist bei diesem Wetter die bestmögliche Mahlzeit, das und eine Tasse arabischen Kaffee.

Meine Pflichten sind ganz unterschiedlich. Wir sind sehr knapp an Arbeitskräften. Ich nehme Sir Percy, so viel ich kann, ab – befrage Repräsentanten unzähliger Überzeugungen, halte die Tür für Stammesscheichs und Boten aus der Wüste offen, wobei ich ausfindig mache, was sie zu uns geführt hat, und Sir Percy kurz darüber informiere, und hinter alldem ist dann noch meine wahre Aufgabe, das Sammeln und Sichten von Informationen. Die neuen Stammeskarten und Stammeslisten nehmen bereits Form an, und der erste große Schub vertraulicher Notizen über Bagdader Persönlichkeiten wird unseren Staatsbeamten morgen zugestellt – keine schlechte Leistung. Die neuen Vermessungsberichte werden bald eingehen, und ich werde die Ortsnamen überprüfen und korrigieren müssen, eine Sache, die ich gern mache, denn erstens ist es schön, alle richtig hinzubekommen, und zweitens bringt es mir viel Geographie bei. Der Vermessungschef ist ein Enthusiast und läßt mir freie Hand. Und dann werde ich Kustos für Altertümer werden, oder zumindest werde ich dem Steuerbeauftragten alle alten Gebäude und Gebäudereste zeigen, die hier noch stehen; er hat versprochen, darüber zu wachen ... Es ist tausendmal interessanter als Basra, verstehst Du? Heute kamen wie durch ein Wunder zwei reizende schwarze Satinkleider von

Marte an, was mich hoffen läßt, daß meine neuen Baumwollkleider auch bald eintreffen werden. Ich brauche sie dringend.

Bagdad, 11. Mai 1917

An die Stiefmutter

Die Post dieser Woche trudelt ein – sehr willkommene von [Halbschwester] Moll, die mir ankündigte, daß sie meine Sommersachen abgeschickt habe. Mein Gott, wie froh werde ich über sie sein.

Das Ereignis der Woche ist die Ankunft von Mr. Storrs aus Ägypten [Stellvertreter des Hochkommissars]. Er ist für vierzehn Tage hier. Er bringt einen regelrechten Orkan frischer Luft von außerhalb mit, und mich soll der Teufel holen, wenn wir ihn nicht auf den Flügeln eines ähnlichen Sturms zurücksenden werden, der die nach Osten gerichteten Türen und Fenster aufstößt. Ein solcher Austausch ist wunderbar befruchtend. Ich habe ihn bei all meinen religiösen Würdenträgern und Gelehrten herumgeführt, die von ihm und seinem Arabisch entzückt sind – was für ein Komfort, sich in der Gesellschaft eines Vaters der Sprachen zu bewegen! Leider bin ich zu beschäftigt, um viel mit ihm herumgehen zu können, aber solche Zwischenspiele sind sehr belebend, und das Ergebnis ist, daß ich einen vernünftigen Plan für die Regierung dieses Landes eingebracht und umrissen habe, der, wie ich meine, dazu dienen könnte, etwas in Gang zu bringen. Es geht nichts über ein wenig Unverfrorenheit.

... Ich entwickle mich zu einer Kennerin der arabischen Politik – was sie aber nicht leichter macht. Wir haben eine enorme Aufgabe übernommen, aber ich sehe keine Alternative dazu.

So verbringe ich meine Tage: Ich reite vor sechs, manchmal durch die Gärten am Flußufer, manchmal um die alte Stadtmauer herum, ein Galopp in der Wüste und heim durch die Basare. Hin und wieder schaue ich mir auf dem Rückweg ein altes Monument an – wie heute morgen. Ein Bad und Frühstück und dann vor neun zum Büro. Ich bin bis nach sieben dort. Um 12 Uhr 30 nehme ich eine Tasse Kaffee und eine Schüssel sauren Quark zu mir und Tee um vier mit Sir Percy – die einzige Zeit, die ich friedlich mit ihm verbringen kann. Am Ende des Tages stehe ich immer mit etlichen nicht abgeschlossenen Sachen und ohne Hoffnung da, sie am folgenden Tag erledigen zu können. Sie häufen sich und häufen sich, und ich hab keine Ahnung, wann ich in der Lage sein werde, die Berge abzubauen. Das ist das einzige Problem – es gibt immer zu viel zu tun. Um acht kehre ich zum Abendessen in meinen Garten zurück, und normalerweise gehe ich um 9 Uhr 30, wenn mir die Augen zufallen, zu Bett. Es ist immer noch herrlich frisch, das wird sich in ein oder zwei Tagen aber bestimmt ändern.

Ich muß Dir sagen, ich liebe Bagdad, und die Menschen sind so offen – sicher zum Teil als versöhnliche Geste, aber sie sind froh, uns zu haben.

Bagdad, 18. Mai 1917

An den Vater

... Ich könnte im Moment unmöglich Urlaub nehmen. Es bietet sich eine ungeheure, einmalige Chance, gerade zu dieser Zeit, wo die Atmosphäre so emotional ist, Einfluß auf die Leute zu gewinnen und Beziehungen zu knüpfen. Ich bleibe nicht um meiner selbst willen, sondern weil es das Getriebe der Administration schmiert – das tut es wirklich, und ich möchte alles sehr genau, möglichst von Tag zu Tag, beobachten, damit ich hoffentlich bei der endgültigen Disposition entscheidend mitreden kann. Das werde ich können, das werde ich ganz gewiß mit den Kenntnissen, die ich mir aneigne. Die Leute sind unbeschreiblich offen mir gegenüber. Was spielt alles andere für eine Rolle, wenn die Aufgabe eine so große ist? ...

Ich muß unbedingt noch ein Exemplar von Amurath [*Amurath to Amurath*, Gertrude Bells Buch über die Osttürkei] haben; kannst Du mir bitte eines schicken? Es ist sehr begehrt, weil es nichts Aktuelleres gibt. Es ist 8 Uhr, und ich bin seit 9 Uhr ununterbrochen im Büro, mit 20 Minuten fürs Mittagessen!

Bagdad, 26. Mai 1917

An die Eltern

... Die Post brachte mir diese Woche einen Brief von Mutter – und außerdem, was meint Ihr? Zwei Musselinkleider! Ich hoffe, daß es Schwalben sind, sozusagen, die alle meine Sommerkleider ankündigen.

Es ist noch nicht wirklich heiß hier. Der Mai ist fast vorbei, und der leichte Wind hat nie nachgelassen. Es ist wunderbar. Natürlich würdet Ihr es in England für warm halten – es sind 100 Grad [Fahrenheit], aber das ist hier nichts.

Mr. Storrs reist nächste Woche ab. Er hat uns unendlich gutgetan. Man wird so provinziell, wenn man niemand von außerhalb sieht. Das große Ereignis in unseren Kreisen ist die Ankunft von Fahad Bei, größter Scheich der Amarat, eine allmächtige Persönlichkeit und ein alter Freund von mir. Ich wohnte vor drei Jahren auf meinem Rückweg nach Damaskus bei ihm in der Wüste. Ich hoffe, daß wir mit seiner Hilfe mit den Stämmen weiterkommen. Jedenfalls ist es ein großartiger Coup, ihn dazu gebracht zu haben, alle Brücken hinter sich abzubrechen und zu uns zu kommen. Wir feierten ein sehr herzliches Wiedersehen, das kann ich Euch versichern.

Jetzt erzähle ich Euch eine hübsche Geschichte. Ein paar alte Scheichs kamen an. Sie waren hoffnungslos zerlumpt und taten sich selbst sehr leid, denn ihr Stamm befindet sich zufällig direkt im Grenzgebiet; zuerst wurden sie von den Türken gequält und dann von uns. Aus einer üblen Sache das Beste machend, suchten sie schließlich Zuflucht bei uns, und wir haben, auf unsere wahrhaft idiotische Art, die Hälfte ihrer Anhänger ins Gefängnis geworfen; sie konnten sie nicht finden und kamen deshalb zu mir, und ich sagte, ich würde Sir Percy fragen, was sich tun ließe. Darauf weinten sie fast vor Dankbarkeit und erklärten, sie würden mir sogleich eine wunderschöne Stute senden. Aber ich sagte, nein, es sei ein freundlicher Gedanke, aber ich dürfte keine Geschenke annehmen, und damit ging ich zu Sir Percy, um mit ihm zu reden. Als ich zurückkehrte, fand ich sie, die beiden greisen Köpfe zusammengesteckt, vor, und sobald sie mich sahen, sagten sie: «Chatun, wenn du das Pferd nicht nehmen willst, schicken wir dir – eine Gazelle!» Die Gazelle ist noch nicht aufgetaucht, und ich hoffe sehr, daß sie es nie tut, denn Gazellen fressen alles, einschließlich deiner wichtigsten Papiere. Aber war es nicht nett von ihnen, auf so einen Ersatz zu kommen? Meine größte Freude in diesem Land ist, daß ich die Leute so sehr liebe.

Wir schwelgen in Obst hier. Die ausgezeichneten Orangen sind fast vorbei, aber die Aprikosen sind in Massen gekommen und kleine, süße Reineclauden, und jetzt werden die guten, kleinen Melonen reif. Als nächstes wird es Trauben und Feigen geben – wirklich ein freigebiges Land. Ich liebe es, müßt Ihr wissen, ich liebe meine Arbeit und freue mich über das Vertrauen meines Chefs.

Eines Morgens letzte Woche nach meinem Ausritt machte ich auf dem Heimweg einen sehr frühen Besuch beim Sohn eines gefeierten alten Kriegers, einem Tscherkessen, den ich noch aus alter Zeit kannte. Ich traf dort auch einen großen Gelehrten, einen Einheimischen, der Artikel für mich schreibt, die ich an die ägyptischen Zeitungen schicke, und wir saßen herum und schlurften Tee und Kaffee und plauderten, und ich ging mit dem Gefühl, daß ich wirklich ein Teil Bagdads bin. Ich glaube, ich werde mich nie mehr vom Schicksal dieses Landes loslösen können. Aber ich mache mir nicht die Mühe, vorauszuschauen. Es reicht, daß meine Arbeit jetzt hier ist. Es ist eine wunderbare Sache, diese Zuneigung und das Vertrauen eines ganzen Volkes um einen herum zu spüren. Seht Ihr, es sind so wenige von uns, daß jeder einzelne absolut hervorragend ist, und jeder ist Mittelpunkt so vieler Hoffnungen und Befürchtungen.

Bagdad, 1. Juni 1917

An die Eltern

Liebste Eltern,

... Ich habe Euch von Fahad Bei erzählt, nicht wahr? Wir hatten eines Morgens eine Konferenz mit ihm, wobei er mit der Beschreibung des gewaltigen Eindrucks schloß, den einer meiner Briefe im vergangenen Herbst machte – ich hatte ihm aus Basra geschrieben. «Ich rief meine Scheichs zusammen», sagte er zum Schluß (und ich kam mir dabei immer wichtiger vor). «Ich las ihnen deinen Brief vor und sagte zu ihnen: O Scheichs» – wir hingen an seinen Lippen – «dies ist eine Frau – wie müssen erst die Männer sein!» Dieser köstliche Redeschluß rückte mich im Handumdrehen wieder an meinen wahren Platz.

Bagdad, 29. Juni 1917

An den Vater

Mit allen meinen Kollegen ist es eine Freude zu arbeiten – und am allerbesten ist Sir Percys Güte und Rücksicht. Er behandelt mich mit einer absurden Milde, anders kann ich es nicht beschreiben. Alles, was ich getan haben möchte – alles Annehmbare –, läßt er sofort ausführen. Diese Woche hat er, nur um mir eine Freude zu machen, die Einführung einer arabischen Lokalzeitung durchgepeitscht, die wir uns alle so sehr gewünscht hatten. Bis jetzt sind wir aus Papiermangel aufgehalten worden, aber die Sache wäre durch viele offizielle Stellen weiter hinausgezögert worden, wenn sie mir nicht so am Herzen gelegen hätte. Mr. Philby [Mitglied der britischen Verwaltung und brillanter Arabist] ist offizieller Redakteur, und meine besten Freunde in Bagdad, arabische Freunde, gehören zum Stab; wir bringen die erste Nummer am 1. Juli mit Pauken und Trompeten heraus. Es wird eine Sensation sein. Sie heißt *Der Araber*, weil sie die erste Zeitung ist, die im neuen System der arabischen Freiheit veröffentlicht wird.

Ich habe mehr und mehr das sehr angenehme Gefühl, meine Arbeit zu meistern und mit den Leuten und den Bedingungen des Landes vertraut zu sein.

6. Juli 1917

An die Eltern

Ich bin in dieser Woche sehr ungesellig gewesen, denn ich habe geschrieben – und zwar immer nach dem Abendessen meine fünf Artikel über die Türkei. Wegen der Dringlichkeit anderer Arbeit finde ich tagsüber nicht die Zeit für diese Sachen. Ich habe Unmengen Stammeszeug, die sich, seit ich hier bin, angesammelt haben, arrangiert und sortiert und habe jetzt alle Stämme im Norden und Nordosten alphabetisch zusammengestellt und mit vielen Kopien für die Mitglieder und alle Generäle, mit denen ich befreundet bin, wunderschön abgetippt. Es ist wirklich ein phantastisches Werk und äußerst nützlich, wenn man danach urteilt, wie sehr es in unserem Büro in Gebrauch ist; ich habe außerdem viel mit dieser riesigen Verwirrung der Euphrat-Stämme zu tun, die ich bis Ende nächster Woche in ähnliche Ordnung zu bringen hoffe. Ich habe jeden Scheich gesprochen, der zu uns kam, um Sir Percy seine Aufwartung zu machen, und alle Informationen über seinen Stamm direkt von ihm bekommen, so daß das Material, das ich habe, kein schlechter Anfang ist . . .

Ich weiß nicht, ob es eine wissenschaftliche Wahrheit ist, aber es stimmt zweifellos mit den Fakten überein – Vollmondnächte sind bei weitem die heißesten und die stillsten. Vorgestern mußte ich mich vollkommen geschlagen geben. Ich versuchte, nach dem Abendessen draußen im Garten zu arbeiten, aber nach einer halben Stunde waren die wenigen Sachen, die ich trug, tropfnaß und ich vom Tag so erschöpft, daß ich hilflos ins Bett fiel, das draußen auf meinem Dach steht, und sofort einschlief. Ich hatte nicht lange geschlafen, als ich erwachte und der Große Bär mir ins Gesicht starrte. Ich liege mit Blick nach Norden. Es war sehr merkwürdig, den Großen Bären so hell im Vollmond des Ramadan funkeln zu sehen; während ich mich im Halbschlaf fragte, was geschehen war, merkte ich, daß die ganze Welt dunkel war, und als ich mich umdrehte, sah ich, wie der äußerste Rand des Mondes in totaler Finsternis verschwand. So lag ich da und beobachtete alles, ein wunderbarer Anblick, die Mondsichel gerade noch sichtbar, eine stumpfe, drohende Kupferfarbe. Im Basar, ein paar hundert Meter weiter, trommelte man mit Stöcken auf alles, was gerade zur Hand war, um den Teufel, der den Mond versteckte, zu verscheuchen. Tatsächlich hatten sie letzten Endes Erfolg, denn nach einer langen, langen Zeit tauchte der obere Rand des Mondes wieder auf, und der Teufel verzog sich langsam nach unten, immer noch böse mit tiefroten Zungen und Strahlenkränzen, die aus seinem kupferfarbenen Körper herausragten, und bevor ich Zeit hatte, wieder einzuschlafen, hatte der Ramadan-Mond den Schein des Bären wieder ausgelöscht.

Bagdad, 6. September 1917

An die Stiefmutter

Auf eine Sache in einigen alten Briefen von Dir und Vater habe ich vergessen einzugehen. Bitte, bitte gebt keine Informationen über mich oder Photographien von mir an Journalisten weiter. Ich habe das schon so oft gesagt, daß ich glaubte, Ihr versteht, wie sehr ich den ganzen Rummel hasse. Ich werfe immer alle Briefe, die mich um ein Interview oder eine Photographie bitten, sofort in den Papierkorb, und ich bitte Euch, in meinem Namen dasselbe zu tun ...

Ich bin vor fünf Tagen aus dem Krankenhaus entlassen worden [sie hatte Pappatacifieber], und ich fühle mich viel besser, wenn auch immer noch ziemlich wacklig in den Knien und schwach im Kopf. Aber noch ein oder zwei Tage bringen mich wieder in Ordnung.

Mein ruhiger Urlaub war nicht ganz so friedlich, wie ich es mir gewünscht hätte. Am zweiten Abend nach meiner Rückkehr fand ich eine große Wespe in meinem Bett. Ich «fand» sie, indem ich mich auf sie legte, worauf sie auf ihre Art zurückschlug. Als ich in der folgenden Nacht aus dem Büro zurückkam und mein Pony aufsuchte, fand ich es mit einem schlimmen Kolikanfall vor. Wir hatten ein paar ruhelose Stunden, während wir es verarzteten und mit ihm herumliefen, doch schließlich erholte es sich.

Es ist immer noch sehr heiß, aber die Temperatur sinkt, wenn auch sehr langsam. Die Nächte sind ganz angenehm, aber mitten am Nachmittag ist es gewöhnlich um die 112° [Fahrenheit = 44° C]. Ich bestreite nicht, daß es im September kaum noch auszuhalten ist. Ich werde nicht den ganzen nächsten Sommer über hierbleiben.

Bagdad, 25. September 1917

An die Stiefmutter

Ich schreibe diese Woche, weil ich für ein oder zwei Tage nach Samarra gehe. Es wird sehr schön werden, und ich glaube, es wird mit guttun, denn ich bin im letzten Monat, seit ich aus dem Krankenhaus kam, nicht auf der Höhe gewesen. Ich habe mich, seit ich im April ankam, nicht aus Bagdad wegbewegt. Aber es ist erstaunlich, wie wenig eintönig es doch gewesen ist ...

Eine Eidechse spaziert vor mir auf meinem Gehweg umher und fängt vermutlich Sandfliegen. Gott gebe ihr ein langes Leben!

Kerbela, 3. Januar 1918

An die Stiefmutter

Ich habe ein bißchen Urlaub, was sehr angenehm und wohltuend ist. Ich fing an, mich schrecklich eingesperrt und verbraucht zu fühlen, und obwohl ich mich nicht sehr weit oder für sehr lang vom Käfig entfernt habe, macht es Spaß, sich wieder einmal in einer winzigen Ecke der Welt herumzutreiben. Es ist eine Ecke voller Erinnerungen. Wie oft bin ich nach langen Wüstenexpeditionen über die Bagdad-Kerbela-Straße zurückgekommen, mit dem Gefühl, etwas erreicht zu haben, und gleichzeitig mit jener merkwürdigen Enttäuschung, die man fast immer nach dem Erreichen eines Ziels verspürt! Am besten war es, glaube ich, als ich mit dem Plan der Burg von Uchaidir in der Tasche zurückkehrte – am schlimmsten, als ich aus Arabien kam. Ich ertappe mich immer wieder dabei, wie ich in frühere Erlebnisse zurücksinke – gleichzeitig weiß ich, daß alles vergangen ist, und doch bin ich halb betäubt von der nachhaltigen Würze; was ich besonders vermisse, ist die freundliche Gegenwart meines guten Fattuh, der das Reisen erträglich machte und jetzt *wo* ist? Tot, fürchte ich. Ich höre, daß es in Aleppo keine Männer mehr gibt. Alle sind in den Krieg geschickt worden, und türkische Soldaten haben schlechte Karten. Aber – ich will Dir von meinen Abenteuern erzählen, sehr bescheiden, nicht wie in den alten Tagen.

Ich verließ Bagdad am 31., einem wunderschönen, sonnigen Morgen, und fuhr nach Musaijab am Euphrat. Während des ersten Dreiviertels der Strecke sausten wir dahin, aber die letzten acht Meilen über unbeschreiblich schlammige Niederungen waren für den Motor nicht sehr zuträglich.

Gestern fuhr ich auf der sandigen, so vertrauten Straße nach Kerbela entlang und kam bei Major Pulleys Haus so um die Mittagszeit an. Er hatte mich ganz in der Nähe im Haus von Col. Leachman untergebracht, da letzterer draußen in der Wüste bei den Arabern war, *meinen* Arabern, Fahad Beis Stamm. Und dann bin ich hinaus durch Schlamm und Sumpf bis zum

Rand der Syrischen Wüste, die ihre gelbe Schulter vor mir auf so einladende Weise hob, daß ich es kaum ertragen konnte, mich von ihr abzuwenden ... Ich bekam Besuch von einem Wüstenkaufmann, der auf irgendeine Weise erfahren hatte, daß ich hier bin. Ich kannte einen seiner Brüder in Damaskus und einen anderen in Bagdad. Er kommt aus Zentralarabien, und wir saßen lange bei Wüstentratsch zusammen, bis ich wieder das Gefühl hatte, es kaum ertragen zu können, so nah zu sein und nicht zu den Stämmen hinausgehen zu können. Welch ein Willkommen Fahad Bei mir bereiten würde! Er ist ungefähr zwei Tage entfernt.

Hilla, 16. Januar 1918

An den Vater

Ich schrieb Dir fast am Anfang meines vierzehntägigen Urlaubs, und jetzt, wo ich beinahe am Ende angelangt bin, fange ich mit einem neuen Brief an. Ich werde morgen wieder in Bagdad sein und fühle mich wie ein Schulmädchen, das wieder in die Schule muß. Ich bin nicht sicher, ob es ein guter Gedanke war, für vierzehn Tage aus dem Käfig auszubrechen und die Illusion von Tagen zu genießen, die fast wie ein früheres Leben waren. Ich habe ganz bestimmt die Ketten und Fesseln, die der Krieg einem anlegt, noch nie so sehr gespürt wie jetzt. Ich habe aus Kerbela geschrieben, nicht wahr? Ich verbrachte drei Tage dort, habe viele Leute gesehen, wurde von Freunden aus der Wüste begrüßt, und die wildeste Sehnsucht packte mich, hineinzufliehen – und nie mehr ward von mir gehört ...

Auf dem Heimweg gestern hielt ich in Babylon, weil Sir Percy mich gebeten hatte, über die Konservierung der Altertümer Mitteilung zu machen. «Tempi passati» fallen hier sehr schwer ins Gewicht – nicht, daß ich an Nebukadnezar dachte und auch nicht an Alexander, sondern an die herzliche Begrüßung, die mir hier immer zuteil wurde, die gute Gesellschaft, die angenehmen Tage, die ich mit dem lieben Koldewey [deutscher Ausgräber] verbrachte – es klappt nicht, an ihn als feindlichen Ausländer zu denken, und mein Herz tat weh, als ich in dem leeren, staubigen kleinen Raum stand, in dem Fattuh früher immer Campmobiliar aufstellte und die Deutschen und ich uns eifrig über die Pläne von Babylon und Uchaidir unterhielten. Was haben wir für eine entsetzliche Welt zerbrochener Freundschaften zwischen uns geschaffen.

Bagdad, 8. Februar 1918

An den Vater

Es wird deutlich wärmer. Ich habe begonnen, einige der unzähligen Schals, die ich tagsüber, und der Hüllen, die ich nachts trage, abzulegen. Heute, als der sanfte Wind in mein Zimmer blies, dachte ich an England im Februar und fragte mich, ob es bei Euch vielleicht gerade schneit.

Es ist seltsam, herauszufinden, wie viele der angesehenen Persönlichkeiten in Bagdad Stammesangehörige sind, die sich oft erst in der letzten oder seit zwei Generationen in der Stadt niedergelassen haben. Irgendein Scheich baut sich ein Stadthaus, schickt seine Söhne zur Schule und hilft ihnen, einen gelehrten Beruf zu ergreifen, der zu einem Regierungsposten führt. Und sofort lassen sie sich als Bürger nieder. Aber die Stammesverbindungen sind ungebrochen. Jeder Scheich, der geschäftlich in der Stadt zu tun hat, sucht natürlich das Haus seines Verwandten auf, um sich dort seine täglichen Mahlzeiten vorsetzen zu lassen – was eine ziemlich teure Pflicht ist –, und wenn ein Mitglied der Stadtfamilie in Schwierigkeiten kommt, sucht es beim Stamm Zuflucht und kann sicher sein, daß es niemals im Stich gelassen wird. Mehrere Männer, die ich kenne, flohen im Jahr vor der Besetzung, als die osmanische Hand schwer auf den Arabern von Bagdad lag. Die meisten von ihnen stehen jetzt in unserem Dienst, und ihre Stammesverbindungen machen sie um so wertvoller. Wir haben ein paar wirklich erstklassige arabische Beamte und haben außerdem ein paar ebenso erstklassige Scheichs gefunden, die Verantwortung übernehmen und die Ordnung wahren. Es sind nicht viele, aber die, die wir haben, sind unbezahlbar. Und wir haben wiederum eine ungeheure Verantwortung ihnen gegenüber. Es wäre ein undenkbares Verbrechen, diejenigen im Stich zu lassen, die uns treu gedient haben. Aber da haben wir's! Wenn ich über Araber schreibe, schreibe ich die ganze Nacht.

Bagdad, 15. Februar 1918

An den Vater

... Heute verband ich Geschäft mit Vergnügen und stattete Père Lion, dem Abt der französischen Mönche, und Père Anastase, der Syrer ist, einen Besuch ab. Ich wollte mit ihnen den Kauf von Manuskripten und die Übersetzung der traditionellen schiitischen Schriften ins Englische besprechen. Weißt Du, das wichtigste in diesem Schiiten-Land ist, daß wir ein echtes Verständnis für die Dinge aufbringen, die den Schiiten am Herzen liegen. Wir drei saßen im Besuchszimmer zusammen, von dem aus man den stillen kleinen Hof des Klosters überblickt, das mitten in Bagdad liegt. Wir unterhielten uns wunderbar, und als ich durch die unglaublich engen, krummen Straßen nach Hause ging – über den Köpfen bilden die Bäume ein dichtes Laubdach –, hatte ich das warme Gefühl, ein Teil von allem zu sein. Und das bin ich auch. Genauso, wie ich ein Teil Englands bin. Es ist ein merkwürdiges Gefühl, zwei Heimatländer zu haben und durch lange Bindeglieder mit dem einen wie dem anderen verknüpft zu sein. Es machte mich mit dem Entschluß zufrieden, den ich gerade gefaßt hatte, nämlich Sir Percy nicht nach Kairo und Jerusalem zu begleiten, wo er eine Konferenz besucht. Er lud mich ein, mitzukommen, und obwohl es hochinteressant gewesen wäre, bin ich doch nicht erforderlich; ich glaube, ich bleibe lieber hier, jetzt, wo das Wetter so gut ist und wir arbeiten können. Ich muß aus

Gesundheitsgründen im Sommer weggehen. Persien schreckt mich ziemlich ab, weil so Schlimmes über die bittere Armut dort berichtet wird. Man kann nicht in ein Land reisen, wo es nichts zu essen gibt. England, mit Palästina auf dem Weg, ist eine andere Idee, aber ich muß mich ja erst in drei Monaten entscheiden. Die Wahrheit ist, daß ich große Sehnsucht habe, Euch zu sehen ...

Wie viele Heimatländer ich auch habe, ich habe jedenfalls nur einen Vater und eine Mutter und bin deshalb immer Eure ergebene Tochter.

Bagdad, 22. Februar 1918

An den Vater

O liebster Vater, weißt Du, daß es heute abend genau drei Jahre her sind, seit Dick und ich Abschied nahmen? Ich kann mir nicht vorstellen, warum das wiederkehrende Datum alte Erinnerungen so massiv zurückbringt, aber so ist es, und ich habe die vier Tage von vor drei Jahren fast Minute für Minute neu durchlebt ... Dieser Kummer im Hintergrund macht mich allem anderen gegenüber irgendwie gleichgültig, ob ich nach Hause gehen oder hier im Osten bleiben soll oder was sonst geschieht. Und doch gibt er auf eine merkwürdige Weise auch Kraft und neuen Auftrieb.

Bagdad, 30. August 1918

An die Stiefmutter

Wenn Sir Percy diesen Winter hier wäre, würden sie wohl ganz gut ohne mich auskommen, aber sobald ich zurückgekehrt war [aus dem Urlaub in Persien], teilte mir Capt. Wilson [Cox' Stellvertreter] die umwerfende Neuigkeit mit, daß er nach Teheran berufen worden sei. Seine Abwesenheit vermittelt mir das Gefühl, daß es nicht recht wäre, in diesem Winter wegzusein. Aber es ist doch eine Enttäuschung, nicht wahr? Ich hatte mich so gefreut, ihn nach all den Monaten hierzuhaben. Capt. Wilson und ich sind jedoch ausgezeichnete Kollegen und die besten Freunde, und ich weiß, ich kann eine Menge tun, um ihm zu helfen, indem ich Leute empfange, verfügbar bin und sie reden lasse, soviel sie wollen. Das wird wahrscheinlich meine Hauptaufgabe sein. Aber zuerst werde ich eine Dokumentation über Persien zusammenstellen, wofür ich Material gesammelt habe, und ich glaube, daß ich ein ganz passables Stück Arbeit zuwege bringen werde. So etwas mache ich gern.

Ich habe mich ziemlich in Kurdistan verliebt, in Land und Leute. Mein Persisch reichte aus, um interessante Gespräche zu führen – Persisch ist außergewöhnlich leicht, weißt Du, und ich lernte mehr in den drei Wochen, in denen ich durchs Land ritt, als wenn ich monatelang mit dem Auto durchgefahren wäre. Aber es war harte Arbeit – unsagbar schlechte Wege und sehr heiß mitten am Tag. Es gab Augenblicke tödlicher Erschöpfung, die mir in Erinnerung bleiben werden. Ich bin dennoch gesund zurückgekommen. Wir haben jetzt, was ich für die schlimmste Zeit in Bagdad halte: stickige Herbsthitze, Temp. 104 [Fahrenheit = 40° C] und absolute Windstille.

Bagdad, 5. September 1918

An die Stiefmutter

Ja, natürlich habe ich das ganze *Arabs of Mesopotamia* geschrieben. Mir haben besonders die Besprechungen gefallen, die von den Männern der Praxis reden, die die anonymen Autoren sind, etc. Es ist witzig, ein Mann der Praxis zu sein, nicht wahr? Oh, ich bin ganz Deiner Meinung, was das große Glück betrifft, im Krieg etwas zu tun zu haben – auch wenn es viel zu viel ist. Man würde viel mehr leiden, wenn man außerhalb stünde. Vater schickt mir eine herrliche Schilderung des Treffens und des Dinners der Geographical Society. Wie froh ich bin, daß er dort war und nicht ich – erstens, weil er es viel besser gemacht hat, als ich es hätte tun können, und dabei die Ehre der Familie aufrechterhält, und zweitens, weil es ihm viel mehr Spaß gemacht hat. Ich hätte mich wirklich geschämt, diese Medaille entgegenzunehmen; sie ist eine viel zu große Ehre.

Bagdad, 28. November 1918

An den Vater

Das ist bei weitem die interessanteste Zeit meines Lebens, und dem Himmel sei Dank, daß es mir jetzt gutgeht und ich die Sache richtig anpacken kann. Die Französisch-Britische Erklärung hat die ganze Stadt in Erregung versetzt: Es geschieht nicht oft, daß den Leuten gesagt wird, ihre Zukunft als Staat liege in ihren eigenen Händen, und daß sie um ihre Meinung gefragt werden. Alle reden, und glücklicherweise kommen sie alle zu mir, um mit größtem Eifer über ihre Ansichten zu diskutieren. Über zwei Punkte sind sich praktisch alle einig. Sie wollen, daß wir ihre Angelegenheiten regeln, und sie wollen Sir Percy als Hochkommissar. In allem anderen sind sie unterschiedlicher Meinung. Die meisten Stadtbewohner wollen einen arabischen Emir, können sich aber auf keinen festlegen. *Ich* glaube, daß die Stammesangehörigen in den ländlichen Gebieten so lange keinen Emir wollen, wie sie Sir Percy haben können – er genießt einen großartigen Ruf unter ihnen –, und ganz persönlich bin auch ich der Meinung, daß dies das beste wäre. Es ist eine ungeheure Aufgabe, einen Hof und eine regierende Macht zu etablieren. Die ganze Situation erfordert sehr taktvolles Vorgehen. Wir können gar nicht vorsichtig genug sein in diesem Augenblick, wo die öffentliche Meinung so schwankend ist, daß alles Anlaß sein kann, sie in die eine oder andere Richtung zu lenken. Ich spreche immer ganz offen, und sie glauben mir, denke ich. Sie wissen, mir liegen ihre Interessen mehr als alles andere am Herzen, und sie vertrauen mir auf die gleiche Art und Weise, wie sie Sir Percy vertrauen.

31. Januar 1919

An die Stiefmutter

... Wenn wir hier bis zur selben Zeit im nächsten Jahr eine permanente Regierungsform bilden können, haben wir großes Glück. Die Umwandlung einer militärischen Organisation in eine Zivilverwaltung ist eine ungeheure Aufgabe, der ganze technische Teil ist so überwältigend, Festungen, Telephone, die medizinische und sanitäre Organisation etc.; und es bedeutet, daß man nicht in Bausch und Bogen demobilisieren kann, denn wenn man das täte, würden alle Verwaltungsfunktionen plötzlich zusammenbrechen. Ich habe mit diesen Dingen nichts zu tun, aber ich sehe, wie kompliziert sie sind ...

Ich habe meinen Garten wunderschön mit Hecken aus Chrysanthemen bepflanzt – das wird im nächsten Herbst ein herrlicher Anblick ...

Es tut mir leid, daß ich das Land hier im Frühling nicht sehen werde. Es wird nach einem solch regnerischen Winter wundervoll sein. Aber ich werde Euch sehen, und ich freue mich riesig darauf. Ich kann noch nicht recht glauben, daß ich in sechs Wochen voraussichtlich in England bin. Ich glaube, daß es mir guttun wird, für eine Weile wegzugehen. Ich habe das Gefühl, sehr provinziell geworden zu sein. Wie ist das zu vermeiden, wenn man seine ganze Zeit und alle Gedanken seiner Provinz widmet? Aber es ist keine gute Idee, den Kontakt völlig zu verlieren. Man ist hier nützlicher, wenn man weiß, wie der Puls zu Hause schlägt. Ich würde gern Propaganda machen, obwohl mein Verstand im Augenblick vor diesem Gedanken zurückschreckt. Die Geographical Society wäre vielleicht eine gute Plattform, es wird aber wahrscheinlich dieses Jahr schon zu spät für sie sein – soviel ich mich erinnere, haben sie nach Ostern keine Treffen mehr. Der Himmel weiß, daß ich das persönlich nicht bedauern werde; es ist ja nur, daß ich für meine Wahlheimat werben möchte, verstehst Du?

Und weißt Du, worauf ich mich sehr freue? Eine Hammelkeule! Das ist sehr prosaisch, nicht wahr, aber Du solltest mal das Fleisch sehen und zu essen versuchen, von dem ich lebe. Ich kann mir nicht vorstellen, von welchem Teil des Tieres es stammt. Ich muß lernen, Hammelkoteletts zu machen, wenn ich zu Hause bin – und dann sehen, ob ich sie hier nicht bekomme.

Hotel Majestic, Paris, 7. März 1919

An den Vater

Du hast Dich sicher gewundert, nicht früher von mir gehört zu haben, aber ich bin in eine so erstaunliche Welt geraten, daß ich bis jetzt nur offenen Mundes darauf gestarrt habe, ohne ein Wort davon zu Papier zu bringen. Unsere Ost-Affären sind unbeschreiblich komplex, und bis ich hier [Pariser Friedenskonferenz] ankam, gab es niemanden, der über die mesopotamische Seite der Frage aus erster Hand berichten konnte. Die einflußreichen Männer sind außerordentlich freundlich ... Sie haben mich alle gedrängt, hierzubleiben, und ich glaube, das ist momentan meine Aufgabe. Ich fülle meine Zeit damit aus, mit den Franzosen in Kontakt zu kommen und herauszufinden, was ihre Ansichten sind.

Vor allem würde ich sehr gern mit Dir im Auto herumfahren, aber es hängt davon ab, wie sehr ich damit beschäftigt bin, Franzosen zu treffen. Wenn ich natürlich ein oder zwei Tage freihalten kann, komme ich, und auf jeden Fall werde ich es schaffen, Dich in Boulogne für ein oder zwei Stunden zu sehen. Ich hoffe, daß Du einverstanden bist, daß ich bleibe. Es bleibt mir nichts anderes übrig.

Paris, Sonntag, 16. März 1919

An die Stiefmutter

Es wird schneller gehen, Vater den Brief mitzugeben als ihn per Post zu schicken. Ich kann Dir nicht sagen, was es mir bedeutet hat, ihn diese beiden Tage bei mir zu haben. Er war viel wunderbarer und lieber, als Worte sagen können, und sah in dieser gehobenen Stimmung so gut aus. Ich kann kaum glauben, daß drei Kriegsjahre über ihn hinweggezogen sind, seit ich ihn zuletzt gesehen habe ...

Ich bin tief in die Politik verwickelt, und obwohl ich nicht weiß, ob es viel nützt, meine ich, daß ich die Chance, etwas ausrichten zu können, nicht außer acht lassen sollte. Abgesehen von der Wichtigkeit der Dinge, die auf dem Spiel stehen, macht es mir keinen großen Spaß, und ich werde sehr froh sein, wegzukommen. Aber ich bin in einen solchen Spannungszustand geraten, daß ich in diesem Augenblick bestimmt nicht ruhig nach Hause kommen und mich ausruhen könnte.

Wir hatten heute einen ganz reizenden Lunch mit Lord Robert und T. E. Lawrence – nur wir vier. Lord Robert ist, glaube ich, die herausragende Figur der Konferenz und T. E. Lawrence die malerischste. Ich verbringe die meiste Zeit mit letzterem, und der erstere ist unfehlbar hilfsbereit.

Ich glaube, sobald A. T. Wilson eingetroffen ist, kann ich die Angelegenheiten in seine Hände legen. Er kommt nächste Woche, hoffe ich. Ich kann über nichts anderes schreiben und nur immer daran denken, was wir mit dem Osten machen – worüber ich später wohl nachdenke?

*

Am 13. April begibt sich Gertrude mit ihrem Vater auf eine Autotour durch Belgien und Frankreich. Den Rest des Frühlings verbringt sie in England und fährt im Juli wieder in den Osten. Sie lädt ihren Vater für den nächsten Frühling nach Bagdad ein.

*

Bagdad, 7. Dezember 1919

An den Vater

... Wenn Du Mitte Februar abreist, solltest Du Ende März hiersein. Aber komm nicht später, denn Ende April kann es ziemlich heiß sein. Ich muß Dir eröffnen, daß ich nicht mit Dir zurückkehren werde. Ich kann dieses Land, mit dem ich mich so identifiziere, wirklich nicht verlassen, während es eine derartige Krise durchmacht. Wenn Du siehst, in welcher Beziehung ich zu den Leuten stehe, wirst Du es verstehen, da bin ich sicher.

Ich bekomme allmählich mein Haus eingerichtet, es wird sehr hübsch sein. Inzwischen habe ich im Basar einen bezaubernden schwarzen Schrank und eine Kommode gekauft, ganz billig dazu. Marie [Dienstmädchen] hat sich mit Vorhangnähen und weil sie sich ganz allgemein um alles kümmert, als unbezahlbar erwiesen. Sie ist eine große Hilfe – ich weiß nicht, wie ich ohne sie ausgekommen bin. Auch mein neuer Koch! In seinen malerischen Gewändern gibt er meinem Haus ein besonderes «cachet». Er kann eine ganze Menge kochen und bäckt ausgezeichnete Kuchen, aber er kann weder lesen noch schreiben, und da sein Gedächtnis mangelhaft ist, sind die morgendlichen Abrechnungen eine Schicksalsprüfung. Das geht folgendermaßen:

GB: Fallah! Mahdi! Die Abrechnung. Ich muß ins Büro.

M: Oh, Euer Diener, Chatun. Ich habe Dings gekauft.

GB: Bitte?

M: Reis. Zwei Kran.

GB: Acht Annas [1/16 Rupie]. Was noch?

M: Dann habe ich Dings gekauft.

GB: Was? Fallah!

M: Brot, sechs Annas.

GB. Weiter.

M: Und dann habe ich Dings gekauft.

GB: Großer Gott! Was?

M: Zucker, zwei Rupien.

GB: Zwei Rupien. Fallah!

M: Und dann – Chatun, ich habe die Eier von gestern vergessen, eine Rupie.

GB: Gut, weiter.
M: Und dann habe ich Fleisch gekauft, eine Rupie.
GB: Was noch?
M: Wallah, ich habe – Chatun, soll ich für Eure Exzellenz heute abend Ester (Stew) kochen?
GB: Was du willst. Mach die Abrechnung fertig.
M: Sofort. Und dann Dings.

Und so weiter und so fort, bis ich zwischen Ungeduld und Lachen hysterisch werde ...

Weißt Du, wie sie mich hier nennen? Umm al-Muminin, Mutter der Gläubigen; die letzte Person, die diesen Namen trug, war Aischa, die Frau des Propheten. Du siehst, warum ich nicht abreisen kann.

Bagdad, 12. Januar 1920

An die Stiefmutter

Zuerst – es überschattet alles andere! Reuter hat die Nachricht von Onkel Franks [Lascelles] Tod gebracht. Ich bin so betrübt – ein Mensch voll Würde und Güte ist aus unserem Leben gegangen, der nie ersetzt werden kann. Wenn ich daran denke, wieviel ich ihm zu verdanken habe, wie viele wunderbare Erinnerungen und wieviel Mitgefühl, tut mir das Herz weh, weil ich ihm nicht genug zurückgegeben habe ...

Und dieses Land, welchen Weg wird es mit all diesen Unruhe schaffenden Kräften gehen? Ich bete, daß die Leute zu Hause richtig beraten sind und ihnen klar ist, daß die einzige Chance hier die ist, von Anfang an politische Ambitionen anzuerkennen und nicht zu versuchen, die Araber in unsere Form zu pressen, und in einem Jahr in eine Zwangslage zu geraten – wer weiß? Vielleicht schneller, die Welt bewegt sich so rasch – mit dem Ergebnis, daß das Chaos im Norden und Osten auch Mesopotamien überwältigt. Ich wünschte, ich hätte mehr Einfluß.

14. März 1920

An die Stiefmutter

Ich bin froh, daß ich diese Woche nicht nach Basra fahre, denn ich habe immer noch eine unbeschreibliche Erkältung. Natürlich war es nicht vernünftig, daß ich gestern nach Kadhimain gefahren und erst spät zurückgekehrt bin, aber der Besuch hat sich gelohnt. Ich habe ihn Lord Robert gegenüber als Rechtfertigung «pro vita mea» beschrieben – er hat mir meine Vorliebe für die fürchterlichen Orientalen vorgeworfen –, und um Dir Kummer zu ersparen, erzähle ich Dir die gleiche Geschichte.

Nicht, wie man mit den Stammesangehörigen auf dem Land in Kontakt kommt, ist hier ein Problem, sondern der Kontakt zu den Schiiten. Wir stehen mit allen auf vertrautem Fuße außer mit den schrecklich frommen Einwohnern der heiligen Städte und noch weniger mit den religiösen Führern, den Mudschtehids, die mit einem Machtwort lösen und binden können; ihre Autorität beruht auf einem völlig ohne Beziehung zu menschlichen Angelegenheiten angesammelten Wissen. Um sie riecht es nach Altertum, und die Luft ist vom Staub der Jahrhunderte so gesättigt, daß Du nicht hindurchsehen kannst – und sie auch nicht. Und zum größten Teil verhalten sie sich uns gegenüber sehr feindselig, ein Gefühl, das wir nicht ändern können, weil es so schwierig ist, an sie heranzukommen. Ich spreche von den Extremisten unter ihnen; es gibt ein paar, zu denen wir gute Beziehungen unterhalten. Bis vor kurzem war ich vollständig von ihnen abgeschnitten, weil ihre Lehren es ihnen verbieten, eine unverschleierte Frau anzusehen, und meine Lehren es mir nicht erlauben, mich zu verschleiern – ich glaube, ich habe recht, denn es wäre ein stillschweigendes Eingeständnis der Minderwertigkeit, was unseren Umgang von Anfang an beeinträchtigt hätte. Es hat auch keinen Zweck zu versuchen, über die Frauen Freundschaft zu schließen; wenn es den Frauen erlaubt wäre, mich zu sehen, würden sie sich vor mir genau wie vor einem Mann verschleiern. Du siehst also, ich bin für das eine Geschlecht zu weiblich und für das andere zu männlich.

Es gibt eine Gruppe dieser Ehrwürdigen in der heiligen Stadt Kadhimain, acht Meilen von Bagdad entfernt, bitter panislamisch und stramm antibritisch. Oberhaupt ist eine Familie namens Sadr, die sich möglicherweise mehr als jede andere Familie in der ganzen schiitischen Welt durch religiöse Gelehrtheit hervorhebt. Eine Reihe von Zufällen führte dazu, daß sie mir gegenüber Annäherungsversuche machten, worauf ich antwortete, wenn sie meinen Besuch wünschten, würde ich ihnen gern die Ehre erweisen ... Das Ergebnis war, daß ich gestern in Begleitung eines fortschrittlichen Schiiten aus Bagdad, den ich gut kenne, hinfuhr. Ich glaube fast, daß er insgeheim Freidenker ist. Wir gingen durch die schmalen, dunklen Straßen von Kadhimain und blieben vor einem kleinen, dunklen Torweg stehen. Er führte mich durch einen langen, stockdunklen Gewölbegang – was über unseren Köpfen war, kann ich mir nicht vorstellen –, der uns in den Hof von Saijids Haus brachte. Es war alt, mindestens hundert Jahre alt, mit wunderschönem altem Gitterwerk aus Holz. Die Räume öffneten sich alle zum Hof hin – es gab keine Fenster zur Außenwelt –, und der Hof war ein Brunnen der Stille, durch das geheimnisvolle Mauerwerk, unter dem wir hindurchgeschritten waren, von der Straße abgetrennt. Saijid Hassans Sohn, Saijid Muhammad, stand auf dem Balkon, um uns willkommen zu heißen, schwarz gewandet, schwarzbärtig und auf dem Kopf den riesigen dunkelblauen Turban des Mudschtehid. Saijid Hassan saß im Innern, eine eindrucksvolle, um nicht zu sagen, furchterregende Gestalt, mit einem weißen Bart, der ihm bis auf die Brust fiel, und einem Turban, der noch eine Nummer größer war als der von Saijid Muhammad. Ich setzte mich neben ihn auf den Teppich, und nach der förmlichen Begrüßung begann er im blumigen Stil des Gelehrten, der Büchersprache, die man von den Lippen anderer nie hört, zu reden. Mudschtehids haben meist eine Menge zu sagen – Reden ist ihre Arbeit; es erspart dem Besucher Mühe. Wir sprachen über die Sadr-Familie mit all ihren Zweigen, den persischen, syrischen und mesopotamischen, und dann über Bücher und über Sammlungen arabischer Bücher in Kairo, London, Paris und Rom – er hatte alle Bibliotheksverzeichnisse – und dann über das Klima von Samarra, das, wie er mir erklärte, viel besser ist als das von Bagdad, weil Samarra in der dritten Klimazone der Geographen liegt. Er redete mit einer solchen Vitalität, daß ihm sein Turban nach vorn auf die Augenbrauen rutschte und er ihn ungeduldig zurückschieben mußte ... Und mir war deutlich bewußt, daß keine Frau vor mir jemals eingeladen worden war, mit einem Mudschtehid Kaffee zu trinken und seiner Rede zu lauschen; ich war wirklich bemüht, einen guten Eindruck zu machen.

Nach ungefähr einer Dreiviertelstunde sagte ich, ich fürchte ihn zu stören, und wollte ihn um Erlaubnis bitten, mich zu verabschieden. «Nein, nein», rief er, «wir haben diesen Nachmittag für Sie freigehalten.» Ich fühlte mich dann ziemlich sicher, daß der Besuch ein Erfolg war, und blieb noch eine Stunde. Aber diese nächste Stunde ging ich mit viel größerem Selbstvertrauen an. Ich sagte, ich wolle ihm über Syrien berichten, und erzählte ihm alles, was ich wußte, bis zum neuesten Telegramm, in dem uns mitgeteilt worden war, Feisal solle zum König von Syrien gekrönt werden. «Über ganz Syrien bis zum Meer?» fragte er mit plötzlichem Interesse. «Nein», antwortete ich, «die Franzosen bleiben in Beirut». – «Dann hat es keinen Sinn», antwortete er, und wir besprachen die Angelegenheit in ihrer ganzen Tragweite. Dann redeten wir über den Bolschewismus. Er stimmte mir zu, daß er das Produkt von Armut und Hunger ist. «Aber», fügte er hinzu, «die ganze Welt ist seit dem Krieg arm und hungrig.» Ich sagte, daß die bolschewistische Idee, soweit ich verstände, alles, was je gewesen ist, beiseite schieben und von neuem aufbauen will, daß ich aber fürchtete, die Bolschewisten verstünden nichts von der Kunst des Bauens. Er stimmte mir zu. Dann, als ich mich zum Aufbrechen anschickte, sagte er: «Es ist wohlbekannt, daß Sie die gelehrteste Frau Ihrer Zeit sind, und wenn dies eines Beweises bedarf, ist er in der Tatsache zu finden, daß Sie die Gesellschaft der

Gelehrten suchen. Deshalb sind Sie heute hier.» Ich murmelte meinen tiefempfundenen Dank für das Privileg und nahm meinen Abschied, wobei ich mit Einladungen, wiederzukommen, so oft ich es wünschte, überschüttet wurde.

Bagdad, Sonntag, 10. April 1920

An die Stiefmutter

Ich überlasse es Vater, seine Erlebnisse zu beschreiben, was er bestimmt ausführlich tun wird. Hier nur ein Wort, um Dir zu sagen, daß es wunderbar ist, ihn hierzuhaben. Es ist höchst interessant zu sehen, wie er unsere Probleme einschätzt; er ist zufällig zu einer sehr kritischen Zeit angekommen. Ich glaube, wir befinden uns am Rande einer starken arabischen nationalistischen Demonstration, für die ich eine Menge Verständnis aufbringe. Das versetzt uns jedoch in eine Zwangslage, und es wird sich zeigen, ob uns genügend Einfluß bleibt, um hier weiterzumachen ...

Worüber ich mir ziemlich sicher bin, ist die Tatsache, daß wir unsere Position in ganz Asien werden überdenken müssen, wenn wir dieses Land hier vor die Hunde gehen lassen. Wenn Mesopotamien verlorengeht, dann geht unweigerlich auch Persien verloren und dann Indien. Und der Platz, den wir leer lassen, wird von sieben Teufeln eingenommen, die um vieles schlimmer sind als alle, die vor uns da waren.

Mit diesen wenigen Worten verbleibe ich Deine zärtliche Tochter.

Bagdad, 14. Juni 1920

An den Vater

Ich habe Deinen Brief aus Aden und ein Wort von Mutter – sag ihr bitte, daß die Schuhe von Yapp äußerst willkommen sind. Habe ich ihr überhaupt schon die Ankunft meines leinenen Reitkleides mitgeteilt? Es ist perfekt, ich habe telegraphisch um ein zweites gebeten. Aber obwohl Leinenkleider unentbehrlich sind, haben wir ein bemerkenswert kühles Jahr. Es ist bis jetzt selten über 110 [Fahrenheit = 43° C] gewesen. Ich bin zu solch einem Salamander geworden, daß dies die Temperatur ist, die mir behagt.

Wir hatten eine stürmische Woche. Die nationalistische Propaganda nimmt zu. In Moscheen finden ständig politische Versammlungen statt. Die Extremisten streben die Unabhängigkeit ohne Mandat an. Sie heizen mit aller Macht den Zorn des Pöbels an, und in Anbetracht der Einheit des Islam und der Rechte der arabischen Rasse machen sie keine schlechte Figur. Sie haben eine Herrschaft des Terrors geschaffen. Wenn jemand im Basar nur buh sagt, schließt er sich wie eine Auster. In den letzten vierzehn Tagen sind praktisch keine Geschäfte gemacht worden ...

Ich habe auf Verlangen von A. T. [Wilson] drei Artikel über den Völkerbund und das Mandat geschrieben. Sowohl A. T. als auch Sir Edgar [Bonham Carter, Justizberater] sind begeistert, und sie sollen hier auf englisch und arabisch erscheinen.

Bagdad, Sonntag, 20. Juni 1920

An den Vater

Der Ramadan ist zu Ende ... Am Freitag morgen ritt ich vor dem Frühstück in den Vororten von Bagdad umher, wo sich, wie ich wußte, die Leute versammelten und alle Welt das große Fest des Islam feierte, «Id-al-Fitr», das Fest des Abbruchs der Fastenzeit. Es gab zahllose Buden von Süßigkeitenverkäufern, Karusselle, auf denen sich Kinder drehten, Gruppen von Frauen in ihren besten Kleidern, und das Ganze so wenig revolutionär, wie man es sich vorstellen kann. Der Orient feiert ...

Heute ging ich, wie es meine Gewohnheit ist, nicht ins Büro. Sir Percy schickte mir am Nachmittag eine Nachricht, daß er mit mir reden wolle. Er kam nach dem Tee. Wir sprachen viel darüber, wie die nächsten vier kritischen Monate zu überbrükken wären, bis er zurückkäme. Die Regierung Seiner Majestät hat ihn nämlich telegraphisch nach England zurückbeordert, und er reist bereits morgen ab.

Bagdad, Sonntag, 4. Juli 1920

An den Vater

Die politische Tide steigt und fällt, und wir kommen nicht vom Fleck. Der Bürgermeister kam vor einigen Tagen vorbei, als ich frühstückte, und berichtete, daß mehrere Führer ihn angesprochen und gefragt hätten, ob sie sicher sein könnten, daß wir wirklich die Absicht hätten, eine arabische Regierung einzusetzen, wenn sie das Mandat akzeptierten. Er hätte erwidert, daß sie sicher sein könnten und daß er jederzeit bereit sei, die Angelegenheit ausführlicher mit ihnen zu besprechen. Aber bis jetzt haben sie nichts weiter unternommen ...

Heute morgen ritt ich vor dem Frühstück aus, um Hadschi Nadschi [ein alter Freund von Gertrude, der sie mit Obst aus seinen Gärten belieferte] aufzusuchen, und traf eine Menge Leute bei ihm an. Wir redeten lange über die politische Situation, und sie machten mich auf eine ganze Reihe von Fehlern unsererseits aufmerksam, eher Unterlassungen als begangene Taten. Ihre Meinungen waren äußerst vernünftig, und sie hatten mein volles Verständnis. Wir waren uns alle einig, daß es keinen Grund gibt, warum das Mandat mit gutem Willen auf beiden Seiten nicht funktionieren sollte.

Bagdad, 26. Juli 1920

An den Vater

... Kurz nachdem ich heute im Büro angekommen war, besuchten mich zwei distinguierte Sunniten-Würdenträger, «Väter von Turbanen», einer ein fortschrittlicher Nationalist. Ich hieß sie willkommen und sagte, es sei lange her, seit ich das Vergnügen gehabt hätte, sie zu sehen. «Ja», sagten sie, «wir kommen zu Ihnen, weil Sie geliebt werden. Jeder in Bagdad preist Sie.» Diese Einleitung ließ darauf schließen, daß etwas in der Luft lag, und so stellte ich ein paar taktvolle Fragen und erfuhr, daß sie gekommen waren, um herauszufinden, ob etwas zur Befriedung der Stämme getan würde. Das Ergebnis war, daß wir einen Plan für eine gemeinsame Sunniten- und Schiiten-Kommission entwarfen, die nach Kerbela und Nedschef gehen sollte, und ich legte den Plan A. T. vor. Die beiden kommen morgen mit einer endgültigen Entscheidung zurück, aber ich fürchte sehr, daß sie sagen werden, daß sie ihn nicht annehmen können ...

Also, wenn die Briten Mesopotamien evakuieren, werde ich friedlich hierbleiben und sehen, was passiert ...

Liebster Vater, ich hoffe, meine Briefe machen Dir so viel Freude, wie es mir Freude macht, sie zu schreiben! Wenn sie Dir eher verrückt vorkommen, kann ich als Entschuldigung nur angeben, daß ich in einer vollkommen verrückten Welt lebe. Und dazu macht einen die Hitze ein bißchen schwindlig. Man akzeptiert einfach, was von Tag zu Tag geschieht, ohne sich darüber zu wundern.

Bagdad, 2. August 1920

An den Vater

Meine Welt ist seit meinem letzten Brief nicht normaler geworden ...

Meine Ansicht zu den Dingen ist in wenigen Worten folgende: Wie immer unsere zukünftige Politik auch sein mag, wir können das Land jetzt nicht in dem chaotischen Zustand, den wir geschaffen haben, verlassen; niemand kann ihn meistern, wenn wir es nicht schaffen. Wenn wir beschließen würden, uns sofort zurückzuziehen, müßten wir mindestens zwei Divisionen aus Indien schicken, um die Truppen und das Personal, die wir hier haben, abzuziehen. Diese zwei Divisionen oder weniger könnten genausogut dafür eingesetzt werden, daß im Land wieder Ordnung geschaffen wird. Danach können wir weiterreden ...

Ich würde den Arabern viel Handlungsfreiheit lassen, wie ich schon oft gesagt habe, mit der Zusicherung, daß wir ihnen nur helfen können, wenn sie unsere Hilfe haben wollen, und in der Gewißheit, daß sie unsere Hilfe annehmen, wenn sie von der Ehrlichkeit unserer Absichten überzeugt sind.

Bagdad, 30. August 1920

An den Vater

... Als ich heute morgen mit dem Nakib zusammensaß und seinen Erklärungen hinsichtlich seiner neutralen Haltung während des Ramadan lauschte, überkam mich – wie so häufig – das Gefühl, so sehr Asiatin wie Europäerin zu sein. Denn wenn ich auch nicht so sehr Asiatin bin, daß ich eine klare Meinung formulieren kann, so konnte er mich doch recht gut überzeugen.

Bagdad, 5. September 1920

An die Stiefmutter

Die Wahrheit ist, daß ich die Hitze satt habe. Es ist eben wieder September. Wir hatten diese Woche ein paar schlimme Tage mit glühendheißem Wind, aber es wird jetzt wirklich ein bißchen kühler. Man braucht erst gegen 10 Uhr morgens einen Ventilator ...

Das Problem ist die Zukunft. Die Stämme wollen nicht zu einem vereinten Staat gehören; die Städte sind jedoch auf einen einheitlichen Staat angewiesen. Wie können wir die Elemente der Stabilität unterstützen und schützen und gleichzeitig der gerechtfertigten Forderung nach Ökonomie aus der Heimat entsprechen? Denn man kann keine zentrale Regierung haben, wenn niemand Steuern zahlt, und die Masse der Bevölkerung zahlt nur dann Steuern, wenn sie dazu gezwungen wird. Und sie wird auch nicht genügend Ordnung aufrechthalten, um Handel zuzulassen.

Wir sind jetzt inmitten eines voll entwickelten Dschihad, das heißt, wir haben die fanatischsten Vorurteile eines Volkes gegen uns, das sich in einem mittelalterlichen Zustand der Zivilisation befindet. Was bedeutet, daß es keine Frage der Vernunft mehr ist. Damit einher geht eine Tendenz zur Anarchie, die, wie ich glaube, weltweit ein Resultat des Krieges ist. Wir stehen vor einem völligen Zusammenbruch der Gesellschaft – das Ende des römischen Reiches läßt sich historisch durchaus damit vergleichen. Wir haben hier praktisch den gesellschaftlichen Kollaps erreicht, und es gibt wenig, worauf man sich für den Wiederaufbau verlassen kann. Der Kredit der europäischen Zivilisation ist aufgebraucht. Immer und immer wieder haben die Menschen zu mir gesagt, daß es ein Schock und eine Überraschung für sie war zu sehen, wie Europa in die Barbarei zurückfiel. Ich wußte keine Antwort – wie sonst kann man den Krieg nennen? Wie können wir, die wir unsere eigenen Angelegenheiten so schlecht bewältigt haben, den Anspruch erheben, anderen beibringen zu wollen, wie sie ihre Angelegenheiten besser bewältigen? Es mag sein, daß die Welt wieder in das dunkle Zeitalter des Chaos zurücksinken muß – aus dem etwas entstehen wird, das vielleicht nicht besser ist als das, was sie bereits hatte.

Bagdad, 19. September 1920

An den Vater

... Sir Percy weiß, welch vollkommenes Vertrauen zwischen uns herrscht und daß ich Dir immer offen sage, was ich denke oder tue. Daß ich das kann, ist für mich die Grundlage meiner Existenz. Du bist nicht nur mein Vater, sondern auch mein engster und intimster Freund. Du bist der einzige Mensch gewesen, dem ich vollständig über das Auf und Ab dieser extrem schwierigen Monate berichtet habe, und soweit irgend jemand vorurteilsfrei die Umstände wiedergeben kann, in denen er eine Rolle gespielt hat, so habe ich das getan. Du wirst mir deshalb glauben, wenn ich Dir sage, daß mir erst vor kurzem bewußtgeworden ist, welch prominente Stellung ich hier in der öffentlichen Meinung als proarabisches Mitglied der Regierung eingenommen habe. Immer und immer wieder habe ich in letzter Zeit von den Besuchern der Cafés, von meinen eigenen Dienern und zufällig Vorübergehenden in den Basars gehört, daß ich in den Café-Gesprächen als Verteidigerin der Rechte der Araber zitiert werde. Ich habe konstant erwidert, daß diese Reden falsch sind; die Regierung Seiner Majestät verteidigt die Rechte der Araber, und wir alle sind ihre Diener.

3. Oktober 1920

An den Vater

Heute morgen ritt ich, weil Sonntag ist, vor dem Frühstück aus, um Hadschi Nadschi aufzusuchen. Eine Gruppe von Gästen saß in seiner Laube, und er protzte mit dem «sécateur», den Du ihm geschickt hast. «Der erste», sagte er, «den es im Irak zu sehen gibt» und schnitt stolz die Zweige eines daneben stehenden Maulbeerbaumes ab, um zu zeigen, wie gut die Baumschere funktioniert. Ich wünschte, Du hättest es sehen können. Ich habe diese Woche viel Landwirtschaftliches gemacht. Ich habe einer Vorführung auf einer Baumwollfarm beigewohnt, wo mit verschiedenen Baumwollarten und verschiedenen Behandlungen experimentiert wird. Etwa ein Dutzend Landbesitzer aus Bagdad war anwesend und sehr interessiert. Ich übrigens auch. Über einen Zeitraum von durchschnittlich drei Jahren scheint eine bestimmte langfaserige amerikanische Sorte am vielversprechendsten zu sein. Wir haben allen Grund zu glauben, daß wir hier eine ebensogute Baumwolle produzieren können wie sonstwo auf der Welt und ihre Erträge sehr hoch sein werden ...

Es gibt noch eine Party, von der ich nichts erzählt habe.

Capt. Clayton und ich gingen zu einem der führenden Agail von Bagdad zum Tee. Die Agail sind fast alle Zentralaraber; sie sprechen von sich stets als Untertanen Ibn Sauds. Sie sind die Kaufleute und Karawanenführer der Wüste und leben in dem Teil von Bagdad, der rechts des Flusses liegt – Karch heißt er –, und sie haben ein eigenes berühmtes Café. Ich stehe auf vertrautem Fuße mit ihnen, denn von diesen Leuten höre ich alle Neuigkeiten. Ich zeige mich erkenntlich, so oft ich kann, und sie erwidern es, indem sie mich jedesmal besuchen, wenn sie aus Syrien oder Arabien zurückkehren, und mir erzählen, was sie gehört oder gesehen haben ... Die Teeparty war reizend. Die Wände des Saals sind mürbe von den Jahrzehnten des Tabakrauchens, das einzige Mobiliar sind Bänke, die im Zimmer herumstehen, und ein Tisch für uns am oberen Ende. Um uns eine Ehre zu erweisen, hatte der Gastgeber einen Plumpudding aus der Dose speziell für uns bereitgestellt. Wir löffelten ihn aus der Dose und aßen ihn kalt. Eine große und distinguierte Gruppe von Arabern war eingeladen worden – alles häufige Besucher meines Büros –, und wir redeten anderthalb Stunden lang mit Hochgenuß über arabische Politik. Während der ganzen Zeit stand der Gastgeber vor uns und sprach. Er war ein Wunder an Würde und Haltung. Übrigens hat er wie alle Bewohner des Nedschd die schlanksten Hände mit langen Fingern und Nägeln, die eine amerikanische Schönheit neidisch machen könnten. Ihre Hände sind ihr charakteristischstes Merkmal. Sie sind selten rasiert, aber in der Regel sind ihre Bärte dürftig – einen vollen, dichten Bart sieht man selten. Einige sind Wahabis, d. h. sie rauchen nicht, aber die meisten Stadtbesucher geben die strengeren Regeln der Wüstenreligion auf. Ich mag sie sehr. Sie kommen und gehen durch die Wildnis, als ob sie eine Hauptstraße wäre, und sie behandeln mich alle äußerst höflich wie einen Kollegen, weil auch ich in Arkadien war. Wenn sie von Stämmen oder Scheichs oder Wasserstellen reden, brauche ich nicht zu fragen, wer und wo sie sind. Ich weiß es; und während sie sprechen, sehe ich den weiten arabischen Horizont vor mir.

Bagdad, 10. Oktober 1920

An die Eltern

Ich weiß nicht, was ich ohne Eure wöchentlichen Briefe tun würde, sie sind die einzige Verbindung zur Außenwelt. Ich fühle mich manchmal wirklich fürchterlich isoliert . . .

Ich hatte neulich ein langes Gespräch mit Sasun Eff. [Sasun Effendi Heksail, führender Vertreter der Jüdischen Gemeinde in Bagdad] – ich besuchte seine Schwägerin und fand alle Männer dort begierig auf ein Gespräch mit mir. Sasun Eff. sagte, er sei sicher, daß kein Einheimischer als Staatsoberhaupt akzeptabel sei, weil jeder andere Mann am Ort auf ihn eifersüchtig wäre. Er fuhr fort, die Fühler in verschiedene Richtungen auszustrecken: In Frage käme vielleicht ein Sohn des Scherifs [von Mekka, Hussein ibn Ali] oder ein Mitglied der Familie des Sultans von Ägypten oder der Familie des Sultans der Türkei. Ich sagte, ich persönlich sei sicher, daß Sir Percy nichts dagegen hätte und haben könnte, wen sie wählten, daß ich aber meinte, die türkische Familie käme nicht in Frage – es müßte ein arabischer Prinz sein . . . Sie werden mit jedem, der ihrer Auffassung nach von uns unterstützt wird, einverstanden sein und dann pausenlos gegen ihn intrigieren. Keine leichte Aufgabe!

Diese Überlegungen werfen ein Licht auf das, was in den englischen Zeitungen geschrieben wird: daß Sir Percy nur «Hokuspokus» zu sagen braucht, und schon springt eine arabische Regierung auf die Bühne und eine neue Athene aus der Stirn des Zeus. Du kannst natürlich anführen, daß Sir Percy die Rolle des Zeus spielen wird, aber seine Athene wird die Bühne mit Bagatellen wie dem Schiiten-Problem, den Stammesproblemen und anderen Angelegenheiten vollgestopft vorfinden, über die selbst eine Göttin leicht stolpern könnte. Aber wenn er schon kein Zeus ist, dann doch ein sehr geschickter Arzt, einer, in den sein Patient vorbehaltloses Vertrauen hat. Der zuletzt erwähnte Punkt ist unser größtes Plus, und mir ist klar, daß es an uns liegt, ihm mit aller Stärke und Fähigkeit, die wir im einzelnen besitzen mögen, zu folgen, welchen Weg er auch einschlagen mag. Die jeder Kritik zugrunde liegende Wahrheit ist jedoch – und das ist es, was die Kritiken so schwer zu beantworten macht –, daß wir selbstregierende Institutionen versprochen hatten und nicht nur keinen Schritt in diese Richtung gemacht haben, sondern eifrig damit beschäftigt sind, etwas völlig anderes aufzubauen. Eine der Zeitungen schreibt ganz richtig, daß wir eine arabische Regierung mit britischen Beratern versprochen und eine britische Regierung mit arabischen Beratern aufgestellt hätten. Das ist eine absolut faire Aussage.

Dienstag, 12. Oktober

Ich will noch schnell sagen, daß Sir Percy, dem Himmel sei Dank, gestern aus London angekommen ist. Das Büro ist in einem ziemlichen Aufruhr, und niemand weiß genau, was als nächstes zu tun ist, deshalb kann ich nicht ausführlich über seinen Empfang berichten – ich werde es nächste Woche tun. Ich übernehme so etwas wie die Aufgabe eines temporären Orientsekretärs, bis die Leute wieder Boden unter den Füßen haben.

Sonntag, 17. Oktober 1920

An den Vater

Ich will versuchen, Dir diese bemerkenswerte Woche zu beschreiben. Sir Percy traf am Montag, den 11., in Bagdad West ein. Als wir gegen 4 Uhr 30 am Bahnhof ankamen – sein Zug sollte um 5 Uhr 30 eintreffen –, fanden wir eine Art Empfangsraum vor, mit Fahnen und Teppichen und einer durch ein Geländer abgesperrten Rampe am Gleis ... Mir wurde gesagt, ich solle in den Empfangsraum gehen, wo sich allmählich 20 bis 30 Würdenträger aus Bagdad versammelten, der Oberbefehlshaber mit seinem Stab, die Abteilungsleiter und Beamten von Sir Percys hiesigem Hauptquartier. Vor der Stadt wurde ein Salut aus 17 Kanonen abgefeuert, aber da der Wind in die falsche Richtung blies, hörten wir es nicht, so daß uns ganz plötzlich gesagt wurde, der Zug sei in Sicht, und wir eilig auf der abgesperrten Rampe unsere Plätze einnahmen; rechts Sir Edgar mit den Abteilungsleitern und ich, neben uns die Konsule, dann die Geistlichen, links der Oberbefehlshaber mit seinem Stab, der älteste Sohn des Nakib von Basra und die Deputierten, der Bürgermeister und ein oder zwei Würdenträger. Hinter der Absperrung standen eine Menge Leute, britische Offiziere und ihre Ehefrauen und viele andere, die ich nicht erkennen konnte. Es war fast Sonnenuntergang, als der Zug einfuhr und der Oberbefehlshaber nach vorn schritt, um Sir Percy zu begrüßen. Er stieg aus, und nachdem er dem Oberbefehlshaber die Hände geschüttelt hatte, salutierte er, während die Kapelle «God Save the King» spielte. Ich dachte, als er so in seiner weißen Uniform mit den Goldtressen dastand, mit seiner Ausstrahlung feiner und einfacher Würde, daß es wohl nie zuvor eine Ankunft von größerer Tragweite gegeben hat – daß sich auf niemanden zuvor widersprüchlichere Gefühle konzentriert haben, Hoffnungen und Zweifel und Befürchtungen, aber vor allem Vertrauen in seine persönliche Integrität und Weisheit.

Sowie die Vorstellungen vorbei waren, las Dschamil Sahawi, der berühmte Redner aus Bagdad, eine Begrüßungsansprache vor, auf die Sir Percy auf arabisch antwortete, daß er im Auftrag seiner Regierung gekommen sei, um mit dem Volk des Irak zum Zwecke der Bildung einer arabischen Regierung unter der Führung (das Wort, das er benutzte, war «nidharah», was exakt «Aufsicht» bedeutet) von Großbritannien Beratungen aufzunehmen; er bitte das Volk, bei der Festsetzung der Bedingungen mit ihm zu kooperieren, so daß er sofort mit seiner Aufgabe beginnen könne. Seine Worte wurden durch Äußerungen der Zustimmung und des Einvernehmens aus dem Publikum unterbrochen.

Lady Cox, Mr. Philby und Captain Cheesman (letzterer ist

Sir Percys Privatsekretär) waren inzwischen ausgestiegen, und wir hatten alle herzliche Begrüßungen ausgetauscht. Dann fuhren wir alle zu Sir Percys Haus ... Lady Cox verschwand mit Capt. Cheesman, nachdem sie uns Tee gereicht hatte, um sich ihr neues Haus oberhalb der Brücke anzusehen, das noch nicht fertig ist, während Sir Percy, Mr. Philby und ich uns zu einem Gespräch zusammensetzten. Vom ersten Augenblick an sah ich, daß alles gut war. Er sagte, er beabsichtige, als temporären Ausweg sofort ein arabisches Ministerium einzurichten, ohne auf die vollständige Befriedung des Landes zu warten. Seinem Plan gemäß sollte jemand zur Bildung eines Kabinetts aufgefordert werden, und er selbst würde britische Berater für die Minister ernennen. Wir waren uns alle einig, daß die Schwierigkeit darin liegt, die richtige Person zu finden, um die Position des Premierministers auszufüllen. Ich sagte, ich hielte es für das Beste, wenn er sich die Leute hier ansehen und sich dann eine Meinung bilden würde; was immer er beschließe, würden wir mit besten Kräften fördern, wobei die Hauptsache sei, daß etwas beschlossen und in die Tat umgesetzt werde.

Es ist ganz unmöglich, Dir zu schildern, was für eine Erleichterung und ein Trost es ist, jemandem zu dienen, in dessen Urteilsfähigkeit man vollkommenes Vertrauen hat. Für die außerordentlich schwierige Aufgabe, die vor ihm liegt, bringt er den aufrichtigen Wunsch mit, im Interesse der Menschen dieses Landes zu handeln.

Nach diesem Gespräch speisten wir alle mit dem Oberbefehlshaber. Ich saß neben Sir Percy und hatte einen ganz reizenden Abend, obwohl ich in entsetzlicher Zugluft saß. Ich weiß nicht mehr, ob ich Dir gesagt habe, daß ich Bronchitis habe. Nun, ich habe eine, und ich sehe keine Chance, davon geheilt zu werden. Es ist jedoch eine geringfügige Sache.

Am folgenden Morgen ging ich früh ins Büro. Sir Percy rief mich sofort zu sich, und wir besprachen einige Telegramme – wobei ich die Tatsache zu verbergen versuchte, daß es für mich eine völlig neue Erfahrung war, bei Angelegenheiten von Bedeutung ins Vertrauen gezogen zu werden! Kaum war ich in meinem Büro, trafen Briefe und Besucher ein, jeder empörter als der andere, die mir mitteilten, daß die ganze Stadt wegen der Empfangszeremonie in Aufruhr sei, weil die wichtigsten Persönlichkeiten eingeladen worden waren und bis auf eine kleine Anzahl im Staub vor den Schranken zusammengepfercht wurden und nicht einmal Gelegenheit hatten, Sir Percys Hand zu schütteln. «Wir kamen in Liebe und Gehorsam», sagte ein wirklich wütender alter Scheich von Rang, «und als wir versuchten, in die Nähe Seiner Exzellenz zu gelangen, wurden wir weggeschubst.» Sogar die Brüder des Nakib waren mit demselben Mangel an Zeremoniell behandelt worden ...

So beschloß ich, mich sofort in die Pflichten eines Orientsekretärs zu stürzen, die kein anderer im Büro Bagdad kennt wie ich. Nachdem ich Mr. Philby zu Hilfe gerufen hatte, entwarfen wir eine Einladung an alle wichtigen Persönlichkeiten von Bagdad für den folgenden Morgen. Es war fast Mittag, als wir Sir Percy zu fassen bekamen, aber in der Zwischenzeit hatte ich die Namensliste vorbereitet – über 100 Namen – und auch eine kurze Liste mit Leuten erstellt, die er zu kurzen Gesprächen empfangen sollte. Er genehmigte alles und gab mir freie Hand, und am Abend waren die Einladungen raus. Mir wird immer noch heiß und kalt, wenn ich daran denke, was geschehen wäre, wenn wir die Sache nicht sofort in Angriff genommen hätten, denn keine einzige Amtsperson hatte an die arabische Seite gedacht und wie unerhört wichtig es ist, daß Sir Percy sofort mit der Stadt persönlich Kontakt aufnimmt.

An jenem Abend speiste Mr. Philby mit mir, und wir führten ein langes und nützliches Gespräch. Er war auch zum Tee zu mir gekommen, und ich hatte Sasun Eff. eingeladen, um die beiden miteinander bekannt zu machen, was äußerst wertvoll war, denn Sasun ist einer der vernünftigsten Leute hier; er gab uns mit seiner üblichen Weisheit und Gemäßigtheit einen Überblick über die ganze Situation.

Am folgenden Morgen gaben wir unseren Empfang – ein

riesiger Erfolg. Da der Platz in Sir Percys Raum ziemlich beschränkt ist, hatte ich die Einladungen in drei Stößen weggeschickt, wobei ich zwischen jedem Stoß eine halbe Stunde freiließ. Wir machten für jeweils 30 Leute in Sir Percys Zimmer Platz und empfingen sie in vier Staffeln; die Wartenden wurden von Mr. Philby und mir im Warteraum neben Sir Percy unterhalten. Aber ich ging mit einem der Stöße hinein und sah, wie gut alles lief, daß all die Leute, die herumsaßen, ordentlich mit Kaffee und Zigaretten bedient wurden, während Sir Percy sein Programm erklärte und sich nach ihrer Meinung erkundigte. In solchen Sachen ist Sir Percy außerordentlich gut, und jeder ging zufrieden davon. Am Nachmittag hatte ich Abdul Madschid Schawi, den Bürgermeister, zu einem privaten Gespräch da, am nächsten Morgen Sasun Eff. und andere und einen neuen Trupp am Freitag morgen. Mit der Aufgabe, die richtigen Leute zu bekommen und die kleinen Fische, die unwürdigen Postenjäger, fernzuhalten, hatte ich alle Hände voll zu tun. Capt. Cheesman und ich führen im Augenblick Sir Percys Einladungsliste gemeinsam. Ich die Araber und er die Engländer, und es funktioniert wunderbar.

Am Donnerstag nachmittag rief mich Sir Percy zu sich, um über einen Ratschlag zu diskutieren, den Sasun Eff. ihm über die Befriedung des Diala-Gebiets gegeben hatte; die großen Leute von Bagdad, die dort Land besitzen, sollten aufgefordert werden, einige ihrer Pächter, die Stammesangehörige sind, rufen zu lassen, ihnen Sir Percys Absichten zu erklären und sie zu fragen, worum sie um Himmels willen jetzt eigentlich noch kämpften. Sir Percy sah sofort, daß das ein Schritt in die richtige Richtung war, weil es von den Bagdadern verlangt, die Dinge, die schließlich ihre ureigensten Angelegenheiten sind, selbst in die Hand zu nehmen ... Ich sagte Sir Percy, wen man ansprechen sollte, und erbot mich, die Briefe zu schreiben. Er diktierte mir dann eine Proklamation im gleichen Sinne und sagte, ich solle sie sofort nach Rücksprache mit Mr. Philby in arabischer Sprache rausschicken ...

Am Donnerstag abend, nachdem Sir Percy Mr. Philby und mir seine endgültige Auswahl an arabischen Ministern vorgelegt hatte, bat ich ihn, mit dem Rest unserer Gruppe zu reden – Major Murray, Major Yetts und Capt. Clayton –, und wir führten ein höchst befriedigendes Gespräch. Ich wollte, daß ihm bewußt wird, daß dies die Männer sind, die mit Leib und Seele dabeisein würden, und er brauchte nicht lange, um das herauszufinden.

Es ist immer noch wie ein Traum, daß alle Dinge, die gemacht werden müßten, tatsächlich ohne Frage gemacht werden. Ich bin sicher, wenn es zu der schwierigen Frage kommt, wie man mit den aufständischen Stammesangehörigen am Euphrat umzugehen hat, wird Sir Percy die törichten Ideen von Rache und Bestrafung fallenlassen, die im Umlauf sind, und sich nur vom Gedanken an einen zukünftigen Frieden des Landes unter arabischer Regierung leiten lassen. Die erste Frage ist, an wen man sich zur Bildung eines Kabinetts wenden soll. Die meisten Leute, die er gesprochen hat, haben den Nakib vorgeschlagen, und ich glaube, er wird morgen einen Vorstoß in diese Richtung machen. Ich bin überzeugt, daß der Nakib ihm nicht nur eine Absage erteilen wird, sondern daß er es auch ablehnen wird, jemanden zu empfehlen ...

Wenn der Nakib sich weigert, in die Bresche zu springen, ist die einzige Alternative, die ich sehe, daß Sir Percy selbst die Mitglieder des provisorischen Kabinetts einberuft und ernennt. Die Gemäßigten spielen selbst mit diesem Gedanken; einer von ihnen machte den Vorschlag heute morgen. Ich muß sagen, daß ich so tat, als ob ich ihn mit der größten Überraschung und mit dem größten Interesse aufnähme, weil ich will, daß alles von ihnen kommt und nicht von uns.

Das Ziel des provisorischen Kabinetts ist lediglich, daß es die erste allgemeine Wahl vorbereiten und abhalten soll. Sobald man eine Wahlkörperschaft hat, wählt diese Körperschaft ihre eigenen offiziellen Vertreter, und die provisorische Regierung verschwindet. Während ein gutes Drittel des Landes sich immer noch in offenem Aufstand befindet, ist klar, daß man keine allgemeine Wahl durchführen kann; genauso klar ist aber auch, wie es Sir Percy sieht, daß man die Einrichtung einheimischer Institutionen nicht hinausschieben kann. Sie erwarten alle, daß er sofort etwas unternimmt, und wenn er es nicht tut, ist die goldene Gelegenheit vertan und das Vertrauen erschüttert.

Ich blieb heute den ganzen Tag zu Hause, bis auf eine halbe Stunde heute nachmittag mit Sir Percy im Büro. Er fragte mich, ob ich mich als Orientsekretär oder etwas anderes, was er beschlösse, seinem Stab anschließen wolle, und ich sagte, ich würde sehr gern mit ihm zusammenarbeiten, in welcher Funktion auch immer ... Ich traf ihn bei einem Gespräch mit dem Redakteur der Nationalistischen Zeitung an, einem glühenden Nationalisten, auf den er einen äußerst günstigen Eindruck machte ...

Ich werde jetzt sehr vernünftig sein und morgen vielleicht zu Hause bleiben, damit ich mich ganz erhole.

Bagdad, 24. Oktober 1920

An den Vater

Ich hatte in der letzten Woche Bronchitis erwähnt – nun, sie hat gewonnen, und ich habe die letzten sechs Tage in meinem Haus und teilweise im Bett verbracht. Die Folge ist, daß ich jetzt beinah völlig gesund bin. So lästig es auch war, ans Bett gefesselt zu sein – auf eine Art tut es mir nicht leid, von den hitzigen persönlichen Kontroversen, deren Echos mich erreichten, Abstand zu haben; die Einwohner Bagdads haben dafür gesorgt, daß ich der politischen Krise nicht ganz entrückt war. Denn sie waren zu jeder Stunde an meiner Seite ... Unter dem Vorwand, sich nach meiner Gesundheit zu erkundigen, setzten sie sich auf mein Sofa – das große persische Sofa in meinem Eßzimmer, das seit Deiner Abreise angekommen ist – und breiteten ihre Hoffnungen und Ängste vor mir aus. Ich machte den Versuch, meine Türen bis 11 Uhr vormittags verschlossen zu halten, war damit aber nicht sehr erfolgreich. Wenn der Bürgermeister von Bagdad um neun vorfuhr oder der Nakib seinen Sohn Saijid Mahmud schickte, war ich gezwungen, in meinen Morgenrock zu schlüpfen und sie zu begrüßen. Das belastende war, daß wir nicht weiterkamen. Sir Percy wurde mit Details überschüttet, was ihm keine Zeit ließ, die wichtigen Fragen anzugehen, und im Büro schien es niemanden zu geben, der genügend Geistesgegenwart gehabt hätte, sich in seine Tür zu stellen und den Durchgang zu versperren. So konnte ich nur einen täglichen Bericht über den Tratsch, die Gerüchte und die Ungeduld schicken, die in der Stadt gärten, und darauf hinweisen, daß nur eine rasche Entscheidung sie abstellen könnten. Er war bereits zu dem Schluß gekommen, daß sein erster Schritt wäre, den Nakib einzuladen, einen provisorischen Rat zu bilden, aber ein Tag nach dem anderen verging, und er kam nicht dazu, den Schritt zu tun.

Am Mittwoch kamen die Euphrat-Scheichs frisch von den Unterredungen mit Sir Percy, zuerst Fahad Bei von den Anaseh, der jünger als je zuvor aussah (er ist fast achtzig) und mir stolz mitteilte, er habe vor kurzem zwei neue Frauen geheiratet. Danach erläuterte er mir seinen einfachen Plan für die Zukunft, nämlich daß sich Sir Percy in allen Stammesangelegenheiten auf seinen, Fahads, Rat verlassen sollte und daß er sich in allen übrigen Dingen mit dem Nakib und zwei anderen alten würdigen Turbanträgern beraten solle. Dann kam Ali Sulaiman, der Hauptscheich der Dulaim, ein sehr fähiger Mann, mit Vorschlägen, die für moderne Zustände besser geeignet waren als die von Fahad.

Am Donnerstag schickte mir Sir Percy die Nachricht, daß er für den Nachmittag in meinem Haus einen Staatsrat einberufen habe, da ich ja nicht ins Büro kommen könne. Sie versammelten sich um 3 Uhr, Sir Percy, Evelyn Howell, Mr. Philby, Mr. Bullard, Sir Edgar und Col. Slater. Es folgten drei Stunden hochinteressanter Diskussion, denn Sir Percy präsentierte seinen Plan für ein provisorisches Kabinett, arabische Minister und britische Berater ... Schließlich brachte er seinen Plan mit unwichtigen Änderungen durch und verkündete, daß er ihn jetzt dem Nakib vorlegen werde.

Am Freitag morgen geschah nichts weiter. Ich hatte unzählige Besucher, und ganz Bagdad schien sich in meinem Garten zu tummeln.

Der Samstag begann mit einem denkwürdigen Besuch von Dschafar Pascha. Er ist ein ausgezeichneter Generalmajor, der zuerst unter den Türken und dann unter Feisal gedient hat. Ich traf ihn letztes Jahr in Damaskus, und er hatte mir wiederholt geschrieben. Im Winter kam er nach einem Gespräch mit Sir Percy eilends zu mir ... Ich sagte ihm, es sei seine Pflicht als Mensch und Nationalist, bei der Errichtung arabischer Institutionen in welcher Form auch immer zu helfen, und daß man die Kritik zum Schweigen bringen könnte, wenn er und andere kühn vorangingen und sich auf unsere Unterstützung verließen. Ob er mir glaubte oder nicht, weiß ich nicht ... Dschafar ist der erste Mesopotamier, der aus Syrien zurückgekehrt ist, und von seiner Haltung wird viel abhängen ...

Der Nakib hat sich wider Erwarten einverstanden erklärt, die Bildung der provisorischen Regierung zu übernehmen. Ein erster Erfolg ist also zu verzeichnen, und niemand außer Sir Percy hätte es fertiggebracht. Es geschafft zu haben, den Nakib zu veranlassen, die öffentlichen Angelegenheiten in die Hand zu nehmen, grenzt selbst bei ihm an ein Wunder.

Ich erwachte an diesem Sonntagmorgen mit einem unsagbaren Gefühl der Erleichterung und sandte Sir Percy eine Mitteilung, in der ich ihn bat, die historische Tradition des Siebten Tages zu beachten.

Bagdad, 1. November 1920

An den Vater

Wir haben eine sehr kritische Woche gehabt, aber im großen und ganzen laufen die Dinge so gut, wie man es sich nur erhoffen konnte. Am Montag abend wurden die Briefe und Telegramme des Nakib an die 18 Leute geschrieben, die er zur Bildung des Staatsrats einlud. An jenem Abend speiste ich mit Capt. Clayton und Major Murray und stellte ihnen Dschafar Pascha vor. Es war ein erstaunlicher Abend ... Ich sagte, vollständige Unabhängigkeit sei es, was wir ihnen letzten Endes verleihen wollten. «Meine Dame», antwortete Dschafar – wir sprachen arabisch – «vollständige Unabhängigkeit wird niemals verliehen; sie wird immer genommen» – ein tiefsinniges Wort ...

Der Mann ist Idealist mit hohen Zielen, der sich leidenschaftlich für sein Volk und sein Land einsetzt ... Als wir uns an jenem Abend trennten, glaubte ich nicht, daß er die Einladung des Nakib, dem Kabinett als Verteidigungsminister beizutreten, ablehnen würde. Bis Mittwoch morgen schien alles gutzugehen. Es trafen viele Zustimmungen ein. Am Nachmittag beim Tee erfuhr ich jedoch, daß Sasun Eff. die Absicht habe, seine Berufung als Finanzminister abzulehnen ... Ich ließ meine Tasse Tee ungetrunken und eilte ins Büro zurück, um es Mr. Philby zu sagen. Er war nicht da, aber in Sir Percys Zimmer brannte Licht. Ich ging hinein und sagte es ihm. Er bat mich, sofort zu Sasun Eff. zu gehen, und schärfte mir ein, ihn umzustimmen. Ich machte mich mit dem Gefühl auf den Weg, die Zukunft von ganz Irak in den Händen zu halten, aber als ich zu Sasuns Haus kam, traf ich dort zu meiner großen Erleichterung bereits Mr. Philby und Capt. Clayton an. Der Nakib hatte Sasuns Brief erhalten und Mr. Philby schleunigst hingeschickt. Ich traf jedoch im richtigen Augenblick ein. Sie hatten alle Argumente erschöpfend behandelt, und Sasun hielt immer noch an seiner Entscheidung fest. Ich glaube, meine ungeheure Besorgnis muß mich inspiriert haben, denn nach einer

Stunde konzentrierten Argumentierens war er sichtlich erschüttert, und zwar trotz der Tatsache, daß sein Bruder Schaul (den ich ebenfalls bewundere und respektiere) hereinkam und sein Bestes gegen uns tat ... Wir brachten Sasun Eff. so weit, daß er bereit war, alles zu überdenken und Sir Percy am folgenden Tag aufzusuchen. Ich hatte das Gefühl, das Spiel sei gewonnen – zum Teil, dem Himmel sei Dank, aufgrund der vertrauensvollen Beziehungen, die ich persönlich mit Sasun aufgebaut hatte –, aber keiner von uns konnte sicher sein. In jener Nacht schlief ich nicht viel.

Am folgenden Morgen, Donnerstag, kam Sasun Eff. um zehn; ich brachte ihn sofort zu Sir Percy und ließ sie allein. Eine halbe Stunde später kam er heraus und sagte mir, er habe akzeptiert. Er fragte mich, wie er nun helfen könne, und ich schickte ihn direkt zum Nakib. Der führende Scheich von Bagdad hatte es ebenfalls abgelehnt, dem Rat beizutreten, und es war wichtig, auch ihn zu gewinnen. Mitten im Gespräch ließ mich Sir Percy rufen. Ich überließ Sasun Mr. Philby und ging zu Sir Percy, um mich mit ihm zu beraten. Wir vereinbarten, daß ich sofort nach Dschafar schicken lassen, ihm erklären sollte, was geschehen sei, und ihn bitten sollte, seinen eigenen Ratsbeitritt nicht hinauszuzögern. Es war 1 Uhr vorbei, bevor ich Dschafar erwischte. Wir führten ein hochinteressantes Gespräch. Er teilte mir die Befürchtungen und Motive mit, mit denen er die Einladung, dem Kabinett beizutreten, schließlich angenommen hatte. Danach sprachen wir darüber, wie wir die Extremisten für uns gewinnen könnten. Ich versicherte ihm, daß das Sir Percys größter Wunsch sei, und Mut fassend fragte er, ob er mit Sir Percy reden könne. Ich brachte ihn sofort zu Sir Percy und ließ sie mit der sicheren Überzeugung allein, daß dieser der beste Verfechter seiner Politik sei.

Am Samstag vormittag gingen Mr. Philby und ich zum Nakib. Mr. Philby fungiert zwischen Sir Percy und ihm als Vermittler, was er ausgezeichnet macht. Wir trafen einen strahlenden Nakib an, der nicht nur voller guter Ideen war, sondern auch voller Entschlossenheit, den Laden selbst zu schmeißen. Sein einziger Wunsch ist, Hand in Hand mit Sir Percy zu arbeiten, aber er hat nicht die Absicht, irgendein anderes Mitglied des Kabinetts Premierminister werden zu lassen, worüber ich von Herzen froh bin. Er ließ Sir Percy ausrichten, wann immer Mr. Philby nicht kommen könne, hätte er gerne mich als Sir Percys Vertretung.

Lang lebe die arabische Regierung! Man übertrage ihnen Verantwortung und lasse sie ihre eigenen Angelegenheiten erledigen, und sie werden es immer noch tausendmal besser machen, als wir es können.

Ich beendete den Tag mit einer Dinnerparty für Sasun Eff., Dschafar Pascha und den Bürgermeister Abdul Madschid Schawi mit Mr. Philby, Capt. Clayton und Major Murray als Hilfe. Denn ich wollte die drei Erstgenannten miteinander in Verbindung bringen. Es war ungeheuer interessant. Abdul Madschid erzählte Dschafar die ganze Geschichte über die Ursprünge des Stammesaufstands. Dschafar plädierte wortgewandt für die Notwendigkeit einer sofortigen Einigung mit den Aufständischen. «Der Bauer muß zu seinem Pflug zurückkehren, der Schäfer zu seiner Herde. Das Blut unserer Leute muß aufhören zu fließen, und das Land muß wieder reiche Ernten hervorbringen. Sollen unsere Stämme im Kampf vergeudet werden und unsere Städte Hungers sterben?» Dschafar hat recht, die erste große Aufgabe des Rates muß die Befriedung sein. Zu diesem Zweck wäre es, wie Sasun ganz richtig bemerkte, gut, wenn der Nakib einen führenden Mann aus Kerbela und Nedschef in den Rat rufen ließe. Eine der Schwierigkeiten ist, daß alle oder fast alle führenden Männer der schiitischen Städte persische Staatsangehörige sind und dazu gebracht werden müssen, die mesopotamische Staatsangehörigkeit anzunehmen, bevor sie im mesopotamischen Staat offizielle Positionen einnehmen können.

Am Abend sprachen wir über die arabische Armee. Unter Mandatsbedingungen darf es keine Wehrpflicht geben, und

Dschafar beginnt sich zu fragen, wie er Rekruten bekommen wird – ein schwieriges Problem. Dschafar beschrieb auch seine Bemühungen, mit den heiligen Männern in Kadhimain in Kontakt zu kommen. Er war bei den Großen gewesen und hatte versucht, ihnen zu beweisen, daß das alleinige Ziel des provisorischen Rates, den der Nakib einberufen hatte, die Schaffung von Fundamenten für nationale Institutionen sei. Aber sie antworteten nur, daß sie eine vom Volk gewählte Regierung wollten und daß nichts anderes einen Sinn habe. «Aber man kann nicht an einem Tag eine allgemeine Wahl abhalten», entgegnete Dschafar, «und wir wollen sofort mit der Arbeit beginnen.» Sie hatten jedoch keine Vorschläge anzubieten und blieben halsstarrig feindselig.

Ach, wenn wir es doch nur schaffen würden, die jungen Hitzköpfe und die schiitischen Dunkelmänner und die Enthusiasten wie Dschafar, glänzende alte Staatsmänner wie Sasun und geistliche Gelehrte zusammenzuspannen – wenn wir es schaffen, daß sie zusammenarbeiten und ihre Rettung vor sich selber finden, was wäre das für eine feine Sache. Ich sehe Visionen und träume Träume. Ich vergaß zu erwähnen, daß der Staatsrat der ersten arabischen Regierung in Mesopotamien seit den Abbasiden morgen tagt.

14. November 1920

An den Vater

Die Dinge gehen voran. Das Kabinett hat praktisch ohne Änderung Sir Percys Plan für die Arbeit der Minister und ihrer Berater angenommen. Er war in bewundernswerter Weise von Mr. Philby entworfen worden, und ich finde, darauf kann er wirklich stolz sein. Morgen bezieht das Innenministerium sein neues Quartier im Serail – den alten türkischen Büros. Sie wurden im vergangenen Jahr in Unterkünfte für Offiziere und ihre Frauen umgewandelt; es ist eine echte Fügung, daß das Kriegsministerium alle Frauen nach Hause beorderte, sonst hätten wir große Schwierigkeiten gehabt, die Büros zurückzugewinnen. Es gab keine andere Möglichkeit für die Unterbringung der arabischen Regierung, und die Leute legen großen Wert auf die alten Büros, an die sie gewöhnt waren. Die Ministerien dort einzurichten, ist der einzige Weg zu demonstrieren, daß die arabische Regierung eine reale Sache ist. Die Schiiten bleiben feindselig, wobei ihre Unzufriedenheit vor allem daran liegt, daß es keinen Schiiten mit Geschäftsbereich gibt. Ich glaube, im Kabinett wird es eine Umstellung geben müssen, damit einer von ihnen aufgenommen werden kann. Es gibt auch eine ziemlich eindeutig protürkische Gruppe, die hauptsächlich aus ehemaligen zivilen und militärischen türkischen Beamten besteht. Sie wollen keine arabische Regierung und erklären, daß sie nicht darin aufgenommen werden wollen, weil die Türken ganz bestimmt und zwangsläufig zurückkehren müssen.

Bagdad, 29. November 1920

An den Vater

Wir sind durch die Stammesaufstände stark behindert worden, was den Übergabeprozeß an die arabische Regierung verzögert hat. Sir Percy beschloß, wie ich finde, mit Recht, daß die Stämme gezwungen werden müssen, sich der Macht zu beugen. Auf keine andere Weise ist es möglich, sie dazu zu bewegen, ihre Waffen auszuhändigen, oder ihnen beizubringen, daß man nicht leichtfertig revoltiert, auch wenn die heiligen Männer einen dazu auffordern ... Ohne diese Lektion und ohne sie durch Entwaffnung außer Gefecht zu setzen (was nur mit Gewalt zu erreichen ist), würden wir der arabischen Regierung eine unmögliche Aufgabe hinterlassen. Nichtsdestoweniger ist es fragwürdig, an einem Ende des Landes mit Hilfe einer britischen Armee Dörfer in Brand zu setzen und den Menschen am anderen Ende zu versichern, daß wir die Verantwortung tatsächlich einheimischen Ministern übergeben haben ... In der

Zwischenzeit hält Sir Percy strikt an seiner Doktrin fest, daß eine allgemeine Amnestie erst bei Unterwerfung erfolgen kann. Die Ulemas haben ihr Bestes getan, um als Vermittler akzeptiert zu werden; die Stämme haben wiederholt darum gebeten, daß die Verhandlungen über den obersten Mudschtehid geführt werden, auf dessen Befehl sie die Waffen niederlegen würden. Sir Percy lehnte dies mit Nachdruck ab – mehr Macht für ihn! Der Anspruch der islamischen Gottesgelehrten, zu lösen und zu binden, ist eines der gewaltigsten Probleme des arabischen Staates; die Weigerung, ihre politische Autorität anzuerkennen, ist sicherlich zum Besten ... Und es geschieht mit solchem Geschick, mit solcher Höflichkeit, die Briefe an die Ulemas sind so, wie nur Sir Percy sie zu schreiben weiß.

Schließlich ist da die Tatsache, daß die Regierung nicht in Sekundenschnelle von einer Hand in die andere übergeben werden kann.

Sir Percy läßt mich meist gegen Ende des Vormittags rufen, und wir tauschen Erfahrungen aus. Dann lunche ich mit ihm und Lady Cox und Capt. Cheesman, und obwohl wir in der Regel nicht über Mesopotamien sprechen, erzählen wir uns Geschichten und komische Episoden und bleiben ganz allgemein in Verbindung. Deshalb halte ich den konstanten inoffiziellen Umgang für sehr wertvoll, auch wenn eine Stunde mitten am Tag schwer zu entbehren ist. Außerdem machen wir oft einen Sonntagsausflug zusammen. Gestern gingen Sir Percy und ich und Capt. Cheesman am Flußufer gegenüber Ktesiphon auf die Jagd ... Wir hatten ungefähr 20 arabische Treiber. Mitten in dem Gebiet, das wir hier Wald nennen, waren kleine Lager, und die Leute fällten Süßholz und Pappeln für Brennholz, das nach Bagdad verkauft wird, und gruben Süßholzwurzeln aus. Ich gehe gern mit den Treibern und höre mir an, was sie sich im breitesten irakischen Dialekt erzählen, den ich, wie ich mit Stolz behaupte, verstehen kann. Ihre Kleidung ist erstaunlich ungeeignet für irgendeine Arbeit und erst recht dafür, sich durch die Dornen zu kämpfen. Sie behandeln mich mit gleichbleibender fürsorglicher Höflichkeit, trampeln die Dornen mit ihren nackten Füßen nieder und springen eifrig zur Seite, um mir den einfachsten Weg freizumachen. Man ist nicht umsonst Orientale.

Bagdad, 4. Dezember 1920

An den Vater

Ich wünschte, ich würde Tagebuch führen. Meine einzigen Aufzeichnungen über diese Zeit sind meine Briefe an Dich ...

Gestern nachmittag ritt ich nach Kadhimain, um eine greise persische Prinzessin aufzusuchen. Banu Osma ist ihr Titel, und sie ist eine Tochter von Nasr al-Din Schah.

Sie ist besuchsweise nach Kadhimain gekommen und hat ein kleines Haus gemietet. Dort traf ich sie in einem kleinen Zimmer an, das zum Hof führte und mit Teppichen, Kissen und Vorhängen ausgestattet war, um die Kälte abzuhalten. Eine Holzkohlenpfanne und ein Papagei in einem Käfig vervollständigten die Einrichtung. Sie lag auf einer Matratze auf dem Boden, an Kissen gelehnt und mit einer Steppdecke zugedeckt. Was man von ihr sehen konnte, war in Schwarz gehüllt, bis hinunter zu ihren Augenbrauen und hinauf bis ans Kinn. Alles, was sichtbar war, waren lebhafte Hände und ein fein geschnittenes Gesicht mit riesigen Augen hinter einer Brille. Sie muß einmal sehr schön gewesen sein; die Frauen aus der Dynastie der Kadscharen sind berühmt für ihr Aussehen. Sie lag da und sprach das vorzüglichste Persisch, schnell und zart mit einer wunderbaren Stimme. Diese Kadscharen-Prinzessinnen, die von Zeit zu Zeit auftauchen, meist auf Pilgerfahrten, sind außerordentlich interessant – es sind solch großartige Damen –, aber Banu Osma mag ich bei weitem am liebsten. Ich habe unter den Einheimischen hier noch nie größere Vornehmheit gesehen als bei dieser kleinen alten persischen Dame.

Bagdad, 12. Dezember 1920

An den Vater

Es ist genau drei Wochen her, seit die letzte Post kam. Kommen meine Briefe regelmäßig an? Ich schreibe wie Du jede Woche. Aber diese Woche gibt es nicht viel, worüber ich schreiben könnte, denn ich bin ein armes Ding mit einer Erkältung gewesen. Ich bin zwei Tage zu Hause geblieben, konnte es dann nicht länger aushalten und bin wieder ins Büro gegangen.

Man beabsichtigt, dreißig Stammesangehörige in der Wahlversammlung zu haben, zwanzig davon Vertreter der zwanzig größten Stämme, die anderen zehn sollen sich aus jeweils einem Vertreter für die kleinen Stämme zusammensetzen. Ich habe dem Wahlgesetzkomitee die entsprechenden Angaben geliefert und die zwanzig Stämme ausgewählt. Ich glaube nicht, daß der Rat sich über meine Auswahl streiten wird.

Alle großen Landbesitzer im Rat werden versuchen, die Stämme herauszuhalten. Ich nehme an, daß die Stämme durch ein Komitee ihrer Hauptscheichs abstimmen werden, die einen von ihnen auswählen werden ... Während ich schreibe, trifft endlich Post mit herrlich langen Briefen ein. Ich kann Euch gar nicht sagen, was es mir bedeutet, Euch so ausführlich schreiben zu können und zu wissen, daß Du und Mutter beide solchen Anteil nehmt. Natürlich erleichtert die Tatsache, daß Du, Vater, hiergewesen bist und die Leute und Bedingungen kennengelernt hast, das detaillierte Schreiben erheblich. Ich würde über diese ganze Zeit keine Aufzeichnungen machen, wenn ich sie Dir nicht schicken könnte; sehr oft habe ich das Gefühl, daß ich beim Schreiben einen klaren Kopf bekomme. Es hilft mir enorm.

Bagdad, 18. Dezember 1920

An den Vater

Der Rat weiß und Sir Percy hat den Mitgliedern laufend eingeschärft, wie wichtig es ist, zu unserer Entlastung mit der Aufstellung einer einheimischen Armee zu beginnen. Dschafar Pascha glaubt übrigens nicht, daß sie ohne Wehrpflicht in irgendeiner Form eine Armee aufstellen können, die nicht untragbar teuer ist ... Keine Regierung in diesem Land, weder unsere noch eine arabische Administration, kann fortbestehen, ohne eine Streitmacht hinter sich zu haben. Die arabische Regierung hat keine Streitkräfte, bis ihre Armee organisiert ist; deshalb kann sie nur existieren, wenn wir ihr Truppen leihen ... Mesopotamien ist kein zivilisierter Staat; es setzt sich zum großen Teil aus wilden Stämmen zusammen, die die Lasten und Kosten einer Staatsangehörigkeit nicht auf sich nehmen wollen. Indem wir einen arabischen Staat gründen, handeln wir im Interesse der Stadt- und Dorfbevölkerung, die annimmt und mit Recht annimmt, daß sie sich schließlich durchsetzen wird. Bis die Durchdringung ein gutes Stück weiter fortgeschritten ist, muß diese Bevölkerung aus Staatsangehörigen die Masse unter Kontrolle halten, sie in Schranken zwingen. Deshalb braucht sie Streitkräfte, um die innere Ordnung aufrechtzuerhalten.

In der Zwischenzeit haben wir mit anderen Angelegenheiten viel zu tun gehabt. Der Wochenanfang war dem Wahlgesetz gewidmet, wie ich Dir letzte Woche schrieb. Es wurde dem Rat am Montag vorgestellt; mit fünf Ausnahmen waren alle strikt gegen besondere Arrangements für eine Stammesvertretung und dafür, die Stämme wie den Rest der Bevölkerung registrieren und wählen zu lassen. Das hätte bedeutet, daß die Stämme unberücksichtigt bleiben würden, denn wie der Bürgermeister ganz richtig ausführte, ist, obwohl die Bevölkerung Iraks hauptsächlich aus Stammesangehörigen und Schiiten besteht, im Verlauf von vier allgemeinen Wahlen, die unter den Türken stattfanden, noch nie ein Stammesangehöriger oder

Schiite gewählt worden ... Sir Percy bestand jedoch darauf, daß in einer Wahlversammlung, die über die Zukunft Iraks zu entscheiden habe, jeder Teil der Gesellschaft vertreten und er persönlich in der Lage sein müsse, seiner Regierung zu versichern, daß dies der Fall sei. Dschafar Pascha schlug die mögliche Alternative vor, die Stammesvertretung durch Bezirke und nicht durch spezifische Stämme zu sichern. Dieser Vorschlag wurde schließlich angenommen ...

Im Lauf der Woche bekam ich langen Besuch von den beiden Stammesoberhäuptern im Rat. Beide sind mit der Wende zufrieden, die das Wahlgesetz genommen hat. Ich sagte, die Zukunft liege vollkommen in ihren Händen, uns wäre es egal, wen sie als Emir aufstellen würden oder welche Art Regierung sie wählten, vorausgesetzt, wir hätten das sichere Gefühl, daß die Wahl frei und fair und ohne Druck oder Einschüchterung erfolgt sei ...

Um meinen Eindruck der Woche zusammenzufassen: Ich spüre mehr und mehr, wie bedacht die Leute, mit denen wir zu tun haben, darauf sind, mit uns zu arbeiten und unseren Rat zu befolgen. In großen und in kleinen Dingen – sie kommen immer in mein Büro, um sich von mir über Sir Percys Ansichten beraten zu lassen. Soundso ist als Mutasarrif von Hilla vorgeschlagen worden – ist das in Ordnung? Ja, sage ich entschieden, das ist in Ordnung. Mein Gesprächspartner seufzt erleichtert auf und geht, um ihn zu wählen ... Was also das Wahlgesetz betrifft – von Sasun abwärts wollen sie alle wissen, wie sie unseren Ansichten am besten entsprechen. Ich lasse nie eine Gelegenheit aus, ihnen zu sagen, daß unsere Ansichten nur von dem Wunsch geleitet werden, das Beste für sie und das Land zu tun – sie kennen das Land am besten, wie glauben sie, daß dieses Ziel erreicht werden kann? Und auf dieser Basis diskutieren wir, ob es nun um ein Gesetz oder eine Einladung zum Dinner geht! Und wenn ich mich nicht sehr täusche, haben wir das Vertrauen der Menschen, mit denen wir arbeiten.

Bagdad, 25. Dezember 1920

An den Vater

Ich muß Dir eine alberne Geschichte erzählen, wobei Du, um sie zu verstehen, ein bißchen Türkisch lernen mußt. Auf türkisch gibt es eine lustige Redewendung, bei der man «und dergleichen» sagt, indem man das ursprüngliche Wort wiederholt und nur den ersten Buchstaben durch ein «M» ersetzt ... Jemand hat uns kürzlich von einem Gespräch zwischen dem Scherif und einem Araber aus der Gegend von Mekka berichtet – letzterer erzählte uns die Geschichte. Der Scherif war über alles und jeden wütend: «Wer», schrie er, «ist dieser Kokus [Kokus arabisiert für Cox] Mokus und dieser Philby Milby?» Sir Percy war entzückt ...

Ich habe in letzter Zeit häufig gespürt, wie sehr die Araber, die unsere Freunde sind, unsere Unterstützung und unseren guten Rat suchen. Sie kommen ständig zu mir, nicht nur, um zu besprechen, wie sie sich im Augenblick verhalten sollen, sondern auch um mich über die Zukunft zu befragen: «Aber was glauben Sie, Chatun?» Mir persönlich ist ganz klar, daß es nur eine funktionierende Lösung gibt, einen Sohn des Scherifs und wahlweise Feisal: absolut die erste Wahl.

6
Die Königsmacherin

Bagdad, 22. Januar 1921

An den Vater

Ich habe gerade Mutters Brief vom 15. Dezember bekommen, in dem sie schreibt, daß um meinen Bericht ein Tanz aufgeführt wird. Die Presse scheint es ganz allgemein höchst bemerkenswert zu finden, daß ein weibliches Wesen einen Informationsbericht zu Händen der Regierung schreibt. Ich hoffe, daß sie von ihrer albernen Verwunderung ablassen und dem Bericht selbst Aufmerksamkeit schenken, damit er ihnen begreifen hilft, was in Mesopotamien vorgeht ...

Ich meine, daß wir gute Fortschritte machen. Das Gefühl der Stabilität ist stärker, die arabische Regierung gewinnt an Boden, und die Menschen sehen immer deutlicher, daß wir wirklich die Absicht haben, unser Wort zu halten. Wie arm ist das Menschengeschlecht, daß es so viel Zeit damit verbringen muß, seine Mitglieder von der Lauterkeit seiner Motive zu überzeugen! ... Unsere Aufgabe ist dadurch kompliziert worden, daß so viel Mißtrauen zu überwinden war. Ich weiß, daß die meisten Leute, mit denen wir jetzt arbeiten, uns vertrauen, und das ist ein Anfang.

[Auf dem Weg nach Kairo] 24. Februar 1921

An den Vater

Wir sind unterwegs; ich habe das Schreiben diese Woche verschoben, bis ich auf dem Schiff war, weil ich sowieso einen Brief selber schneller befördere als die Post ...

Die mesopotamischen Offiziere, die in Syrien für die arabische Abhängigkeit kämpften, kehren zurück; der erste war Nuri Pascha Said, Dschafars Schwager. Er kam letzte Woche ... Am Tag nach seiner Ankunft rief mich Dschafar an und fragte, wann Nuri Sir Percy sehen könne. Sir Percy bat sie, sofort zu kommen und zum Lunch zu bleiben. Sie kamen um zwölf und saßen eine Stunde bei mir. Ich rief Capt. Clayton an, der Nuri in Syrien kennen- und schätzen lernte. Sowie ich Nuri sah, war mir bewußt, daß wir eine starke und bewegliche Kraft vor uns hatten, die wir uns entweder zunutze machen oder mit der wir einen schwierigen Kampf aufnehmen müssen. Wir begannen, sehr vorsichtig den Boden abzutasten, auf dem wir uns bewegten. Meine erste Frage beantwortete er sehr zurückhaltend; als ich darauf beharrte, vertrat er seinen Standpunkt und legte in wenigen Sätzen sein Programm dar – die Einberufung der konstituierenden Nationalversammlung, die vier Aufgaben ausführen sollte: (1) Einberufung eines Kabinetts, (2) Wahl eines Herrschers, (3) Verabschiedung eines Gesetzes, das eine Form der Wehrpflicht für die arabische Armee billigt, (4) Entwurf einer Fahne. «Das ist in Ordnung», sagten wir und fuhren fort, die Punkte im einzelnen zu erörtern ...

*

Gertrude nahm als eine der maßgeblichen Persönlichkeiten an der von Winston Churchill in Kairo einberufenen Mittelostkonferenz teil, bei der der charismatische Anführer des arabischen Aufstands und entthronte König von Syrien, Feisal, als König von Irak vorgeschlagen wurde.

*

Bagdad, 12. April 1921

An den Vater

Ich verbrachte den ganzen Sonntag damit, im Büro Papiere durchzusehen, und kam zum Tee zurück und zu einer Reihe von Besuchern, vorwiegend Europäern. Gestern und heute waren sehr geschäftige Tage mit einer Menge Arbeit und vielen Besuchern. Feisal kommt morgen in Sues an, so daß wir in einer Woche oder zehn Tagen die Telegramme erhalten sollten, die er an seine Anhänger richten wird, um seine Kandidatur anzukündigen. Bis dahin sollte Sir Percy in der Lage sein, eine ausführlichere Erklärung abzugeben, denn er wird von Mr. Churchill, der das Kabinett zu Hause konsultiert haben wird, die Erlaubnis dazu erhalten haben. Die Dinge sollten deshalb ziemlich schnell vorangehen.

Bagdad, 16. April 1921

An die Stiefmutter

Würdest Du mir dicken Wolltrikotine von einem Blau schicken, das dem beigefügten Farbmuster so nah wie möglich kommt, und zwar so viel, daß Marie mir ein Winterkleid für jeden Tag, Jumper und Rock, machen kann? Außerdem hellblaue Seide für das Futter. Würdest Du außerdem meiner Hut-acherin Anne Marie in der Sloane Street ein Muster des blauen Stoffs geben und ihr sagen, sie solle mir mit Paketpost einen blauen Filzhut schicken – sie weiß welche Form, wie der grüne Filzhut, den sie mir letztes Jahr gemacht hat, mit rötlichbraunen Federn besetzt, Fasan oder irgendein rotbrauner Federschmuck. Keine Straußenfedern, die sind zu teuer.

Bagdad, 17. April 1921

An den Vater

... Es ging ein Gerücht um – daß ich auf der Fahrt nach Basra zu nicht genannten Personen gesagt haben soll, der Zweck der Konferenz sei gewesen, Feisal zum König zu erklären ... Das ist absolut unwahr, aber wenn Leute mich bedrängten, meine Meinung abzugeben, habe ich immer gesagt, daß Feisal meiner Auffassung nach die beste Wahl wäre. Ich werde deshalb als Anhängerin des Scherifs klassifiziert, was mir gar nichts ausmacht; aber ich bin immer vorsichtig gewesen und habe gesagt, daß die Wahl vom Volk ausgehen muß, und ich bin jetzt ebenso vorsichtig und behalte vorläufig meine persönliche Meinung für mich . . .

In der Zwischenzeit gehen täglich Telegramme an den König des Hedschas Scherif [Hussein], die ihn anflehen, einen seiner Söhne zu schicken.

Die Funktionen der arabischen Minister werden weiter von den Beratern (britisch) ausgeführt. Wir haben das von Mr. Churchill versprochene Telegramm noch nicht erhalten, das er nach Beratung mit dem Kabinett senden wollte. Wir dürfen deshalb nicht publik machen, daß Feisal die Zustimmung seiner Majestät hat, zu kandidieren; aber ich war sicher, daß eine Bekanntmachung über die Konferenz nicht hinausgezögert werden kann, und veranlaßte Sir Percy, eine vorläufige Erklärung zu veröffentlichen. Sie enthält nichts über die Wahlen, sagt aber aus, daß in Kürze eine allgemeine Amnestie verkündet werde, und dies wurde mit Beifall aufgenommen . . . In sehr kurzer Zeit sollten deshalb wichtige neue Faktoren ins Spiel kommen: Feisal selbst mit seiner angekündigten Kandidatur, die begnadigten Anführer des letztjährigen Aufstands, eine Antwort des Scherifs und die Suspendierung der arabischen Minister.

In der Zwischenzeit hat sich die allgemeine Einstellung des Landes uns gegenüber enorm verbessert. Es herrscht die übereinstimmende Meinung, daß es, was immer geschieht, nicht ohne unsere Anleitung und Hilfe auskommt.

Da Sonntag war, ritt ich heute früh zu Hadschi Nadschi und frühstückte mit ihm einheimisches Brot, frische, ungesalzene Butter, gezuckerte Äpfel und Kaffee. Er steckt mit den Anhängern des Scherifs unter einer Decke, hält Nadschi, Nuri, Dschafar und Co., für die besten Mesopotamier, die er kennt, und ist überzeugt, daß die überwältigende Mehrheit im Land für Feisal ist. Er sagte mit seiner üblichen Weisheit: «Laßt das Volk selbst entscheiden; die britische Regierung braucht sich nicht einzumischen.» Es ist so erholsam und herrlich, mit ihm unter seinen Obstbäumen zu sitzen, die blühten, als ich abreiste, und jetzt mit grünen Früchten beladen sind. Es war ein himmlischer Morgen, heiße Sonne und ein kühler, sanfter Nordwind ... Ich bin glücklich, daß ich helfen kann, zu fördern, was ich für das Beste für dieses Land und den Wunsch der Besten seines Volkes halte.

Bagdad, 5. Mai 1921

An den Vater

Deine wöchentlichen Briefe sind die größte Freude, ich wüßte nicht, was ich ohne sie täte.

Wir haben es jetzt nicht sehr leicht. Persien ist eine zweifelhafte Größe, bleibt aber bis jetzt ruhig.

Ich glaube, ich habe Dir schon gesagt, daß die Extremisten in Angora die Oberhand gewonnen haben, was von unserem Gesichtspunkt aus bedeutet, daß die türkische Agitation an unserer Nordgrenze weitergeht ...

Meine jungen nationalistischen Freunde sind über die Aktivität der Türken an der Grenze und die Existenz eines starken protürkischen Gefühls in diesem Land beunruhigt. Sie fürchten, daß die Rückkehr der Türken ihre größten Hoffnungen – nämlich die Gründung eines unabhängigen arabischen Staats – zerstören oder auf unbestimmte Zeit verschieben könnte. Dies sind Gefühle, die wir pflegen wollen; da sie ausschließlich von Anhängern des Scherifs gehegt werden, sind dies die Leute, die wir unterstützen wollen, wie wir in Kairo beschlossen haben. Leider muß es viele Verzögerungen gegeben haben; Feisal, der Mitte Mai hätte hier sein sollen, hat Mekka noch nicht verlassen. Der Völkerbund hält das Mandat mit Rücksicht auf die amerikanische Voreingenommenheit aufrecht, und Mr. Churchills Erklärung im Parlament, die am 2. Juni hätte abgegeben werden sollen, wird erneut verschoben. Sir Percy drängt darauf, daß wir das Mandat ganz fallenlassen und einen Staatsvertrag mit dem arabischen Staat schließen, nachdem er konstituiert worden ist. Es wäre ein phantastischer Schritt, wenn wir kühn genug sind, ihn zu tun. Es ist nicht das Mandat, das uns hier Kummer bereitet – kein Nationalist will die britische Hilfe und Kontrolle abschütteln – aber das Wort «Mandat» ist nicht populär, und ein frei ausgehandelter Vertrag wäre um vieles beliebter und würde uns außerdem freiere Hand lassen. Wir haben immer gewußt, daß Feisal letzten Endes auf einem Vertrag an Stelle eines Mandats bestehen würde – jetzt haben wir die Gelegenheit, eine «beau geste» zu machen und aus freien Stücken zu geben, was wir später bestimmt auf sein Verlangen geben müßten.

In der Zwischenzeit ist die Amnestie raus, und meine Freunde sind sehr damit beschäftigt, eine gemäßigte Scherifen-Partei mit einem klaren Programm zu gründen – letzteres wurde mir übermittelt ... Sir Percy hat ihnen durch mich sagen lassen, sie mögen die Sache vorantreiben und könnten sich auf seine Unterstützung verlassen.

Bagdad, 12. Juni 1921

An den Vater

Endlich bewegt sich etwas. Telegramme kamen von König Hussein, die besagten, daß sein Sohn Feisal diese Woche in den Irak reist.

Alle wollen wissen, was unsere Wünsche sind, und sobald sie irgendeinen Weg gewiesen bekommen, werden sie sich, glaube ich, alle anschließen. In der Zwischenzeit erhalte ich viele aufgeregte Besuche von meinen jungen Scherifen-Freunden, die um Bestätigung und Anleitung bitten, die ich ihnen, so gut ich kann und in Übereinstimmung mit Sir Percys Anweisungen, vermittle. Er ist ein Meister im politischen Spiel; man kann beim Zuschauen viel von ihm lernen ...

Diesen Sonntagmorgen hatte ich einen langen Besuch von zwei großen Scheichs, Fahad Bei von den Anaseh und Ali Sulaiman von den Dulaim. Beide kamen aus Ramadi, um Sir Percy zu sprechen und etwas über seine Ansichten herauszufinden ... Es wurde ihnen gesagt, sie sollten ein oder zwei Tage hierbleiben; bis dahin wird die britische Regierung ihre Entscheidung bekanntgeben.

Ich zögere keinen Augenblick, wenn es um die Richtigkeit unserer Politik geht. Wir können die unmittelbare britische Kontrolle nicht fortsetzen, obwohl das Land damit besser regiert werden würde, aber es ist schon eine merkwürdige Position, den Leuten immer und immer wieder zu erklären, daß sie, ob sie es nun mögen oder nicht, eine arabische und keine britische Regierung haben müssen.

Bagdad, 19. Juni 1921

An den Vater

Wir haben nun einen riskanten Weg eingeschlagen. Am Montag kam mein alter Freund, der Bürgermeister, in mein Büro und sagte, da Feisal käme, wäre es Sache der wichtigen Persönlichkeiten von Bagdad, ihm einen ordentlichen Empfang zu bereiten, und man solle nicht alles den jungen Extremisten überlassen. Feisal sei ein berühmter Araber und der Sohn eines Königs und müsse entsprechend behandelt werden. Ich sagte, ich hielte diese Ansicht für absolut richtig und er als Bürgermeister der Stadt solle die Anordnungen treffen.

Die jüngeren Männer haben mein Büro diese Woche häufig aufgesucht. Wir mußten uns für eine provisorische Fahne entscheiden – ich nehme an, die konstituierende Nationalversammlung hat das letzte Wort in dieser Sache –, und dann war noch die schwierige Frage, wo Feisal untergebracht werden solle, zu beantworten. Wenn wir das offizielle Kommuniqué von zu Hause nur früher erhalten hätten, wäre alles viel leichter gewesen ...

Ich glaube, Feisal ist Staatsmann genug, um zu wissen, daß er die älteren und gemäßigteren Leute gewinnen muß und gleichzeitig den Enthusiasmus seiner glühenden Anhänger nicht dämpfen darf.

Also, um meine Geschichte weiterzuerzählen ... Hier sollte nun Feisal am 23. in Basra ankommen, und wir waren immer noch ohne Kommuniqué von zu Hause. Inzwischen wurden seine Parteigenossen natürlich ungeduldig und wollten jetzt unbedingt zu Werke gehen. Sir Percy wußte das und genehmigte inoffiziell den durch mich präsentierten Vorschlag: daß sie die Stadt zu einer großen Versammlung am Freitag, sechs Tage vor Feisals Ankunft, zusammenrufen sollten. Sobald die Einladungen im Namen von Nadschi Suweidi raus waren, kamen Kleriker und andere in meinem Büro vorbei, um mich auszuhorchen, ob sie hingehen sollten. «O ja», sagte ich, «warum nicht? Die Versammlung hat die Zustimmung seiner Exzellenz.» Am Donnerstag nachmittag tat der Nakib einen vernünftigen Schritt. Er informierte den Ministerrat, daß Feisal käme und daß sie Vorbereitungen treffen müßten, um ihn ordnungsgemäß zu empfangen und zu sehen, daß er angemessen untergebracht würde. Daraufhin setzten sie einen Empfangsausschuß mit fünf Ministern ein. Ich war nach dem Tee aus, und auf meinem Weg nach Hause traf ich den Sekretär des Rats, der mich anhielt und mir diese ausgezeichneten Neuigkeiten mitteilte. Ich ritt in bester Stimmung weiter, und als ich zu Hause ankam, fand ich einen Brief von Sir Percy vor, dem das lang erwartete Kommuniqué beilag.Ich sollte es noch vor der um acht am folgenden Morgen stattfindenden Versammlung an Dschafar oder Nadschi Suweidi weiterleiten. Glücklicherweise aß Dschafar mit seiner Frau und seiner Schwester zu Abend, und so übersetzte ich das Kommuniqué für sie und gab es Dschafar für die Konferenz mit. Sie freuten sich alle darüber; es entsprach in der Tat genau unseren Wünschen.

Bagdad, 30. Juni 1921

An den Vater

Es ist so schrecklich aufregend! Laß mich am Anfang beginnen. Wo war ich? Die Lokalzeitung brachte den ersten vollständigen Bericht über Feisals Ankunft in Basra und die wirklich bewundernswerte Rede, die er bei einer großen, für ihn durchgeführten Veranstaltung hielt. Gleichzeitig stürzte ein Agent herein, den ich nach Basra geschickt hatte, um mir über die bei seinem Empfang herrschende Stimmung zu berichten; er erzählte begeistert von der beeindruckenden Rede, bei der Feisal, wie er sagte, alle Herzen zuflogen. Das war erfreulich, und am Abend kamen Nadschi Suweidi und Nuri nach dem Tee vorbei, Nadschi mit einem rosigen Bericht aus Basra. Dann fingen wir an, die nächsten Schritte zu besprechen, und waren uns einig, daß wir Feisal hier nicht in der Ungewißheit lassen könnten, was für die sechs oder acht Wochen bis zum Abschluß der Wahlen seine Position ist. Auf die eine oder andere Art muß das Land sich erklären. Sir Percy und ich hatten dies bereits besprochen, ich fühlte mich aber nicht frei, diese Tatsache meinen Freunden gegenüber zu erwähnen, so beruhigte ich sie nur. Aber wir wollen nicht, daß Feisal durch einen Staatsstreich der Extremisten reinkommt – es muß viel gesetzmäßiger vor sich gehen ...

Am Mittwoch sollte Feisal um 7 Uhr früh eintreffen. Col. Joyce und ich fuhren zusammen zum Bahnhof, die große Straße hinauf bis zur oberen Brücke. Die ganze Stadt war geschmückt, Triumphbogen, arabische Flaggen, und vollgestopft mit Menschen in den Straßen, auf den Dächern, überall. Am Bahnhof riesige Mengen. Es war alles sehr schön arrangiert mit Sitzen für die Würdenträger rund herum und alle mit Persönlichkeiten besetzt. Sir Percy und Sir Aylmer [der kommandierende General] und eine Ehrengarde und alles. Aber wir hörten, daß es einen «éboulement» auf der Strecke gegeben habe – ein Telegramm war eingetroffen, daß Feisal mit dem Auto käme und zur festgesetzten Zeit einzutreffen hoffe. Wir warteten, wir redeten, wir schüttelten rund herum Hände – wenigstens ich tat es –, wir schauten uns die arabischen Truppen an, und gegen acht – päng! – kam die Nachricht, daß er nun doch im Zug säße, nicht durchkäme und um die Mittagszeit hiersein könnte! Sir Percy übernahm schnell das Kommando. 12 Uhr mittags Ende Juni ist keine Zeit, zu der man einen großen Empfang im Freien abhalten kann ... Feisal wurde deshalb gebeten, den Tag im Zug zu verbringen und um 6 Uhr abends anzukommen. Und so gingen wir alle nach Hause. Ich ins Büro, wo Nuri sogleich erschien und mir versicherte, der Abend-Empfang würde noch besser werden als der morgendliche ... Und so sah man mich um 5 Uhr 30 wieder auf dem Weg zum Bahnhof ... Und dieses Mal fuhr der Zug ein.

Sidi Feisal stand, in seinen arabischen Gewändern großartig anzuschauen, an der Wagentür und salutierte vor der Ehrenwache. Sir Percy und Sir Aylmer gingen ihm entgegen, als er ausstieg, und begrüßten ihn feierlich, und alle Leute klatschten. Er schritt die Ehrenwache ab, inspizierte sie ... Sir Percy begann, die arabischen Würdenträger, Vertreter des Nakib usw. vorzustellen. Ich versteckte mich hinter Mr. Cornwallis, aber Feisal sah mich und schritt herüber, um mir die Hand zu schütteln. Er sah aufgeregt und nervös aus – man ist kein König auf Probe ohne seelische Anspannung –, aber es verlieh seiner natürlichen Würde nur einen menschlicheren Charme. Dann ging er in der Menge verloren, und Col. Joyce und ich blieben zurück und unterhielten uns mit Mr. Cornwallis, der vor Durst so ausgetrocknet war, der Arme, daß er kaum reden konnte. Er berichtete, daß die Dinge bis jetzt nicht gut gelaufen seien. Die Leute hielten sich zurück.

Bis ganz hinauf hatten sie gehört, daß der Hochkommissar neutral sei, daß die Chatun und Mr. Garbett [vom Indian Civil Service] Feisal wollten, Mr. Philby jedoch eine Republik. Natürlich war Feisal verwirrt – war der Hochkommissar eigentlich auf seiner Seite, und wenn ja, warum nahmen seine Beamten eine andere Haltung ein? Er war um so mehr verwirrt, weil ihm genauso oft gesagt wurde, daß alle Menschen den Beamten am Ort folgen würden, wenn diese nur einen Finger rührten. Warum wurde kein Finger gerührt, wenn das die offizielle Politik war? Wir erklärten ihm alles, was geschehen war, und die lange Verzögerung, bis wir die Erklärung aus England erhielten, und daß Sir Percy absolut zuverlässig sei und entschlossen, die Sache durchzubringen ...

Heute morgen auf meinem Weg ins Büro ging ich zum Serail und gab Feisals Adjutant meine Karte. Er bat mich, eine Minute zu warten, der Emir wolle mich sprechen. Es war kurz nach sieben, ziemlich früh für einen Vormittagsbesuch. Ich wartete, unterhielt mich mit dem Adjutanten, und bald darauf ließ mich Feisal rufen. Ich wurde in einen großen Raum geführt. Feisal kam in seinen langen weißen Gewändern herübergeeilt, nahm meine beiden Hände und sagte: «Ich hätte nie geglaubt, daß Sie mir so viel Hilfe zuteil werden ließen, wie Sie es getan haben.» Dann setzten wir uns aufs Sofa. Ich versicherte ihm, daß Sir Percy vollkommen auf seiner Seite sei ...

Mr. Cornwallis kam später ins Büro, und ich erzählte ihm, daß ich Feisal aufgesucht hätte. Er sagte (ich muß es Dir erzählen, denn es hat mich so gefreut): «Das war ganz richtig. Den ganzen Weg bis hierher hatte er Lobreden auf Sie gehört, und er hat mir eine Nachricht für Sie hinterlassen, falls er Sie heute nicht sprechen könnte. Ich sollte Ihnen sagen, wie dankbar er sei. Und mein Privatspion, der Mann, den ich nach Basra sandte, berichtet mir, daß die Leute ständig fragen: ‹Ist die Chatun zufrieden?›»

Das nächste Ereignis war das Bankett an diesem Abend in den Maude-Gärten. Es war wirklich wunderschön gemacht. Mit elektrischen Lampen erleuchtet, sah alles herrlich aus.

Feisal führte ein kleines Gespräch auf französisch mit Sir Aylmer, aber meist unterhielten er und ich und Sir Percy oder Abdul Madschid und ich uns über den Tisch hinweg. Feisal sah sehr glücklich aus, und ich fühlte mich ebenfalls sehr glücklich und Sir Percy auch.

Dann erhob sich unser großer Poet, von dem ich Dir oft erzählt habe, Dschamil Sahawi, und rezitierte eine gewaltige Ode, in der er wiederholt auf Feisal als König des Irak anspielte, und alle klatschten und jubelten. Und dann trat auf die Rasenfläche zwischen den Tischen ein Schiit in weißen Gewändern, schwarzem Umhang und einem großen schwarzen Turban und intonierte ein Gedicht, von dem ich kein Wort verstand. Es war viel zu lang und, wie ich sagte, ganz unverständlich, aber es war trotzdem wundervoll. Die große, gewandete Gestalt, die sang und mit der erhobenen Hand den Takt gab, die Dunkelheit in den Palmen hinter dem illuminierten Kreis – es war hypnotisierend ...

Aber es läuft noch nicht alles glatt. Wir erhalten Berichte über die Stämme am unteren Euphrat, die Petitionen zu Gunsten einer Republik vorbereiten und zu Gunsten der schiitischen Alim Mudschtehids, die alle gegen Feisal sind. Ich glaube, daß nicht die Hälfte davon wahr ist, aber sie klingen beunruhigend. Heute ließ ich einen der wichtigsten Euphrat-Scheichs kommen. Er ist überzeugter Scherif-Anhänger, und wir besprachen die ganze Angelegenheit. Vor ihm hatte ich eine einflußreiche Gruppe von Bagdadern, die sagten, daß wir Klarheit schaffen müßten und die Wahlen nicht abwarten könnten. So oder so muß Feisal zum König erklärt werden. Ich verwies sie an Feisal selbst, weil ich wußte, daß er dies mit Sir Percy besprochen hatte, und erklärte ihnen, sie müßten Feisals Anordnungen entgegennehmen. Am Nachmittag ließ mich Feisal kommen und unterbreitete mir seine Ideen, die sehr vernünftig waren. Ich machte auch ein paar Vorschläge, die Sir Percy vorgebracht werden sollten.

Ich habe das Gefühl, daß ich es nicht mehr länger aushalte! Jeder Nerv ist ständig angespannt, um die Sache voranzutreiben; reden, überzeugen, schreiben – ich ertappe mich dabei, daß ich selbst im Schlaf noch diskutiere. Aber jedenfalls enthält Feisals Vorzimmer eine ganze Menge richtiger Leute, und es ist tröstlich zu wissen, daß er selbst so gut reden kann. Wir haben Bagdad, und ich bin ziemlich sicher, daß wir auch Mossul auf unserer Seite haben; der Rest wird sich anschließen.

Bagdad, Donnerstag, 7. Juli 1921

An den Vater

Am Montag morgen hatte ich eine entscheidende Unterredung. Der führende Christ hier kam mit dem Mutasarrif, dem Bezirksgouverneur, und Nadschi Suweidi und brachte mit Nachdruck vor, daß wir es uns nicht leisten könnten, auf Wahlen zu warten, da Feisal nun schon da sei, sondern von einem Volksentscheid Gebrauch machen müßten, um ihn auf den Thron zu setzen. Das war uns allen vollständig klar; Feisal selbst hatte sogar davon gesprochen, als ich ihn am Samstag sah, aber er sagte auch, daß er einen Staatsstreich befürchte und wir so verfassungsmäßig wie möglich vorgehen müßten ... Dementsprechend ordnete Sir Percy in Absprache mit dem Nakib an, daß der Rat sich überlegt, wie bald Wahlen stattfinden können, da offensichtlich die dringende Notwendigkeit besteht, eine Regelung herbeizuführen. Sir Percy hat festgestellt, daß wir die Registrierung der Wähler in frühestens zwei Monaten durchbringen ... Die Lokalpresse hat bereits begonnen, ohne Veranlassung von einem Volksentscheid zu sprechen ...

Was allem hilft, ist Feisals Persönlichkeit. Er hat Anhänger gewonnen; die meisten von ihnen kommen vorbei, um sich von mir auf die Schulter klopfen zu lassen, worin ich bald Meisterin bin. Es ist ein bißchen heikler, wenn sie schwanken, dann bringe ich aber das überwältigende Argument ein, daß Sir Percy und Feisal Hand in Hand arbeiten; es ist wirklich bemerkenswert, wie vollkommen zufrieden sie sind, wenn sie wissen, daß Sir Percy einverstanden ist. Er hat außergewöhnlich großen Einfluß auf das Land.

Die meisten Städte – ich glaube, ich sagte es Dir schon – haben Abordnungen geschickt, um Feisal zu begrüßen. Mit diesen tausche ich Besuche aus.

Es kompliziert all diese Feierlichkeiten, daß wir eine Temperatur von 120 Grad [Fahrenheit=49° C] haben – so hoch steigt sie jedenfalls tagsüber.

Einer nach dem anderen kommen alle Anführer des Aufstands vorbei, um ihre Aufwartung zu machen. Einer kam am Dienstag und bekam eine schöne Standpauke zuerst von mir und dann von Sir Percy gehalten. Er hat es jedoch gut aufgenommen und ging mit den Worten, er sei entzückt von Sir Percy!

Freitag, 8. Juli

Gestern abend gab der Nakib in seinem Haus gegenüber seiner Moschee ein Dinner für Feisal. Die englischen Gäste waren Sir Percy und seine Angestellten. Der Rest bestand aus den Ministern und wichtigen Persönlichkeiten von Bagdad. Sir Percy nahm mich mit. Die Straßen waren voller Menschen, als wir vorfuhren. Die Familie des Nakib empfing uns an der Tür, und wir kletterten zwei Stockwerke hoch auf ein Dach, von dem aus man die Moschee überblickte, eine Art breiter Balkon. Das Dach war mit Teppichen ausgelegt und beleuchtet. Die Moscheetür gegenüber war mit Lampen behängt, und auch um die Minarette herum hingen Lampen. Der Nakib saß bei den Ministern. Er stand auf und humpelte uns entgegen, um Sir Percy zu begrüßen, eine rührende und würdevolle Gestalt. Die restlichen Gäste, etwa hundert würde ich schätzen, saßen unter uns auf der offenen Galerie, die im ersten Stockwerk des Hauses um zwei Seiten des Hofes herum verläuft. Ein warmer Wind umstrich uns, während wir Kaffee tranken und uns unterhielten, bis Händeklatschen auf der Straße Feisals Ankunft verkündete. Der Nakib erhob sich und überquerte, von seinem Leibarzt gestützt, die ganze Teppichfläche und erreichte gerade den Treppenabsatz, als Feisals weißgewandete Gestalt auftauchte. Sie küßten sich förmlich auf beide Wangen und gingen

Hand in Hand bis ans Ende des Balkons zurück, wo wir alle standen. Feisal setzte sich zwischen den Nakib und Sir Percy, und nach ein paar Minuten wurde das Essen angekündigt. Die lange Tafel stand auf der offenen Galerie. Feisal saß auf dem Ehrenplatz dem Nakib gegenüber, der Oberbefehlshaber auf einer Seite von ihm und ich auf der anderen. Sie war ein wundervoller Anblick, diese Tischgesellschaft. All die Gewänder und die Uniformen und die Schar von Bediensteten, die ganze versammelte Würde, der vornehme Adel, die angeregte Atmosphäre, die man überall um sich herum so wie die Hitze der Nacht spürte. Hier wurde Geschichte gemacht!

Du kannst Dich aber auf eines verlassen – ich werde mich nie wieder damit befassen, jemanden zum König zu erheben; es ist zu aufreibend ...

Sir Percy und ich hatten auf der Heimfahrt das Gefühl, wieder eine Hecke übersprungen zu haben, aber wir waren uns auch einig, daß wir uns in einem sehr schwierigen Land befinden.

Bagdad, 16. Juli 1921

An den Vater

Die Hitze ist fürchterlich, Tag für Tag über 121 Grad und die Nächte auch heiß ... Sir Percy und ich meinen, wir sollten heikle Telegramme nach Hause immer mit dem Zusatz versehen: N.B. Temp. 121,8. Andererseits läuft die Politik wie geschmiert, und Sir Percy und Feisal erringen große Triumphe. Am Montag, dem 11., erklärte der Rat auf Drängen des Nakibs Feisal einstimmig zum König und beauftragte das Innenministerium, für die notwendigen Arrangements zu sorgen. Ich speiste an jenem Abend allein und war nervös – die Hitze macht einen ganz verrückt. Du kannst Dir sicher vorstellen, wie es war, als ich am nächsten Morgen ins Büro ging und diese Neuigkeiten gleich bei meiner Ankunft von Sir Percy erfuhr. Er fügte hinzu, daß dies zwar gut sei, aber nicht genug, und daß es eine Volksabstimmung geben müsse, um beweisen zu können, daß Feisal wirklich die Stimme des Volkes habe.

Mittwoch, 20. Juli 1921

An den Vater

Wirklich, diese Tage sind so vollgepackt mit Ereignissen, daß ich sie schnell aufschreiben muß, bevor ein Eindruck den anderen überlagert. Nun – am Montag gab die jüdische Gemeinde Feisal im Amtssitz des Großrabbiners einen großartigen Empfang. Die Garbetts und ich repräsentierten die Residentschaft, und Mr. Cornwallis kam mit dem Emir. Die Veranstaltung fand morgens um 7 Uhr 30 im großen Hof des Hauses statt – ein viereckiger Hof, um den herum das zweistökkige Gebäude steht. Er war mit Sitzreihen gefüllt, in denen sämtliche Persönlichkeiten saßen: die Rabbiner in ihren Turbanen oder gedrehten Schals, die führenden Christen, alle arabischen Minister und praktisch alle führenden Moslems mit ein paar weißgewandeten Ulemas in schwarzen Mänteln dazwischen. Der Hof war von einer Markise überdacht, die Galerie mit Fahnen und Luftschlangen in den arabischen Farben behängt. Die jüdischen Schulkinder füllten die Galerie, und die Frauen blickten aus den oberen Fenstern. Sie setzten mich rechts neben den Stuhl, der für Feisal reserviert war – Du weißt, wieviel Aufhebens sie um mich machen, die Guten. Feisal wurde klatschend begrüßt, und wir setzten uns alle zu einem Programm aus 13 Reden und Liedern nieder, die von geeister Limonade, Kaffee, Tee und Kuchen und Eiscreme durchsetzt waren! Es dauerte auf die Minute zwei Stunden in brütender Hitze ... Der Rabbiner ist eine wunderbare Gestalt, die einem Gemälde von Gentile Bellini entstiegen sein könnte. Die Reden bei einem solchen Ereignis sind alle einstudiert. Aber sie waren doch interessant, weil man die Spannungen kannte, die ihnen zugrunde lagen; die Angst der Juden, daß eine arabischeRegierung Chaos bedeuten könnte, verflüchtigte sich jedoch allmählich wegen Feisals offensichtlich vorurteilsfreier Einstellung. Dann brachte man die Gesetzesrollen in ihren goldenen Zylindern; sie wurden vom Rabbiner geküßt und dann von Feisal, der mit einem kleinen goldenen Faksimile der Gesetzestafeln und einem wunderschön gebundenen Talmud beschenkt wurde. Ich flüsterte ihm zu, ich hoffte, er würde eine Rede halten. Er sagte, er habe nicht beabsichtigt, viel zu sagen, aber er meinte, er müsse, und fügte hinzu: «Sie wissen, daß ich nicht so wie sie rede. Ich sage einfach, was in meinen Gedanken ist.» Gegen Ende der Veranstaltung stand er auf und sprach wirklich sehr schön; es war direkt und gut und überzeugend. Er machte ungeheuren Eindruck. Die Juden freuten sich, als er mit Nachdruck hervorhob, daß sie mit den Arabern einer Rasse seien, und alle unsere Freunde waren gleichermaßen erfreut über seinen Hinweis auf die britische Unterstützung.

Bagdad, 31. Juli 1921

An den Vater

Ich muß Dir unbedingt von dem Festakt in Ramadi berichten, der alle anderen Ereignisse in den Schatten stellte. Fachri Dschamil Sadah und ich brachen um 4 Uhr morgens auf; Feisal war uns schon etwas voraus. Wir holten ihn auf halbem Weg zum Euphrat ein und baten um Erlaubnis, vorausfahren zu dürfen, damit ich seine Ankunft in Falluja photographieren könnte. Außerhalb dieses Dorfes waren ein paar große Zelte in der Wüste aufgebaut; über mehrere Meilen versammelten sich Massen von Reitern der einzelnen Stämme und standen entlang der Strecke, als er vorüberfuhr ... Falluja war geschmückt und voller Menschen. Die Stammesangehörigen säumten sechs Meilen weit die Straße zur Fähre und ritten inmitten unglaublicher Staubwolken hinter, neben und rund um die Wagen (ich war gleich hinter Feisal) ...

Unter der Steilkante der Syrischen Wüste hatten sich die

Kämpfer der Anaseh, Reiter auf Pferden und Kamelen, die die riesige Standarte des Stammes trugen, zusammengezogen. Wir hielten an, um sie zu grüßen, als wir vorüberfuhren. Ali Sulaiman, das Oberhaupt der Dulaim und einer der bemerkenswertesten Männer im Irak, kam uns aus Ramadi entgegen, um uns zu begrüßen. Er ist stark und konsequent probritisch gewesen.

Wir fuhren zum Ufer des Euphrat, wo Ali Sulaiman ein riesiges Zelt hatte aufbauen lassen, mit einem Podium am oberen Ende, einem Dach aus Zeltstoff und frischen grünen Zweigen als Wände. Draußen hatten sich die Reiter der Dulaim mit ihrer Standarte aufgestellt, die ein Schwarzer auf einem riesigen weißen Kamel trug; im Innern säumten die Stammesangehörigen das Zelt in Fünfer- oder Sechserreihen vom Podium bis zum hinteren Ende. Feisal saß auf dem hohen Diwan mit Fahad Bei zu seiner Rechten, während Major Yetts und ich Leute hereingeleiteten, die zu seiner Linken Platz nahmen – diejenigen, mit denen er unserer Meinung nach reden sollte. Er war überaus glücklich, ein großer Stammesangehöriger unter berühmten Stämmen und – ich konnte mich des Gefühls nicht erwehren – ein großer Sunnite unter Sunniten ... Feisal war in seinem Land bei den Menschen, die er kannte. Ich hatte ihn noch nie so großartig aussehend erlebt. Er trug seine üblichen weißen Gewänder mit einem feinen schwarzen Mantel darüber, einen wallenden weißen Kopfschmuck und einen silbernen Akal. Dann begann er zu sprechen, wobei er sich über den kleinen Tisch vor ihm beugte, die Hand hob und senkte, um seine Sätze zu betonen. Die Menschen am Ende des Zelts standen zu weit weg, um ihn hören zu können; er rief sie alle nach vorn, und sie setzten sich auf den Boden unter dem Podium, Reihe um Reihe, 400 oder 500 Männer. Er sprach in der großartigen Sprache der Wüste, volltönend, wunderbar – keine Sprache ist wie diese. Er sprach als Stammesoberhaupt zu seinen Vasallen. «Seit vier Jahren», sagte er, «habe ich mich an keinem Ort wie diesem oder in solcher Gesellschaft wiedergefunden» – man konnte sehen, wieviel Freude es ihm machte.

Dann erklärte er, wie der Irak mit ihm an der Spitze einen Aufschwung erleben würde. «O Araber, lebt ihr in Frieden miteinander?» Sie riefen: «Ja, ja, wir leben in Frieden.» – «Von diesem Tag an – welches Datum haben wir? Und welche Stunde?» Jemand antwortete ihm. «Von diesem Tag, dem 25. Juli (er nannte natürlich das mohammedanische Datum) und der vierten Morgenstunde an (es war 11 Uhr) ist jeder Stammesangehörige, der seine Hand gegen einen anderen Stammesangehörigen erhebt, mir gegenüber verantwortlich – ich werde zwischen euch richten und eure Scheichs zu Rate ziehen. Ich habe Rechte über euch als euer Herr.» Ein graubärtiger Mann unterbrach ihn: «Und unsere Rechte?» – «Und ihr habt eure Rechte als Untertanen, die ich zu schützen habe.» So ging es weiter, und die Stammesangehörigen unterbrachen ihn mit Rufen wie «ja, ja», «wir stimmen zu», «ja, bei Gott». Es war wie in den Beschreibungen großer Stammesversammlungen in den Tagen der Unwissenheit vor dem Propheten, als die Dichter Verse rezitierten, die bis zum heutigen Tag erhalten sind, und die Menschen am Ende jeder Phrase «die Wahrheit, bei Gott, die Wahrheit» riefen.

Als es vorbei war, erhoben sich rechts und links von Feisal Fahad und Ali Sulaiman und sagten: «Wir legen unseren Untertaneneid vor dir ab, weil du für die britische Regierung akzeptabel bist.» Feisal war ein bißchen überrascht. Er blickte sich rasch lächelnd zu mir um und sagte dann: «Niemand kann an meinen Beziehungen zu den Briten zweifeln, aber wir müssen unser Schicksal selbst in die Hand nehmen.» Er sah mich wieder an, und ich streckte meine verschränkten Hände als Symbol der Union zwischen der arabischen und der britischen Regierung aus. Es war ein gewaltiger Augenblick – diese beiden wirklich großen Männer, die ihren Part in der Geschichte ihrer Zeit spielen, und Feisal als hervorragendster lebender Vertreter seines Volkes dazwischen – und wir selbst das Bindeglied. Ali Sulaiman brachte seine Scheichs, etwa 40 oder 50, einen nach dem anderen nach vorn. Sie legten ihre Hände in Feisals Hände und schworen den Treueeid ...

Am Nachmittag legten die Städte ihrerseits feierlich den Treueeid ab. Von Falluja bis Kaim an der nördlichen Grenze waren alle Bürgermeister, Kadis und wichtigen Persönlichkeiten gekommen. An einer leeren Hauswand im Palastgarten war ein hohes Podium errichtet worden, das mit Teppichen behängt war. Auf diesem Podium saßen Feisal und der Rest von uns, während die Ältesten und Adeligen, die in Reihen unter den Bäumen saßen, aufstanden, ans Podium traten und ihre Hände in die seinen legten.

Die Schönheit der Szenerie, die unterschiedlichen Kleider und Farben, die ernsten Gesichter der Dorfältesten mit weißen Turbanen oder roten arabischen Kopftüchern und die feine Würde, mit der Feisal die ihm vorgebrachte Huldigung entgegennahm, machten die Szene so eindrucksvoll wie die des Vormittags ...

Wir warten jetzt auf die Dokumente aus Mossul und Hilla, damit Feisal zum König erklärt werden kann. Er wird möglicherweise nächste Woche gekrönt. Ist das nicht beachtlich? Fünf Wochen Arbeit.

Bagdad, 6. August 1921

An den Vater

Wir hatten eine großartige Woche. Das Plebiszit ist im ganzen Land fast abgeschlossen. Viele Distrikte, Ramadi, Basra, Euphrat, Amara, haben den Unterlagen noch eine Empfehlung hinzugefügt und schwören Feisal Treue «unter der Bedingung, daß er die britische Führung akzeptiert» ...

Dienstag war für mich ein schlimmer Tag. Ich stand um 4 Uhr 45 auf, fuhr um 5 Uhr 45 mit Mr. Cornwallis nach Ktesiphon [antike Stadt] – wir brachten Feisal hin –, Büro von 10 Uhr 30 bis 3 Uhr 30, mit einer Lunchpause, nach Hause zum Waschen und Umziehen; Besuch beim Nakib von 4 Uhr 30 bis 6, Bibliotheksausschuß [Gertrude war zur Direktorin der Öffentlichen Bücherei von Bagdad gewählt worden] von 6 bis

7 Uhr, Besuch bei Sasuns Schwägerin von 7 bis 7 Uhr 30. Hamid Chan zum Essen von 8 bis 10 Uhr. Es war zuviel; ich war den ganzen nächsten Tag müde – es hat sich jedoch gelohnt.

Der Ausflug nach Ktesiphon war ein riesiger Erfolg. Ich lud Feisal und zwei seiner Adjutanten, die Garbetts, Fachri Dschamil und Mr. Cornwallis ein und nahm ein ausgezeichnetes Frühstück aus Eiern, Zunge, Sardinen und Melonen mit. Es war herrlich, Feisal diesen prachtvollen Ort zu zeigen. Nachdem wir in unserem Gespräch den Palast rekonstruiert hatten und förmlich Chosru darin sitzen sahen, führte ich ihn zu den hohen Fenstern nach Süden, wo wir den Tigris sehen konnten, und erzählte ihm die Geschichte von der arabischen Eroberung, so wie Tabari sie niedergeschrieben hat, die Durchschreitung des Flusses und den Rest der herrlichen Geschichte. Es ist die Geschichte seines eigenen Volkes. Du kannst Dir vorstellen, wie es war, sie ihm vorzutragen.

Feisal hat mir ein Regiment der arabischen Armee versprochen – «das Regiment der Chatun». Ich werde Dich alsbald bitten, ihre Fahnen sticken zu lassen. Nuri schlägt vor, ich solle über ein Armeekorps verfügen!

Ach Vater, ist es nicht wundervoll? Ich glaube manchmal, ich träume.

Bagdad, 14. August 1921

An den Vater

Die Volksabstimmung ist beendet, und wir warten nur noch auf die letzten unterzeichneten Unterlagen aus den Provinzen; danach wird Feisal unverzüglich zum König erklärt. Mit einer Ausnahme ist er einstimmig gewählt worden ...

Die Schwierigkeit diese Woche ist das Klima gewesen. Nicht, daß es so heiß gewesen wäre, aber es war ganz windstill mit leicht gefärbtem Himmel. Wenn man morgens aufsteht und eine Wolke sieht, sinkt einem der Mut, denn das bedeutet einen so drückend schwülen Tag wie die letzte halbe Stunde vor einem Gewitter.

Neulich bat mich ein junger Mann aus Mossul, der dort eine Zeitung herausgeben will, ihm ein paar Hinweise zur Anleitung der Presse aufzusetzen. Ich habe es mit Lust und Liebe getan und ein kleines Meisterwerk produziert – mit zusätzlicher Freude, weil Feisal, dem ich eine Kopie schickte, entzückt war . . .

Ich bin im Tigris geschwommen – keine besondere Leistung, wie Du ganz richtig bemerken wirst, aber die Strömung ist an manchen Stellen sehr stark. Auch gibt es Haie im Tigris; sie sollen aber nicht weiter als bis zur Mündung des Diala kommen, wo einer diese Woche einen arabischen Jungen gebissen hat.

Bagdad, 21. August 1921

An den Vater

Diese Woche ist keine Post gekommen. Ich bin nicht nur ohne Briefe, sondern auch ohne Zeitungen und Bücher. Ich habe jedoch Gott sei Dank viel zu sagen. Worin ich mich, wie Du feststellen wirst, von meinem Chef unterscheide. Ich hörte neulich etwas Entzückendes über ihn, das von den Lippen einer der führenden Persönlichkeiten von Basra zitiert wurde. «Wallahi», meinte er, «Sir Percy Cox hat vierzig Ohren und nur eine Zunge.» Ich muß Dir noch eine andere nette Geschichte über die Coxes erzählen. Du weißt, er ist ein großer Naturfreund. Er stellt eine Sammlung aller mesopotamischen Vögel zusammen – manchmal kommen sie tot und manchmal lebend an. Der letzte war lebendig. Es ist ein riesiger Adler, noch nicht ganz ausgewachsen, aber trotz allem der größte Vogel, der mir je vor Augen gekommen ist. Er lebt auf einer Hühnerstange auf der Schattenseite des Hauses und frißt hauptsächlich Fledermäuse. Diese Fledermäuse werden in der Abenddämmerung mit Netzen für ihn gefangen, wenn sie gefälligerweise über den Fluß und Sir Percys Gartenmauer fliegen. Aber der Adler frißt sie am liebsten am Morgen, deshalb bewahrt die geduldige Lady Cox sie in einer Dose in ihrem Eisschrank auf, und wenn Du schon jemals von einem Adler gehört hast, der sich von eisgekühlten Fledermäusen ernährt, laß es mich bitte wissen.

Und da ich gerade beim Geschichtenerzählen bin, muß ich Dir eine über den Nakib erzählen. Es hängt mit dem zusammen, was ich Dir neulich über das Thema Al Damakratija berichtet habe. Es war der Nakib, der zu seinem eigenen größten Entzücken – er ist durch und durch Aristokrat und ein Autokrat, wie er im Buche steht – das Wort in Umlauf brachte, indem er im Rat verkündete, daß Feisal König eines konstitutionellen demokratischen Staates sein sollte ... Neulich kommt ein Scheich der Schammar aus Hail vorbei. «Bist du ein Damakrati?» fragt der Nakib. «Wallahi, nein!» sagt der Schammari leicht beleidigt. «Ich bin kein Magrati. Was ist das?» – «Nun», sagt der Nakib, der sich dabei köstlich amüsiert, «ich bin Scheich der Damakratija (der Demokraten).» – «Ich nehme Zuflucht zu Gott!» erwidert der Scheich, der meint, etwas falsch gemacht zu haben. «Wenn du Scheich der Magratija bist, dann muß ich einer von ihnen sein, denn ich stehe ganz und gar in deinen Diensten. Aber was ist es?» – «Damakratija», sagt der Nakib, «ist Gleichheit. Es gibt keinen großen Mann und keinen kleinen, alle sind sich ähnlich und gleich.» Worauf sich der verwirrte Schammari auf den festen Erdboden fallen läßt. «Gott ist mein Zeuge», sagt er, der seine Stammesautorität entschwinden sieht, «wenn es das ist, bin ich kein Magrati.»

Und jetzt zur Geschichte des Irak.

Der vergangene Montag war der erste Tag des Id al-Fitr, des Opferfestes, das große Ereignis des moslemischen Jahres. Es dauert vier endlose Tage.

Am selben Nachmittag forderte Feisal den Nakib auf, sein erstes Kabinett zu bilden – ein sehr, sehr weiser Schritt. Im Alter von 77 Jahren läßt der Nakib sich auf eine vielversprechende politische Karriere ein. Gut, nicht wahr?

An jenem Abend war ich so müde vom Sitzen im Büro, daß ich trotz der Hitze ausritt; den Heimweg nahm ich am Flußufer entlang, weil es dort kühler ist, und kam an Feisals neuem, stromaufwärts gelegenen Haus vorbei, das für ihn gemietet wurde und nun renoviert wird. Ich sah sein Auto vor der Tür; so ließ ich mein Pony bei einem seiner Bediensteten und ging aufs Dach hinauf, wo ich ihn mit seinen Adjutanten sitzend antraf. Es war wundervoll: der Sonnenuntergang, die sanft leuchtenden Windungen des Flusses unter uns, der Palmengürtel und dann die Wüste vor dem verblassenden Rot des Himmels. Wir aßen und redeten. Feisal verwendet keine Ehrentitel: «Enti – du», sagt er zu mir – es ist so erfrischend nach den endlosen «Ehren» und «Exzellenzen»; «Enti Irakija, enti badawija – du bist eine Frau aus Mesopotamien, eine Beduinenfrau» ...

Das Kolonialministerium hat uns ein Telegramm geschickt, wonach Feisal in seiner Krönungsrede verkünden muß, daß die entscheidende Autorität im Land der Hochkommissar ist. Feisal gab nachdrücklich zu bedenken, daß er von Anfang an ein unabhängiger Monarch in Verhandlung mit uns ist, sonst kann er seine Extremisten nicht halten ...

Für die zu Hause ist es vermutlich schwierig zu verstehen, daß wir hier nicht mit leblosen Steinen bauen; wir regen das Lebendige zum Wachsen an, und wir spüren, wie es in unseren Händen pulsiert. Wir können es in großem Umfang anleiten, aber wir können es nicht daran hindern, in die Höhe zu wachsen. Das ist es schließlich, wozu wir es aufgefordert haben.

Bagdad, 28. August 1921

An den Vater

Wir hatten eine furchtbare Woche, aber wir haben unseren König gekrönt, und Sir Percy und ich sind uns einig, daß wir jetzt die erste Hälfte geschafft haben, die übrige Hälfte ist der Kongreß und das Grundgesetz ... Die Krönung fand um 6 Uhr früh am Dienstag statt und war bewundernswert organisiert. In der Hofmitte des Serails war ein Podium aufgebaut worden; dahinter befinden sich Feisals Räume, die großen Empfangsräume der Regierung; davor saßen englische und arabische Beamte, Stadtväter, Minister, lokale Abordnungen, insgesamt etwa 1500.

Pünktlich um sechs sahen wir Feisal in Uniform, Sir Percy in weißer Diplomatenuniform mit all seinen Bändern und Sternen, Sir Aylmer, Mr. Cornwallis und eine Folge von Adjutanten die Stufen der Serails aus Feisals Unterkunft hinunter- und den langen Teppichpfad an der Ehrenwache vorbei bis zum Podium entlangschreiten. Wir standen alle auf, als sie hereinkamen, und setzten uns, nachdem sie ihre Plätze auf dem Podium eingenommen hatten. Feisal sah sehr würdevoll, aber angespannt aus – es war ein bewegender Augenblick. Er blickte die vordere Reihe entlang und fing meinen Blick auf, und ich salutierte leicht. Dann wurde Sir Percys Erklärung verlesen, mit der er verkündete, daß Feisal von 96 Prozent des Volkes von Mesopotamien zum König gewählt worden war, lang lebe der König! Damit erhoben wir uns und salutierten. Die Nationalflagge wurde am Fahnenmast neben ihm gehißt, und die Kapelle spielte «God Save the King» – sie haben noch keine Nationalhymne. Es folgte ein Salut aus 21 Kanonen ... Es war ein erstaunliches Ereignis, ganz Irak, vom Norden bis zum Süden, versammelt zu sehen. Dies ist zum ersten Mal in der Geschichte geschehen ...

Sir Percy hatte sich unwohl gefühlt, aber am Krönungstag erholte er sich und ist jetzt wieder ganz gesund; so arrangierte ich, die eine Woche lang alle Leute von ihm ferngehalten hatte, still und heimlich, daß die Abordnungen ihm ihre Aufwartung machten. Dafür hatten wir zwei Tage, Freitag und Samstagmorgen. Es war ungeheuer interessant – da waren Leute, die ich noch nie gesehen hatte, und eine ganze Menge, die Bagdad noch nie gesehen hatte. Basra und Amara kamen am Freitag, Hilla und Mossul am Samstag; letztere waren die beiden großen Abordnungen, wobei Mossul die wunderbarste war. Ich teilte sie in drei Abschnitte ein: zuerst die Würdenträger von Mossul, meine Gäste und ihre Kollegen, als nächstes die christlichen Erzbischöfe und Bischöfe – Mossul ist voll davon – und den jüdischen Großrabbiner ... Die dritte Gruppe war aufregender als alle anderen; es waren die kurdischen Oberhäupter des Grenzgebiets, die sich freiwillig dem irakischen Staat anschließen, bis sie sehen, ob sich ein unabhängiges Kurdistan entwickelt, was ihnen am meisten zusagen würde ...

Nachdem sie ihre Viertelstunde mit Sir Percy gehabt hatten, kamen alle der Reihe nach zu mir. Die Kurden kamen als letzte und blieben am längsten. Der Bürgermeister sagte, daß sie keine Gelegenheit gehabt hätten, mit Sir Percy über die Zukunft Kurdistans zu sprechen, was ich davon hielte? Ich sagte, daß die Distrikte, aus denen sie kämen, meiner Meinung nach wirtschaftlich von Mossul abhängig wären und es immer sein würden, wie viele Kurdistane man auch gründe. Dem stimmten sie zu; sie müßten aber kurdische Beamte haben. Ich sagte, ich sähe da keine Schwierigkeiten. Und die Kinder müßten in kurdischen Schulen unterrichtet werden. Ich machte sie darauf aufmerksam, daß es da gewisse Schwierigkeiten geben würde, da kein einziges Schulbuch – und auch kein anderes – auf kurdisch geschrieben wäre. Das schmerzte sie, und nach einigen Überlegungen sagten sie, sie meinten, der Unterricht könnte ebensogut in arabischer Sprache erfolgen, aber was mit der lokalen Verwaltungsautonomie wäre? Ich sagte: «Habt ihr das mit Saijidna Feisal – unserem Herrn Feisal – besprochen?» – «Nein», sagten sie. «Nun, dann geht besser hin und tut das gleich», schlug ich vor. «Soll ich einen Termin für euch vereinbaren?» – «Ja», sagten sie. Also telephonierte ich und vereinbarte einen Termin für gestern nachmittag. Ich kann es kaum erwarten, von Feisal zu hören, was dabei herausgekommen ist ...

Dies ist zweifellos die anspruchsvollste Arbeit, die ich jemals an die Hand genommen habe.

Bagdad, 11. September 1921

An den Vater

Feisals erstes Kabinett ist gebildet. Im großen und ganzen sind wir alle sehr zufrieden. Von den neun Ministern sind sechs ganz besonders fähige, für ihre Aufgabe hervorragend geeignete Männer ...

Feisal ist in sein neues Haus am Fluß oberhalb Bagdads gezogen. Es ist klein, aber es ist wirklich sehr schön. Am Mittwoch rief mich einer der Adjutanten an, um mich zum Abendessen einzuladen – ich bin mit dem Boot hinaufgefahren. Habe ich Dir jemals beschrieben, wie der Fluß in einer heißen Sommernacht ist? In der Abenddämmerung hängt der Nebel in langen weißen Bändern über dem Wasser; die Dämmerung verblaßt, die Lichter der Stadt funkeln an beiden Ufern, und der Fluß, dunkel und glatt und voll mysteriöser Spiegelungen, gleicht einer stillen Straße durch den Nebel. Lautlos gleitet ein Boot mit blinzelndem Mastlicht den Fluß entlang, dann eine Gruppe Kuffas, jedes mit seiner winzigen Lampe, bis zum Rand mit Wassermelonen aus Samarra beladen. «Langsam, langsam», tönen die Stimmen der Kuffahidschs über das Wasser. «Wühlt den Fluß nicht auf, damit wir nicht kentern – seht, wie beladen wir sind.» Und wir verlangsamen unser Schiff, damit das Kielwasser sie nicht gefährdet. Die Wellen unserer Fahrt löschen noch nicht einmal die schwimmenden Votivkerzen in ihren winzigen Booten aus Datteltrauben, die ängstliche Hände oberhalb der Stadt ins Wasser gesetzt haben; wenn sie die letzten Häuser der Stadt noch brennend erreichen, wird der Kranke genesen, das Baby sicher in diese Welt heißer Dunkelheit, glitzernder Lichter und verwirrender Spiegelungen hineingeboren werden. An den Ufern stehen die Palmen in Reih und Glied. Das Wasser ist so ruhig, daß Du den Skorpion darin sehen kannst, Stern für Stern; wir fahren leise an den Kuffas vorbei. Und doch hast Du immer noch keine Vorstellung davon, wie zauberhaft schön es ist ...

Am Freitag morgen bin ich mit Nuri ausgeritten; wir sind

zum Frühstück bei Hadschi Nadschi gewesen. Als wir durch die Gärten der Karrada-Vorstadt zurückritten, wo mich alle Leute kennen und grüßen, sagte Nuri: «Einer der Gründe, warum Sie so herausragen, ist der, daß Sie eine Frau sind. Es gibt nur eine Chatun. Es ist wie damals, als Sidi Feisal in London war und immer arabische Kleidung trug: Niemand war wie er. Deshalb werden sie noch hundert Jahre lang von der Chatun reden.»

Bagdad, 4. Dezember 1921

An den Vater

Feisal selbst will nicht, daß der Kongreß einberufen wird (sie müssen das Grundgesetz entwerfen), bis die Bedingungen des Vertrages zufriedenstellend festgelegt und die entsprechenden Verantwortlichkeiten der britischen und der arabischen Regierung definiert sind. Ganz allgemein geht es bei dem Problem darum, ob wir die Verantwortung für die Verteidigung übernehmen können, wenn das Land von außerhalb angegriffen wird. Wir müssen dem Völkerbund zusichern, daß wir den internationalen Verpflichtungen, mit denen uns das Mandat betraut hat, nachkommen können, und selbst wenn wir das Mandat fallenlassen und es einen Vertrag nennen, muß dieser Vertrag bestimmte Vorbehaltsklauseln enthalten, die die Araber akzeptieren müssen. Das Wort «Mandat» erzeugt hier meist die gleiche Wirkung wie das Wort «Protektorat» in Ägypten ...

Aber Du darfst auch nicht einen Augenblick lang glauben, daß ich mit dem Lösen dieser Probleme irgend etwas zu tun habe. Ich weiß davon, weil Sir Percy mir in großen Zügen darüber berichtet, aber ich bin lediglich Zuschauerin, und wenn Feisal auch sehr freundlich und liebenswürdig ist, zieht er mich doch, völlig richtig, nicht zu Rate. Ich hatte ihn fast fünf Wochen lang nicht gesehen, teils durch seine Abwesenheit und meine Abwesenheit, und ich halte mich, was das Anbieten von

Ratschlägen in Angelegenheiten betrifft, deren heikle Handhabung viel besser Sir Percy überlassen bleibt, wohlweislich zurück. Alles, was ich tun kann und zu tun versuche, ist, einen möglichst präzisen Eindruck dessen wiederzugeben, was die Leute sagen und denken ...

Ich hatte einen gut ausgenutzten Vormittag im Büro, indem ich mit Hilfe eines Herrn aus Hail und Fahad Beis, des obersten Führers der Anaseh, die Südgrenze des Irak ermittelte. Der Glaube des letzteren an meine Wüstenkenntnisse läßt mich erröten. Als er von Mr. Cornwallis gebeten wurde, seine Stammesgrenzen zu definieren, sagte er nur: «Fragen Sie die Chatun. Sie kennt sich aus.» Um diesen Ruf der Allwissenheit aufrechtzuerhalten, habe ich mich bemüht, von Fahad alle Brunnen in Erfahrung zu bringen, die die Schammar beanspruchen. Irgendwie habe ich es, glaube ich, geschafft, eine vernünftige Grenze aufzustellen. Die Bedeutung der Angelegenheit liegt in der Tatsache, daß Ibn Saud Hail erobert hat und Sir Percy sobald wie möglich eine Konferenz zwischen ihm und Feisal abhalten will, um definitiv festlegen zu können, welche Stämme und Gebiete zum Irak gehören und welche zu Ibn Saud.

7
Bürgerin Bagdads

Bagdad, 30. Januar 1922

An den Vater

In den letzten vierzehn Tagen habe ich mich ernsthaft um meine Gesundheit gekümmert. Ich war wirklich schrecklich ausgelaugt und bin am Ende eines Vormittags im Büro vor Erschöpfung fast zusammengebrochen, deshalb habe ich in den folgenden Tagen so um eins herum unweigerlich Schluß gemacht, zu Hause oder mit irgend jemandem, den ich sehen wollte, Mittag gegessen und bin dann bis zur Teezeit geritten. Das Wetter ist herrlich, und dieses Programm ist genau das, was ich brauche, denn es hat mich jeden Nachmittag hinaus in die Sonne und an die Luft gebracht. Solang ich den Irak kenne, hat es noch nie so einen Frühling gegeben. Heute ritt ich über die Kuhweiden – und zurück durch die Gärten am Tigris. Mensch und Tier erfreuten sich am üppigen Grün – «Bei Gott, so etwas habe ich noch nie gesehen», sagte ich stehenbleibend zu den Schafhirten. Und sie: «Es ist die Gnade Gottes und deine Gegenwart, Chatun.»

Wie ich ihre reizenden Phrasen liebe! Weißt Du, Vater, es ist beängstigend, wie der Orient sich um mein Herz schlingt, bis ich nicht mehr weiß, was ich und was er ist. Dieses Gefühl ist allgegenwärtig. Seine Schönheit und sein Liebreiz, die auch durch Vertrautheit nie abzustumpfen scheinen, sind mir immer deutlich bewußt. Ich bin mehr Bürgerin Bagdads als viele geborene Bagdader, und ich wette, daß keinem die Schönheit des Flusses oder der Palmengärten mehr bedeuten und daß keiner mehr an den Bürgerrechten hängt, die ich erworben habe.

Bagdad, 16. Februar 1922

An den Vater

Ich möchte Dir und nur Dir, der Du alles weißt und verstehst, sagen, daß mir deutlich bewußt ist, wieviel mir das Leben gegeben hat. Ich verspüre jetzt wieder dieses großartige Gefühl von Existenzfreude – es macht mich glücklich zu spüren, daß ich die Liebe und das Vertrauen einer ganzen Nation habe. Du mußt mir vergeben, wenn es mich zu sehr zu beschäftigen scheint – es trennt mich wirklich nicht von Dir, denn eines der größten Vergnügen ist es, Dir in der Gewißheit, daß Du mitfühlst, alles darüber zu berichten. Ich nehme keinen Augenblick lang an, daß ich auf unsere endgültigen Beziehungen zu den Arabern und zu Asien großen Einfluß nehmen kann, aber vorläufig bin ich einer der Faktoren im Spiel. Ich kann mir nicht vorstellen, warum sich all diese Leute hier, Trost und Aufmunterung suchend, an mich wenden; wenn ich nicht wäre, würden sie natürlich jemand anderen finden, aber weil sie es gewohnt sind, zu mir zu kommen, kommen sie. Und in ihrem Trost finde ich meinen eigenen. Ich erinnere mich, daß Du mir gesagt hast: Je älter man wird, desto mehr lebt man im Leben anderer Menschen. Nun, ich habe eine Menge Leben, in denen ich leben kann, nicht wahr? Und vielleicht ist es wirklich am besten so. Ich bedauere jedenfalls nichts.

Bagdad, 16. Februar 1922

An den Vater

Am Tag, nachdem ich Dir geschrieben hatte, ging ich mit einem Kollegen aus, um den Jusufija-Kanal zu besichtigen. Wir hatten einen herrlichen Tag. Wir fuhren mit dem Auto nach Mahmudija, die halbe Strecke nach Hilla, wo wir auf unsere Pferde trafen. Dann ritten wir mit einem Scheich des Ortes und ein paar Auswärtigen den Kanal entlang. Es war ein bezaubernder Ritt, denn dieser wunderbare Frühling hat die Welt mit frischem Grün bedeckt ... Der Jusufija ist einer der ältesten Kanäle der Welt. Er war der babylonische Nar Malka, auf dem Julian nach Ktesiphon segelte und den die Abbasiden wieder ausgruben. Infolgedessen befinden sich auf der ganzen Länge große frühbabylonische Erdwälle. Auf dem Rückweg ritten wir auf einem wundervollen Damm namens Tel Dair. Er war vollständig mit Topfscherben und Ziegelbrocken bedeckt, und ich hob einen halben Ziegelstein mit einer Inschrift in frühbabylonischen Zeichen auf – was ziemlich interessant ist, weil hier, so weit ich weiß, nichts Früheres als aus der Zeit Nebukadnezars gefunden worden ist.

Feisal ließ mich an diesem Tag rufen, da ich aber ausgegangen war, rief ich einen oder zwei Tage später an und fragte, ob ich zum Tee kommen könnte. Wir hatten ein phantastisches Gespräch. Er ist ganz reizend und oft höchst erstaunlich. Mitten in der Unterhaltung unterbrach ich mich und sagte, es sei nahezu unglaublich, daß es in unseren Ansichten kaum einen Unterschied gebe, obwohl er in Mekka geboren wurde und seine Ausbildung in Konstantinopel erhielt und ich in England geboren bin und meine Ausbildung in Oxford erhielt.

Bagdad, 30. März 1922

An den Vater

Während der letzten vierzehn Tage bin ich endgültig zu dem Schluß gekommen, daß ich in diesem Sommer keinen Urlaub nehmen kann. Viel zu viele Dinge sind im Gange ... Ich werde Dir nicht telegraphieren, weil es Dich vielleicht daran hindern würde herzukommen, und ich möchte Dich nicht nur unheimlich gern sehen, sondern die kurzen Ferien werden uns auch ungeheuer guttun. Seit ich diesen Entschluß gefaßt habe, habe ich ziemliches Heimweh, aber ich zweifle überhaupt nicht daran, daß ich tue, was ich tun muß. Wir haben unsere Hand an diesen Pflug gelegt, und Sir Percy denkt jedenfalls auch, daß ich ihm bei dieser schwierigen Furche eine Hilfe bin. Es geht mir bestens, und ich werde mitten im Sommer für einen Monat nach Sulaimanija fahren. Ich komme möglicherweise im Herbst für eine Weile nach Hause, das wären dann nur noch sechs Monate. Ich hoffe, daß Du und Mutter und Maurice nicht zu enttäuscht seid. Ich liebe Euch so sehr, und ich hasse es, so lange wegzubleiben.

Nun komme ich aber zum unerquicklichen, wenn auch ernsten Thema der Kleidung – natürlich habe ich nicht für den Sommer vorgesorgt. Ich habe gleichzeitig an Marte (78 Grosvenor Street) geschrieben und ihr gesagt, daß sie Dir, falls sie Dich noch erwischt, zwei Waschkleider, ein Abendkleid und einen Hut mitgeben soll, wenn Du jedoch schon abgereist bist, bevor dieser Brief eintrifft, wird Mutter ihn öffnen und Marte sagen, daß sie die Sachen, um die ich sie gebeten habe, so schnell wie möglich abschickt, so daß ich sie hier möglichst bei meiner Rückkehr vorfinde. Aber bringe mir bitte, wenn Du kannst, einen Hut mit. Elsa kann ihn aussuchen, wenn die Verbindung mit Marte nicht klappt – sie ist übrigens telephonisch zu erreichen –, ein Hut mit Band, schwarz oder mauveblau und pilzförmig. So! Du wirst Dein Bestes tun, da bin ich sicher, und wenn Du nichts machen kannst, muß ich eben den Tropenhelm tragen ...

Ich habe eine reizende Photographie von Hugos Hochzeit erhalten. Ich glaube, das hat mich zum Teil heimwehkrank gemacht. Ihr seht alle so lieb aus und meine beiden Schwestern ganz besonders entzückend.

Jerusalem, 10. Mai 1922

An die Stiefmutter

Ich kann Dir gar nicht sagen, was für eine wunderbare Zeit wir hatten. Die Freude, mit Vater in dieser Umgebung zu sein und seinen erstaunlich wachen und scharfsinnigen Verstand zu Hilfe zu haben! Hat es schon jemals jemanden gegeben, der wie er einen solchen Reichtum an Erfahrung mit einer so frischen und vitalen Einstellung zu allem und jedem, dem er begegnet, in sich vereinigt? Und ist er nicht der köstlichste Begleiter mit seiner Menschlichkeit und seinem reizenden Humor und seiner Würdigung von Schönheit und Geschichte und Vögeln und Blumen und allem, vom Größten bis zum Kleinsten? Ich werde ihn so schrecklich vermissen, wenn wir uns trennen, und ich bedaure es so sehr, daß ich nicht zu Dir, Maurice und meinen Schwestern heimkomme. Man hat dieses außerordentliche Gefühl der Ruhe, des Friedens und Verständnisses, wenn man mit der eigenen Familie zusammen ist, und das ist es eben, was ich so vermisse – die Vertrautheit und das Vertrauen auf unsere Liebe füreinander. Aber obwohl ich mich so nach Hause und zu Euch gezogen fühle, weiß ich, daß ich den Irak in diesem Augenblick nicht guten Gewissens hätte verlassen können. Ich hätte immer das Gefühl gehabt, meine Arbeit in einem Augenblick zu verlassen, in dem ich vielleicht und sehr wahrscheinlich wirklich gebraucht wurde, wenn irgend etwas Ungünstiges geschehen wäre; auch wenn ich weiß, daß ich nicht viel Einfluß gehabt hätte, würde ich mir einbilden, daß gerade dieses Wenige, das ich hätte tun können, den Ausschlag gegeben hätte.

Bagdad, 15. August 1922

An den Vater

Wir durchleben eine sehr anstrengende Zeit, physisch und politisch. Physisch wegen des unglaublich scheußlichen Wetters. Es ist nicht sehr heiß, aber unglaublich stickig und schwül. Alle zwei oder drei Tage stehe ich morgens auf und frage mich, warum ich mich, statt aufzustehen, nicht einfach hinlege und sterbe. Am Ende des Tages fühlt man sich völlig erschlagen. Dann fühlt man sich wieder völlig grundlos für ein oder zwei Tage wohler und dann wieder sterbenselend. Es geht nicht nur mir so; allen geht es gleich ...

Am Sonntag, den 6., lud uns der König zu einem Picknick ein. Ich ging mit Feisal durch die wundervollen Palmengärten und hinaus in die Wüste. Zum sechsten Mal habe ich nun erlebt, wie die Datteln reifen. Sechsmal habe ich gesehen, wie die Palmen das Aussehen riesiger Kaiserkronen annehmen, an denen die gelben Datteltrauben wie großartige goldene Blüten unter den fedrigen Wedeln hängen ... Der König brachte uns mit seinem Boot zurück, und als wir an den Palmenhainen vorüberglitten, schmiedeten er und ich Pläne, die Geschichte der arabischen Erneuerung von Anfang bis Ende nach seinen Tagebüchern und mit meinen Kenntnissen niederzuschreiben. Es wäre eine erstaunliche Geschichte.

Gestern arbeitete ich bei einem absolut teuflischen Klima und sterbensmüde von 7 bis 1 Uhr 30 im Büro, kam nach Hause, aß zu Mittag und arbeitete ununterbrochen von 2 Uhr 30 bis 6, danach ging ich zu einer Ausschußversammlung und dann zu einem Dinner im französischen Konsulat, wo wir bis Mitternacht Bridge spielten. Ich kehrte nach Hause zurück und fühlte mich wie ein fürchterliches Gespenst.

Der Hochkommissar hat nach Hause telegraphiert, daß er in Feisals Reise nach England keinen Nutzen sehe. Er empfiehlt, daß wir den Vertrag veröffentlichen, sagen, daß wir uns in allem einig sind und daß der einzige Punkt, in dem wir unterschiedlicher Meinung sind, das Mandat ist. Über diesen Punkt müssen die Wähler des Irak entscheiden; wenn sie sich dagegen entscheiden, werden wir das Land morgen räumen. Der König ist von diesem Lösungsvorschlag begeistert.

Aber wird unsere Regierung diesen Vorschlag akzeptieren? Das ist es, was wir wissen wollen, aber da zu Hause alle auf Moorhuhnjagd sind, können wir nicht mal auf die dringendsten Telegramme eine Antwort erhalten.

16. August

Dies war einer der elenden Tage, trotzdem war ich äußerst beschäftigt. Jede Menge Scheiche kamen heute morgen ... Ich glaube, sie fangen wirklich mit der Arbeit an. Das ganze Land ist entsprechend den Gliederungen der Verwaltung parzelliert worden, und die Scheiche beginnen mit der Organisation der Distrikte. Auch die Scheiche aus größerer Ferne strömen herbei, um sich als Mitglieder einzutragen. Das sind die Leute, die ich liebe, ich kenne jedes Stammesoberhaupt von Bedeutung über die ganze Länge und Breite des Irak, und ich halte sie für das Rückgrat des Landes.

Man muß schon allen Mut zusammennehmen, wenn eine falsche Entscheidung universales Chaos bedeuten kann.

In der Zwischenzeit werden vielleicht all die internen Feindseligkeiten, die uns so ernsthaft beschäftigen, durch die wachsende Bedrohung der Kemalisten im nördlichen Grenzgebiet getilgt ...

Wenn ich's mir recht überlege, kann ich mir kaum vorstellen, wie Du es erträgst, Dich durch all diese Unmengen Informationen über irakische Politik durchzulesen – kannst Du es ertragen?

Bagdad, 24. September 1922

An den Vater

... Seit Mr. Churchill sich einverstanden erklärt hat zu verkünden, daß das Mandat im selben Augenblick, in dem Irak dem Völkerbund beitritt, ein toter Buchstabe ist, hat es sich für die Iraker sehr gemildert. Jetzt beinhaltet eine der Vertragsklauseln die Verpflichtung unsererseits, Irak so schnell wie möglich aufnehmen zu lassen.

Bagdad, 24. Oktober 1922

An den Vater

Das Kabinett hat mich auf Verlangen des Königs zur ehrenamtlichen Direktorin der Altertümer Iraks ernannt; es schien keine andere Möglichkeit zu geben, den Platz warmzuhalten, bis wir uns einen richtigen Direktor leisten können. Die Abteilung ist zu meiner großen Zufriedenheit im Ministerium für Öffentliche Bauten untergebracht, so daß ich meinem Freund Sabi Bei direkt unterstehe und ich auf die Hilfe des Architekten Major J.M. Wilson bauen kann. Ich bin am Dienstag morgen zum Ministerium gegangen, um meine erste Konferenz mit dem Minister über das Ausgrabungsgesetz abzuhalten, das ich entworfen habe ...

Nun, da der Vertrag unterzeichnet ist, ist der König darauf aus, jede Zeile davon gegen die geringste Kritik zu verteidigen. Seine eigene Proklamation und sein Telegramm an König Georg geben seine Überzeugung genauestens wieder. Der Erlaß für die Veranstaltung von Wahlen ist ergangen; die Registrierung der Direktoren beginnt diese Woche und wird etwa sechs Wochen dauern; wegen des etwas schwerfälligen Systems der Wahlausschüsse wird die verfassunggebende Nationalversammlung nicht vor Januar tagen können ... Der König will, daß die Versammlung den Vertrag ratifiziert, und ich denke, so wird es geschehen.

23. November

Das neue Kabinett ist gebildet [der Nakib war zurückgetreten] und, wie ich glaube, sehr gut. Jasin Pascha geht zu den Öffentlichen Bauten; so werde ich meine archäologische Abteilung mit ihm zusammen aufbauen, was mir gefallen wird. Seine Majestät und das Kabinett sind entschlossen, energisch vorzugehen. Das ist notwendig, denn die schiitischen Mudschtehids haben Fatwas ausgegeben, die den Leuten verbieten, an den Wahlen teilzunehmen.

Bagdad, 7. Dezember

An die Stiefmutter

Sir Percy trödelt immer noch im Persischen Golf herum, jedoch nicht nutzlos, denn er hat es geschafft, daß der Nedschd-Irak-Vertrag ratifiziert wurde, was Ibn Saud erst verweigert hatte. Ich wußte, Ibn Saud würde schließlich einlenken, sobald Sir Percy ihm die Sache direkt vorlegte. Welch erstaunlichen Einfluß mein Chef doch hat!

Ein sehr glückliches Weihnachtsfest und alle guten Dinge. Die Liebe Eurer Kinder ist immer mit Euch, und ich kann mir nicht vorstellen, daß eines von ihnen Euch mehr lieben kann als Eure Tochter Gertrude.

Bagdad, 18. Dezember 1922

An den Vater

Major Young fragte mich, ob ich meiner Berufung als Orientsekretär mit dem Rest von Sir Percys Stab bis Oktober 1923 weiterhin folgen würde. Ich sagte zu. So stehen also die Dinge. Ich werde das Amt jedenfalls behalten, bis Sir Percy geht. Major Young deutete an, daß sein Nachfolger es sicher gern hätte, wenn ich noch eine Weile bliebe, um nicht auf einen Schlag einen vollständigen Wechsel zu erleben. Ich sagte, unter sonst gleichen Umständen könnte ich dies wahrscheinlich bejahen, es hinge aber natürlich vor allem davon ab, wer der Nachfolger sei, und dabei beließen wir es. Es hat sich ganz so entwickelt, wie ich es mir gewünscht habe, weil sie es waren, die mich gebeten haben zu bleiben und ich nicht diejenige bin, die sich festklammert. Ich machte es Major Young ganz klar, daß ich nicht daran festhielte, wenn sie mich nicht haben wollten. Freilich, was für eine seltsame politische Karriere ich gehabt habe ...

An unseren südlichen Grenzen lauert ein weiteres Problem. Du weißt, daß Ibn Saud Hail erobert hat und damit das Gleichgewicht der arabischen Politik stört. Die Grenze Arabiens zu der des Irak ist bis jetzt immer noch eine unbestimmte Grenze. Sir Percy hat ihn zum frühestmöglichen Zeitpunkt zu einer Konferenz mit ihm selbst und Feisal gebeten, und ich habe auf der Landkarte eingezeichnet, wie meiner Meinung nach unsere Grenzlinien in der Wüste verlaufen sollten. Nichts würde ich lieber tun, als bei dieser Konferenz der Könige dabeizusein, aber ich glaube keinen Augenblick daran, daß Sir Percy mich mitnehmen wird.

Bagdad, 16. Januar 1923

An den Vater

Es ist fast unmöglich zu glauben, daß die Menschheit noch vor wenigen Jahren mehr oder weniger von der Vernunft beherrscht wurde und sich die Konsequenzen überlegte, bevor sie etwas tat. Ich halte mich selbst nicht für vernünftig – wie kann man es sein, wenn die politischen Werte so schwanken wie die Währung? ... Insgeheim habe ich das Gefühl, daß wir Menschen des Krieges niemals wieder zu vollkommener geistiger Gesundheit zurückkehren können. Der Schock ist zu groß gewesen; wir sind aus dem Gleichgewicht gebracht. Mir ist bewußt, daß ich selbst viel weniger Kontrolle über meine Gefühle habe als früher. Ich bin mir nicht richtig sicher, was ich als nächstes tun werde, und ich kann nur hoffen, daß sich keine Gelegenheit ergibt, schrecklich leichtsinnige Dinge zu tun; denn wenn sie sich ergibt, würde ich sie wahrscheinlich tun ...

Es wird fürchterlich langweilig sein, wenn ich nach London zurückkehre und nicht mehr über alle Kabinettsberufungen konsultiert werde!

Am Dienstag, dem 9., fuhr ich mit Major J. M. Wilson und Major Jefferies nach Diwanija. Unser Ziel war es, den Hügel von Niffar zu besichtigen ...

Niffar ist bei weitem der eindrucksvollste Ort, den ich hier gesehen habe. Er ist so ungeheuer groß, und die Tempelpyramide ragt so hoch über der Ebene in die Höhe. Außerdem erhält man einen sehr deutlichen Eindruck von der Topographie der Stadt, die vom alten Kanal zweigeteilt ist, und es ist leicht, sich den riesigen Tempel mit seiner Bibliothek und der theologischen Schule an einem Ufer vorzustellen und die Handelsstadt am anderen ... Du siehst im Schnitt über einen Zeitraum von drei- oder viertausend Jahren ein Zeitalter der Zivilisation nach dem anderen. Es ist erstaunlich und ziemlich scheußlich, sich Jahrtausenden menschlicher Anstrengungen gegenüberzusehen und sich vorzustellen, was für ein Chaos wir daraus gemacht haben, wie ich oben schon bemerkte.

Bagdad, 1. März 1923

An den Vater

Kannst Du mir bitte einen Gefallen tun? Der König (mit dem ich gerade Tee getrunken habe) steht vor dem Problem, wie er einen großen Raum in dem kleinen Palast möblieren soll, der gerade gebaut worden ist – ein Empfangsraum. Er hat eine ungeschickte Form, denn er war eigentlich als Speisesaal gedacht – 170 Schritte lang mal etwa 70 breit mit einem riesigen Kamin an einer der langen Seiten. Ich habe vorgeschlagen, daß der Raum durch die Einrichtung irgendwie aufgeteilt wird und daß er einen zentralen Sitzplatz in der Mitte schafft, und zwar gegenüber dem Kamin mit drei großen, schönen Sofas, wobei das mittlere das imposanteste sein sollte. In diesem staubigen Land ist es besser, ziemlich einfache Möbel aufzustellen, sonst ist es schwierig, sie zu reinigen, und wir denken, wenn wir ein paar gute Zeichnungen oder Photos hätten, könnten wir sie hier herstellen lassen. Könntest Du uns deshalb vielleicht mit der nächsten Luftpost eine Auswahl an Katalogen oder Zeichnungen aus den besten Londoner Geschäften zuschicken? Wir könnten auch Stühle und Tische daraus entnehmen und etwas anfertigen lassen.

Bagdad, 9. Mai 1923

An die Stiefmutter

Dies wird ein sehr zusammengestoppelter Brief, fürchte ich, denn ich bin von den Verabschiedungen ziemlich mitgenommen ...

Letzte Woche reiste Sir Percy ab – ein sehr bewegender Abschied ... Was für eine Stellung er sich hier geschaffen hat! Ich glaube, kein Engländer hat im Osten mehr Vertrauen genossen. Er selbst war furchtbar unglücklich über seinen Weggang – 40 Jahre Dienst ist keine Sache, die man so einfach niederlegt.

Bagdad, 1. Oktober 1923

An die Eltern

Was sich bei Euch zu Hause tut, klingt alles sehr erfreulich; es ist seltsam, erst vor kurzem dazugehört zu haben und jetzt wieder so in das Leben des Irak eingetaucht zu sein. Aber ich bin ungeheuer glücklich hier, daran ist nicht zu zweifeln. Meine Arbeit im Büro wird immer interessanter – ich bin jetzt für alle Stammesfragen zuständig ...

J. M. Wilson ist voll mit seinen Möbeln und Dekorationen beschäftigt; ich schicke Euch mit separater Post eine Zeichnung vom Thron des Königs, für den wir ein bißchen geprägtes Leder haben wollen. Wärt Ihr, Vater oder Mutter, so engelsgut, es für mich zu bestellen? ...

Ich habe fast den ganzen Vormittag im Ministerium für Öffentliche Bauten verbracht, wo wir – was glaubt Ihr wohl? – das Irak-Museum in Angriff nehmen! Es wird ein bescheidener Anfang sein, aber es ist ein Anfang.

Bagdad, 31. Dezember 1923

An den Vater

... Ich muß Dir von einem komischen Problem erzählen, das aufgekommen ist – ich hoffe, Du bist der Meinung, daß ich mich richtig entschieden habe. Morgen gibt Sir Henry Dobbs, Nachfolger von Percy Cox, ein Abendessen für den König, das Kabinett und die Berater – ein Männeressen. Er erzählte mir davon, bevor ich nach Babylon fuhr, und ich machte außer einer zustimmenden keine weitere Bemerkung. Bei meiner Rückkehr fand ich eine Einladung an mich vor, und ich ging zu ihm und fragte ihn von Mann zu Mann, ob er wolle, daß ich käme. Er sagte: «Ja, natürlich, wenn Sie sich nicht erdrückt fühlen werden.» Ich sagte, daß ich mich als hoher Amtsträger in seinem Büro für geschlechtslos hielt und daß ich kommen sollte und würde. Sir Percy behandelte mich bei solchen Gelegenheiten (Empfängen und so weiter) einfach als Beamten, und ich glaube auch nicht, daß es anders geht. Ich gehe also hin.

Bagdad, 9. Januar 1924

An den Vater

... Ich plane auf dem Weg nach Ur eine zweitägige private Spritztour in die Wüste. Ich hoffe, daß etwas draus wird. Ich möchte mich zwei Tage lang wieder einmal wild und unabhängig fühlen, statt Beamtin im Büro des Hochkommissars zu sein.

Mr. Woolley hat in Ur wunderbare Entdeckungen gemacht und mich dringend gebeten hinzukommen. Also fahre ich am nächsten Sonntag und absolviere Kisch en route. Ich habe einen großartigen Plan für den Besuch einiger Hügel diesseits von Nasirija, der sich hoffentlich in die Tat umsetzen läßt.

6. Februar 1924

An den Vater

Diesmal fehlt Mutters Brief, und ich habe Deinen vom 22. Januar. Sehr interessant, die Darlegung über den Eisenbahnerstreik; ich möchte unbedingt hören, was Du von der Beilegung hältst. Reizend ist die Analyse Deiner Kinder, bloß das zweite, was ich sein soll, kann ich nicht lesen, und so bleibe ich nur eine Imperialistin. Nun, wenn ich das bin, dann im besten Sinne, behaupte ich, denn ich habe mich redlich bemüht, ein großes Königreich loszulösen – zum Wohle des Empire! Jedenfalls hast Du es nicht leicht gehabt, das steht fest, aber ich bin froh, daß Du uns magst.

Am Sonntag habe ich den Vormittag in meinem Museum verbracht, um die Schilder zu redigieren. So zum Beispiel: Ich nehme ein kleines Marmorstückchen mit Pferdehals und Mähne in die Hand und finde es folgendermaßen beschriftet: «Dies ist Teil einer Männerschulter, Marmorobjekt.»

«Aber», sage ich, «wächst einem Mann denn eine Mähne auf der Schulter?» – «Wie wahr, bei Gott», murmelt der Gehilfe.

Ich vergaß, an welchem Tag ich von einer Idee überrascht wurde, aber es geschah so: Col. Tainsh, Eisenbahndirektor, kam eines Morgens zu mir, um mich zu fragen, wer möglicherweise einen kleinen Bericht über interessante Orte schreiben könnte, an die man mit seiner Eisenbahn gelangt – im Hinblick auf die Touristen, die mit dem Auto aus Damaskus kommen werden, verstehst Du? Ich sagte also, ich könne das, was er ja von Anfang an wollte. Und weiter darüber nachdenkend sagte ich zu mir selbst: Verdammt noch mal! Warum sollte ich nicht den Murray's Guide für den Irak schreiben? Ich fing noch am selben Tag damit an, aber ich habe bisher nicht weiter daran geschrieben, nur John Murray darüber informiert. Es ist eine gute Idee, aber ich bin jetzt doch ziemlich bestürzt, wenn ich an die Menge denke, die geschrieben werden muß. Was meinst Du?

Bagdad, 28. Februar 1924

An die Stiefmutter

Würdest Du bitte so freundlich sein und mir einen Sonnenhelm kaufen? Es ist nicht so leicht, wie Du denkst, weil ich sehr wählerisch bin. Ich spüre die Sonne kaum und trage nur beim Reiten einen Helm und mag ihn außergewöhnlich klein und leicht. Ich habe jetzt das Geschäft gefunden, wo man ihn bekommt, Woodrow, 46 Piccadilly. Er soll mit cremefarbener Tussahseide überzogen werden – ich hasse Drell ...

Mein Reiseführer ist so aufregend. Der Teil, den ich nicht gern schreiben werde, ist die Einleitung, daß die Münzen Rupien und Annas sind und solche Sachen. Soweit bin ich aber noch nicht.

Vertraulich

Folgendes hat Sir Henry dem Kolonialministerium in seinem Jahresbericht über seine Beamten über mich geschrieben:

Es ist schwierig, über Miss Bells Dienste sowohl für die britische als auch die irakische Regierung zu schreiben, ohne in den Verdacht der Übertreibung zu geraten. Ihre erstaunlichen Kenntnisse dieses Landes und seiner Menschen und ihr Mitgefühl mit ihnen versetzen sie in die Lage, in ihre Seele zu blikken, während ihr unerschütterlicher Glaube sie daran hindert, über das, was sie dort manchmal vorfindet, den Mut zu verlieren. Ihre lange Bekanntschaft mit den Stämmen und Scheichen macht ihren Rat bei den immer wiederkehrenden Krisen in Stammesangelegenheiten unschätzbar, und ihre Vitalität und umfassende Bildung machen ihr Haus zum Mittelpunkt von allem, was in der europäischen wie arabischen Gesellschaft in Bagdad Wertschätzung verdient. Sie ist tatsächlich ein Bindeglied zwischen dem britischen und dem arabischen Volk.

Bagdad, 6. März 1924

An den Vater

Oje, ich war so beschäftigt, daß ich keine Briefe geschrieben habe, und morgen ist Posttag. Am Freitag nach dem Mittagessen nahmen J. M. Wilson und ich den sogenannten Expreß und fuhren nach Ur, um die Teilung der Funde vorzunehmen. Wir kamen am Samstag früh um 5 Uhr an, und weil man mich zu wecken vergaß, hatte ich eine knappe halbe Stunde, um aufzustehen und mein Bett und meine Sachen zusammenzupakken. Ich sprang also in die Höhe, zog mich an und machte mich, ungewaschen und ungekämmt, mit J. M. und dem alten Abdul Kadir, meinem Kustos, in der stillen Morgendämmerung auf nach Ur. Es ist etwa eine Meile. Wir kamen vor Sonnenaufgang an, trafen niemanden an, der auf war, und gingen zur Zikkurat, um die freigelegte Treppe anzuschauen. Eine dreistufige Zikkurat mit Mauerwerkblöcken zwischen den Treppenaufgängen ist außergewöhnlich. Sie ist spätbabylonisch – Nabonid, nach Nebukadnezar – und muß eine Treppe der 3. Dynastie von Ur überdecken, von der wir bis jetzt noch nichts wissen. Wir kletterten bis zur Spitze hinauf und beobachteten, wie die Sonne über der mit sprießendem Grün und mit Herden und Zelten übersäten Wüste aufging.

Inzwischen trafen die Arbeiter ein, begrüßten uns mit «Pascha» (ich steige im Rang), und dann kam Mr. Woolley, und wir bestaunten die Treppe und den Rest. Dann ging ich zum Haus zurück, um mich schnell zu waschen und mir die Haare zu kämmen. Noch vor neun begannen wir mit der Teilung. Es fing damit an, daß ich mit dem Wurf einer Rupie den goldenen Skarabäus gewann, und wir machten weiter bis gegen 12 Uhr, als ich streikte. Es ist eine schwierige und ziemlich qualvolle Arbeit, weißt Du. Wir saßen mit unseren Katalogen da und hakten die Dinge ab. Aber der wirklich schwierige Teil kam nach dem Mittagessen, als ich ihnen sagen mußte, daß ich die Melkszene nehmen müßte. Ich kann nicht anders. Sie ist einzigartig und stellt das Leben auf dem Lande zu einem unheimlich frühen Zeitpunkt dar. In meiner Kapazität als Direktorin für Altertümer bin ich eine irakische Beamtin und an die Bedingungen gebunden, zu denen wir die Ausgrabungsgenehmigung erteilt haben. J. M. unterstützte mich, aber es brach Mr. Woolleys Herz, obwohl er die Entscheidung erwartet hatte.

Am Sonntag verbrachte ich den ganzen Tag im Zug damit, den Reiseführer über Bagdad zu Ende zu schreiben. Ich schrieb elf Kanzleiformatseiten voll und vergrub mich anschließend in einen Roman. Wir kamen um 6 Uhr 15 in Bagdad an, nur anderthalb Stunden zu spät.

Am Montag mußte ich den vierzehntäglichen Bericht für den Außenminister schreiben, was mich den ganzen Arbeitstag kostete. Das war's dann.

Bagdad, 1. April 1924

An den Vater

Zur verfassunggebenden Versammlung [wurde am 27. März eröffnet und sollte den Anglo-irakischen Vertrag und die Abkommen verhandeln]: Der König sah in seiner arabischen Galakleidung ganz wundervoll aus. Die Minister setzten sich rechts und links neben ihn, er selbst saß auf dem Podium. Er wurde enorm beklatscht. Dann las er seine Rede vom Thron aus vor, eine schöne Ansprache und äußerst bewegend. Ich glaube, ich habe ihn noch nie so aufgewühlt gesehen; seine Stimme schwankte. Danach formierte sich sein Gefolge wieder, und er ging.

Dann wählte die Versammlung ihren Präsidenten – ein Augenblick atemloser Erregung. Sie schrieben alle ihre Wahl auf Zettel und warfen sie in einen Kasten.

Durch all die Deputierten war beim jährlichen Lunchen, den sportlichen Vorführungen der irakischen Armee und dem Frühlingsfest in den Maude-Gärten dieses Jahr viel mehr Betrieb. Es hat wirklich viel Spaß gemacht, Seine Majestät und Said [Feisals Bruder], Seine Exzellenz, die Luftmarschälle und ich in meiner dienstlichen Eigenschaft in dieser ganzen Männerwelt. Und es herrschte solch eine Atmosphäre des guten Willens und der Genugtuung.

Bagdad, 30. April 1924

An die Stiefmutter

... Der Sommer ist gekommen, und ich stelle fest, daß ich noch ein Spitzenkleid für die Abende haben möchte. Ich hätte gern ein schwarzes, denn ich habe einen silbernen «Fourreau», zu dem es passen würde. Schickst Du mir deshalb bitte 4½ Yard schwarze Filetspitze von 25 Zoll Breite? Und großartig wäre, eine Spitze zu bekommen, die so viel wie möglich Muster hat, nicht nur ein großes Stück musterloses Netz oben, wenn Du verstehst, was ich meine.

Ich vergaß, Vater zu sagen, daß mein Bild für den König in einem herrlichen Rahmen gekommen ist. Ich habe es Feisal gestern zugeschickt, aber noch nichts von ihm gehört.

Bagdad, 11. Juni 1924

An den Vater

Wir haben das Ultimatum eine halbe Stunde vor Ablauf erfüllt; die Versammlung hat den Vertrag gestern nacht um 11 Uhr 30 ratifiziert.

*

Die seit 1922 dauernden Uneinigkeiten über den Anglo-irakischen Vertrag, hervorgerufen durch die Kürzung der Vertragsdauer von 20 auf 4 Jahre (was für den Irak den wirtschaftlichen Bankrott und verteidigungspolitische Engpässe zur Folge gehabt hätte) und den Widerstand der Nationalisten (der Vertrag wahrte die britischen Interessen im Irak), hatten die britische Regierung zu einem Ultimatum veranlaßt. Großbritannien garantierte finanzielle Unterstützung für die Zukunft, wenn der

Irak den Vertrag bis zum 10. Juni ratifizierte. Trotz der britischen Kontrolle bedeutete dieser Vertrag für den Irak einen wichtigen Schritt in die Unabhängigkeit.

*

Bagdad, 25. Juni 1924

An den Vater

Ich vermute, daß es die Reaktion auf die unselige Aufregung ist, mit der wir in den vergangenen paar Monaten gelebt haben, aber was immer auch der Grund sein mag: Ich bin jedenfalls schrecklich lustlos und deprimiert. Ich fürchte also, daß dieser Brief nicht dem Standard entspricht ...

Zur Zeit sind wir wirklich die glückliche Nation, die keine Geschichte hat. Die verfassunggebende Versammlung verabschiedet gerade das Grundgesetz ...

Ich habe diese Woche nicht viel getan. Ich schwimme ziemlich viel, und jeden Sonntag fährt die übliche Gruppe von uns mit dem Boot in die Nähe von Muadhdham, wo wir am Flußufer schwimmen und tauchen. Ich habe dort eine kleine Schilfmattenhütte, in der ich mich umziehen kann, und eine weitere an der Badestelle gegenüber dem Palast des Königs, wo wir hingehen, wenn wir zum Abendessen zurücksein wollen. Gestern gesellten sich der König und Said zu uns – ich lasse es sie jetzt immer wissen, wenn wir hinauffahren, damit sie herüberkommen und mit uns schwimmen können.

Bagdad, 25. Juni 1924

An die Stiefmutter

Ich bin so fleißig geschwommen, daß mein Badeanzug fadenscheinig wird und schon gestopft werden muß. Besorgst Du mir bitte einen neuen? Ich mag die zweiteiligen, Hose und Jumper, und ich mag sie schwarz mit irgendeiner farbigen Borte um die Ränder herum. Seidentrikotine ist mir lieber als Seide, und am liebsten ist mir ein rechteckiger oder V-Ausschnitt am Hals. Was die Farbe betrifft – wenn Du etwas Schönes in buntem Trikotine siehst, wäre es eine nette Abwechslung. Aber die Farben sollten eher zu einem Dunkelblau oder Grün tendieren, wenn Du mich verstehst.

Badesachen sind so leicht, daß sie vielleicht per Briefpost mit Überlandpost geschickt werden können – normalerweise nehmen sie keine Pakete an.

Immer Deine sehr zärtliche Tochter

Gertrude

Bagdad, 23. Juli 1924

An die Stiefmutter

Wegen des Badeanzugs. Es war meine Schuld. Ich hätte Dir beim Material freie Hand lassen sollen. Wahrscheinlich trägt jetzt niemand mehr Trikotine – etwas anderes ist Mode. Der, den Du mir geschickt hast, ist ziemlich sackartig, aber ich werde sehr froh über ihn sein, wenn mein jetziger löchrig wird.

Bagdad, 10. Dezember 1924

An den Vater

Dein liebevoller Brief vom 26. November – ich war so froh, ihn zu erhalten – er hat mich innerlich ganz warm gemacht. Es ist mir vollkommen klar, daß ich so viel Liebe nicht verdiene, aber das schöne an der Liebe ist, daß man sie ohne Verdienst haben kann.

Du mußt Dir um meine Gesundheit keine Sorgen machen, mein Lieber. Du rechnest nicht mit der ungeheuren Spannkraft, die davon kommt, daß man überall sonst gesund ist. Ich werde immer dünn sein – eine ererbte Eigenschaft; und es ist mir sowieso lieber so. Ich mag keine dicken Leute. Ich hatte aber wirklich einen sehr schweren und einsamen Sommer, und ich nehme an, daß er meine Widerstandskräfte gegenüber der Hitze vorübergehend geschwächt hat. Aber jetzt, wo alle meine

Freunde zurück sind, ist es ganz anders, und wenn wir zu Weihnachten auf die Jagd gehen, werde ich, ohne mit der Wimper zu zucken, acht Stunden pro Tag zu Fuß gehen.

8
Ein Museum in Bagdad – die letzte große Herausforderung

Bagdad, 15. Januar 1925

An die Stiefmutter

... Du weißt, obwohl ich gern davon höre, daß ich das Gefühl habe, nicht in eine Weihnachtsparty zu passen. Ich bin zu sehr zur Einsiedlerin geworden. All die Jahre, die ich allein gewesen bin, müssen schließlich den Charakter verändern. Nicht zum Besseren, gebe ich zu und fürchte ich.

Aber so ist es eben; wenn Du Kinder und Enkel hast, die um Dich herum aufwachsen, ist es ganz anders. Das habe ich nicht gehabt, bedauerlicherweise.

Bagdad, 28. Januar 1925

An die Stiefmutter

Wir haben immer noch eine erstaunliche Kaltwetterperiode. Seit Weihnachten hat es fast jede Nacht Frost gegeben, und in den letzten drei Nächten ist die Temperatur auf 18° [Fahrenheit = – 8° C] gefallen. Tagsüber ist es kaum über dem Gefrierpunkt, und es geht ein schauderhafter, messerscharfer Nordwind. Die Schafe sterben wie die Fliegen, die Benyon-Bäume und Limonellen sind alle erfroren, und alle jungen Orangenbäume sind tot. Die Menschen leiden schrecklich: Sie sind nicht der Kälte entsprechend gekleidet oder untergebracht, und der Preis für Nahrungsmittel hat sich verdoppelt oder verdreifacht. Viele Menschen in der Wüste und in den

Dörfern sind umgekommen. Im Norden, hören wir, liegt tiefer Schnee. Man sagt, eine so lange Kälteperiode habe es seit 40 oder 50 Jahren nicht mehr gegeben. Jedenfalls hoffe ich, daß es in meiner Zeit nicht mehr geschieht, denn es ist äußerst unangenehm, auch wenn es für solche, die Pelze und Heizung haben wie ich, gesund ist. Ich lebe im Pelzmantel, außer wenn ich in meinem Wohnzimmer vor dem Feuer sitze. Es ist selten in diesem Land, daß man sich nach ein bißchen Sonne und Wärme sehnt.

Wir durchleben eine sehr aufregende Zeit und haben alle das Gefühl, daß unser Schicksal in einem Schmelztiegel liegt. Wenn die Grenzkommission [die den Verlauf der türkisch- irakischen Grenze festlegt] Gutes zustande bringt, wird es hauptsächlich Sir Henry zu verdanken sein ...

*

Gertrude Bell machte in diesem Jahr Urlaub und traf am 17. Juli in London ein. Ihr nervlicher Zustand war sehr schlecht, und sie schien seelisch und körperlich erschöpft zu sein. Der Hausarzt der Familie war der Meinung, daß sie sorgfältiger Pflege bedürfe und nicht in das Klima Bagdads zurückkehren sollte. Gertrude hatte ein kurzes privates Gespräch mit ihrer ehemaligen Schulfreundin Janet Courtney und bat sie, ihr zu einer Tätigkeit zu raten, falls sie sich entschlösse, in England zu bleiben. Janet Courtney schrieb ihr wenige Tage später, sie solle für einen Sitz im Parlament kandidieren.

*

Rounton Grange, Northallerton, 4. August

An Janet Courtney

Liebste Janet, nein, ich fürchte, du wirst mich niemals im Parlament sehen. Ich habe eine unüberwindliche Abneigung gegen diese Art von Politik, und wenn Du wüßtest, wie wenig ich mich dafür eigne, würdest Du keinen weiteren Gedanken daran verschwenden – obwohl es ganz reizend von Dir ist, daran zu denken. Die geistige Beweglichkeit und Redegewandtheit, die zur Streitbarkeit im Parlament gehören, habe ich nicht und habe sie nie besessen. Ich kann meine Arbeit auf eine bestimmte Art und Weise machen und erklären, warum ich dies für die richtige Art und Weise halte, aber meine Kenntnisse sind nicht umfassend genug, und ich wünsche mir eigentlich, in die bequeme Arena der Archäologie und Geschichte zurückzuschlüpfen und nur mit dem Interesse einer Zuschauerin am Wettbewerb der eigentlichen Geschehnisse teilzunehmen.

Ich hoffe, Dich vor meiner Abreise in London zu sehen – das wäre ungefähr Ende September. Denn ich denke, ich muß unbedingt für diesen Winter nach Bagdad zurückkehren, obwohl ich persönlich nicht bezweifle, daß es der letzte sein könnte.

Leb wohl, meine Liebe, und vergiß nicht, daß ich immer Deine Dich liebende Gertrude bin.

Bagdad, 14. Oktober 1925

An den Vater

Es war so wunderbar, hierher zurückzukehren. In den ersten beiden Tagen konnte ich wegen der ununterbrochenen Ströme von Menschen, die mich besuchen kamen, überhaupt keine Arbeit im Büro verrichten. «Licht unserer Augen», sagten sie, «Licht unserer Augen», während sie meine Hände küßten und auf fast kindliche Weise Freude und Zuneigung demonstrierten. Es steigt einem ein bißchen zu Kopfe, weißt Du.

Ich habe alle Minister aufgesucht, traf sie alle in ihren Büros an und hatte mit jedem von ihnen ein höchst befriedigendes Gespräch. Da sie den ganzen Morgen im Parlament [das irakische Parlament tagte zum ersten Mal am 16. Juli 1925] sitzen, mit ihrer Büroarbeit zwischen zwölf und vier fertig werden und dann an einer Konferenz der Regierungspartei teilnehmen müssen, um den Standpunkt, der am folgenden Tag im Parlament zu vertreten ist, festzulegen, sind sie alle ein wenig mitgenommen.

Bagdad, 30. Dezember 1925

An den Vater

Ich habe ein paar Abenteuer hinter mir. Dem Beispiel fast aller anderen in Bagdad folgend, legte ich mir letzte Woche eine schreckliche Erkältung zu, und als ich Dir schrieb, war ich schon seit zwei Tagen zu Hause, aber ich sagte es Dir nicht, weil «ich Dich nicht beunruhigen wollte».

Am Sonntag zog ich mehr Kleider an, als ich jemals zuvor getragen habe, und mit einer Wärmflasche auf den Knien fuhr ich mit dem König und einigen Begleitern nach Chanakin. Wir erreichten das Gut des Königs bei Sonnenuntergang, sahen, daß einige neue Möbel eingetroffen waren, und hatten viel Spaß, der König und ich, sie aufzustellen. Dann wurde ich sehr müde und ging sofort nach dem Essen zu Bett. Am nächsten Morgen ging es mir ziemlich schlecht; alle kamen, um zu sehen, ob ich etwas brauchte, und wollten lieber nicht auf die Jagd gehen. Ich scheuchte sie jedoch fort, und ein Diener sah nach mir, bis sie zurückkehrten. Es ging mir viel besser, und ich lud sie ein, vor dem Essen, mit mir im Bett, eine Runde Bridge zu spielen. Aber am folgenden Tag war mein Zustand noch schlimmer, deshalb schickte Ken nach dem sehr guten Arzt am Ort, nur um zu erfahren, daß er Weihnachten auswärts verbrachte; darauf verlangte der König, ohne mir etwas zu sagen, telegraphisch einen Arzt aus Bagdad. Inzwischen konnte ich allem nicht mehr viel Beachtung schenken, ich hatte nur noch das Gefühl, in großen Strudeln zu versinken. Um sechs traf endlich Dr. Spencer ein. Er brachte eine reizende Krankenschwester mit, die die ganze Nacht bei mir wachte. Beide waren überzeugt, daß ich mir eine Lungenentzündung zugezogen hätte. Am nächsten Morgen wurde klar, daß es eine Brustfellentzündung und eine ganz normale Kongestion war. Sie verzögerten die Abfahrt des Frühzugs um eine Stunde – so gehen wir mit unserer Eisenbahn um – und schafften mich nach Bagdad. Ein Krankenwagen holte mich am Bahnhof ab und brachte mich direkt ins Krankenhaus.

Bagdad, 13. Januar 1926

An den Vater

Meine Genesung verbrachte ich damit, daß ich eine Menge über Archäologie las und einen Artikel für die Enzyklopädie über den Irak schrieb. Der Artikel wäre besser geworden, wenn ich nicht gezwungen gewesen wäre, so fürchterlich zu komprimieren. Aber auch so, wie er ist, finde ich ihn nicht schlecht; doch muß er noch vom Kolonialministerium auf Herz und Nieren geprüft werden, und vielleicht nehmen sie ihm den Lebensfunken. Ich habe mir jetzt den Jahresbericht für den Völkerbund vorgenommen und verschiebe meine Rückkehr ins Büro, um das Schwierigste hinter mich zu bringen. Denn es ist eine enorme Anstrengung, sich durch eine große Sache durchzuarbeiten, während man mit dem täglichen Kleinkram beschäftigt ist. Ich glaube sogar, daß mir die zehn Tage aufgezwungenen Müßiggangs sehr gutgetan haben.

Die Archäologie und mein Museum nehmen einen immer größeren Platz ein. Ich hoffe wirklich, daß ich das Museum dieses Jahr richtig unterbringen und einrichten kann. Es macht so viel Spaß, etwas von Anfang an Neues zu schaffen.

Habe ich Dir gesagt, daß ich mich jetzt für Feuersteine begeistere, ein äußerst fesselndes Studium? Wir haben im Irak bis jetzt noch nichts Früheres als die historischen Zeiten (von ungefähr 4000 v. Chr. an), aber ich werde die Ölgeologen darauf ansetzen, die ältesten Eisenterrassen aufzuspüren und zu sehen, ob wir dort keine paläolithischen Feuersteine finden können. Wenn Du mir irgendeine kurze praktische Abhandlung über Feuersteine senden könntest, wäre ich Dir sehr dankbar. Ich vermute, daß sie als Mineral nicht sehr alt sind, jedenfalls, was Geologen so alt nennen.

Bagdad, 3. März 1926

An die Stiefmutter

Es freut Dich sicher zu hören, daß ich das Gebäude, das ich mir vor allen anderen für mein Museum wünschte, bekommen habe. Wir werden viel Platz haben, alle unsere Dinge vorzuzeigen. Zur Zeit muß man noch eines zur Seite rücken, um auf ein anderes einen Blick werfen zu können. Ach, wie gern ich es Dir zeigen würde! Es wird ein richtiges Museum sein, ganz ähnlich wie das British Museum, nur ein bißchen kleiner. Ich bestelle lange, flache Schubladen in Schaukästen, um die Keramikfragmente aufzunehmen, so daß man eine Schublade aufziehen und sich sumerische Stückchen ansehen kann, eine andere, um sich parthische Glasuren anzusehen und wieder eine andere für frühe Reliefdekors, dann arabische Dekors, die ich eine Viertelstunde von meiner Tür entfernt in Massen auflesen kann, und arabische Glasuren. Wird das nicht schön sein? Es ist auch schön, daß ich endlich aus den Schränken meines Hauses einen Haufen Keksdosen voller staubiger Bruchstücke räumen kann.

Bagdad, 26. Mai 1926

An den Vater

Ich habe mit der letzten Post Deine Briefe vom 5. und 11. Mai erhalten und sie mit dem größten Interesse gelesen. Auch Briefe von Mutter und Elsa vom 11. Mai, so daß ich einen guten Überblick bekommen habe. Deine Vorhersage hinsichtlich der Dauer des Generalstreiks war sehr treffend, und ich war besonders froh, daß Du mir eine Zusammenfassung der Verhandlungen mit den Bergarbeitern gegeben hast, weil Sir Henry mich immer danach fragt und Dein Abriß so klar war. Ich werde ihn abtippen und an meine Kollegen verteilen lassen.

Den Sommer über möchte ich hierbleiben. Ich hoffe, daß Du nicht sehr enttäuscht sein wirst. Was ich mir vage vorgenommen habe, ist, beim Hochkommissariat zu bleiben, bis Bernard

[Bourdillon, 1. Sekretär des Hochkommissars] im Herbst zurückkommt, dann mein Amt niederzulegen und die irakische Regierung zu bitten, mich als Direktorin für Altertümer für sechs Monate oder so einzustellen. Ich bin bis jetzt nur ehrenamtliche Direktorin, wie Du weißt. Ich sollte sowieso nicht länger beim Hochkommissariat bleiben; es ist wirklich nicht mehr meine Aufgabe. Die Politik macht großen administrativen Aufgaben Platz, die mich nicht interessieren und für die ich mich nicht eigne. Andererseits ist die Abteilung für Altertümer jetzt eine Ganztagsarbeit. Ich versuche, das Kabinett dazu zu bringen, mir die Verantwortung für die Ausgrabungen zu übertragen, die die Deutschen in Babylon zurückgelassen haben. Ich habe die Deutsche Orientgesellschaft persönlich dazu angestiftet, dieses Angebot zu machen, und sie haben vorgeschlagen, Andrae zu schicken, der in Schergat gegraben hat, damit er die Funde ordnet und katalogisiert, danach würde ich dann eine Aufteilung vornehmen. Ich kenne Andrae sehr gut und mag ihn; die Tatsache, daß ich mit ihm gearbeitet habe, würde alles vereinfachen, und die irakische Regierung hat vollkommenes Vertrauen in mich als Direktorin und würde nichts, was ich tue, in Frage stellen. Aber all dies würde viel zuviel Arbeit bedeuten, um nur als Nebenbeschäftigung behandelt zu werden. Yale knabbert am größten Hügel im Irak, und wenn ich außer Babylon noch drei Ausgrabungen und das Museum am Hals habe, kann ich ganz gewiß nichts anderes mehr machen. Ich warte ab, wie sich all dies entwickeln wird, aber ich weiß jetzt schon, daß ich dem Museum meine ganze Zeit widmen sollte. Im Moment gehe ich jeden Morgen von 7 bis 8 Uhr 30 dorthin und komme gegen 9 Uhr ins Büro. Das bedeutet dann viereinhalb ziemlich anstrengende Stunden, aber ich finde, daß ich die Arbeit gerade so schaffe, obwohl ich auch manchmal Unterlagen zum Lesen abends mit nach Hause nehme.

Das Wetter ist herrlich kühl. Am Pfingstsonntag arbeitete ich ohne Ventilatoren von sieben bis eins im Museum. Montag war ein Feiertag im Büro, obwohl ich nicht den ganzen Tag freinehmen konnte, weil ich einen Bericht zu schreiben hatte; aber da ich einen Teil davon Sonntag nachmittag erledigte, hatte ich von sieben bis elf Zeit fürs Museum. Ein großer Raum unten, der babylonische Steinsaal, ist jetzt fertig, und ich warte nur noch darauf, daß der Katalog, den ich geschrieben habe, übersetzt und gedruckt wird, um dann den König um die Eröffnung des Museums bitten zu können – nur um zu zeigen, daß etwas getan wird. Aber dies ist der einfachste aller Räume mit großen Objekten, die nicht unter Glas sind; wenn ich in die oberen Räume und zu den kleinen Gegenständen komme, da beginnen die Schwierigkeiten. Das reine Katalogisieren von Funden der letzten drei Jahre aus Ur und Kisch ist erledigt, und ich bin mit den Funden dieses Jahres jetzt fast fertig. Aber die Seriennummer des Bagdad-Museums muß auf allem angebracht werden, und erst wenn jedes Objekt im Katalog ist, können wir es numerieren. Es gibt eine Menge Sachen von anderen Orten außer Ur und Kisch, mit denen wir noch nicht angefangen haben. Dann kommt das Einsortieren in die Kästen – die leider noch nicht eingetroffen sind. Ich habe ungefähr die Hälfte der Sachen aus dem alten Saal in das neue Museum geschafft; dort liegen sie nun herum, einige auf Tischen, einige auf dem Fußboden, ein trostloser Anblick. Im Laufe der nächsten zehn Tage wird es noch schlimmer werden, denn bis dahin hoffe ich, fast alles herübergebracht zu haben.

Ich glaube nicht, daß ich das Ganze einfach so liegenlassen könnte. Sollte ich mich mitten im Sommer müde oder elend fühlen, hätte ich die Dinge so weit in Ordnung, daß ich für eine Weile verreisen könnte.

Bagdad, 16. Juni 1926

An den Vater

Meine Hauptneuigkeit hast Du in der Zeitung gelesen – der türkische Vertrag [zwischen der Türkei, Großbritannien und dem Irak, der die türkisch-irakische Grenze festlegt]. Er ist fast zu gut, um wahr zu sein ...

Ich hatte eine nette kleine Feier am Montag, als der König die ersten Räume des Museums eröffnete. Es war heute zum ersten Mal für das Publikum geöffnet, und als ich heute morgen um 8 Uhr 30 wegging, sah ich etwa 15 bis 20 gewöhnliche Bagdader unter der Führung des arabischen Kustos herumgehen – sehr befriedigend. Alle sind sich einig, daß es wie ein Museum aussieht. Alle anderen Räume sind noch ein Chaos, aber Major Harnett und ich kommen mit dem Numerieren und Katalogisieren voran, und ich hoffe sogar, diese Woche ein paar kleine Kästen zu erhalten. Aber es ist solch eine gewaltige Arbeit, daß ich ohne die Unterstützung des bewundernswerten Majors bestimmt zusammengebrochen wäre.

Bagdad, 16. Juni 1926

An die Stiefmutter

... Es ist doch eine erbarmungslose Welt, nicht wahr? Ich habe oft das Gefühl, daß ich nicht weiß, wie ich alles ertragen soll, wenn ich die Arbeit nicht hätte, und ich weiß, daß es Dir genauso geht. Ich denke Monat für Monat an Dich, während die Zeit nach diesem schrecklichen Kummer [Gertrudes geliebter Halbbruder Hugo war im Februar 1926 gestorben] verstreicht, und merke die ganze Zeit, daß das Verstreichen der Monate wenig ändert. Ich wünschte, ich könnte diesen Monat nach Hause kommen, aber ich bin sicher, daß ich, wenn ich gehe, nicht hierher werde zurückkehren wollen, und ich möchte diese Arbeit doch gerne noch beenden – ich finde sogar, daß ich sie beenden muß, weil kein anderer dafür da ist. Aber es ist zu einsam, mein Leben hier; man kann nicht ewig allein bleiben. Zumindest habe ich das Gefühl, daß ich es nicht mehr kann.

2. Juli 1926

An den Vater

... Ich weiß im Moment nicht, was ich tun kann. Du weißt, ich habe diese große Verantwortung für das Museum übernommen – ich habe ja seit Monaten darüber berichtet. Nach der Renovation des Gebäudes wurde ich mindestens zwei Monate lang durch die Überschwemmungen und die Reparaturen, die diese mit sich brachten, aufgehalten, was den Fortgang der Arbeit verhinderte. Jetzt sind all die wertvollen Gegenstände – sie sind Zehntausende von Pfund wert und wären übrigens nie ausgegraben worden, wenn ich nicht hiergewesen wäre, um ihren ordnungsgemäßen Schutz zu garantieren – wie Kraut und Rüben in das Museum transportiert worden, und seit J. M. Wilson weg ist, ist außer mir absolut niemand da, der etwas darüber weiß. Es ist nicht nur die Verantwortung dem Irak gegenüber, sondern auch der Archäologie im allgemeinen. Ich könnte die Dinge unmöglich in diesem Zustand lassen, es sei denn, es gäbe schwerwiegende Gründe dafür. Ich arbeite, so hart ich kann, aber es ist eine ungeheure Aufgabe – natürlich macht sie mir viel Freude, und ich bin bereit, meine ganze Freizeit dafür herzugeben. Aber gleichzeitig kann ich von meinem Posten als Orientsekretär nicht zurücktreten. Und da ich Beamtin bin, stehen mir nur zwei Monate Urlaub zu, was kaum mehr als neun Wochen in England bedeutet.

Das ist die ganze Situation. In ein paar Monaten oder so sehe ich vielleicht wieder Licht im Museum oder zumindest einen Zustand, in dem ich es für eine Weile getrost verlassen kann. Laß uns noch ein bißchen warten, meinst Du nicht, und sehen, wie sich die Dinge entwickeln.

Es ist Dir doch klar, nicht wahr, daß ich mich an die Garantien gebunden fühle, die ich abgegeben habe, als die irakische Regierung auf mein Drängen gestattete, daß vor vier Jahren mit den Ausgrabungen begonnen wurde. Die Sache ist immer mehr gewachsen – sie kann gar nicht anders –, und während ich bis zum letzten Herbst noch J. M. Wilson zu Hilfe hatte, habe ich jetzt niemanden mehr. Alle Projekte tragen jetzt Früchte, und ich bin ziemlich überwältigt davon. Wie dem auch sei, Vater, gib mir ein bißchen Zeit, um die Dinge in eine gewisse Ordnung zu bringen, und wenn Du dann willst, daß ich so viel Urlaub nehme, wie ich kann, werde ich es tun. Aber in dem Fall, glaube ich, müßte ich für den nächsten Winter oder einen Teil davon zurückkehren.

Abgesehen von der Museumsarbeit, ist das Leben sehr öde.

Bagdad, 7. Juli 1926

An die Stiefmutter

... ich bin so froh, daß Dir die Bilder meines Museums gefallen. Ich wünschte, ich wäre schon so weit, daß die oberen Räume photographiert werden könnten, aber sie befinden sich immer noch in einem Chaos – jedoch nicht so chaotisch, wie sie waren, denn die meisten Funde sind mehr oder weniger klassifiziert und so weit, daß sie in Kästen untergebracht werden können. Aber ich finde das Anordnen in Kästen sehr schwierig. Selbst für die beiden winzigen, die ich mir bis jetzt vorgenommen habe, muß ich enorm viel überlegen und umordnen, bis sie in etwa richtig stehen. Und dann das Beschriften der Schilder! Zum Glück schreibt mein arabischer Angestellter sie sehr schön, so daß ich ihm nur eine Liste darüber zu geben brauche, was auf jedem Schild zu stehen hat, und ihn für den Rest des Vormittags, während ich im Büro bin, damit allein lassen kann ...

*

Dies ist der letzte Brief, den Gertrude Bell nach Hause schrieb. Ihre anstrengenden, selbstaufgebürdeten Aufgaben im Museum in der schrecklichen Sommerhitze Bagdads, dazu die täglichen Pflichten im Büro, erwiesen sich als zuviel für ihre schwindenden Kräfte, und die Gewißheit, daß sie nie wieder eine so aufregende und bereichernde Zeit wie die letzten zehn

Jahre erleben würde, machten sie depressiv. Zwei Tage vor ihrem 58. Geburtstag, am 12. Juli 1926, starb sie in den frühen Morgenstunden.

Über Gertrude Bells Tod wird immer ein Fragezeichen stehen; für einige steht es außer Frage, daß es Suizid durch eine Überdosis Schlaftabletten war.

Bei Bekanntwerden ihres Todes trafen Botschaften aus allen Teilen des Irak, aus Bagdad, aus der Wüste, von Beamten und Repräsentanten beim Hochkommissariat ein; und die meisten waren nicht nur förmliche Kondolenzschreiben, sondern enthielten tiefe Anteilnahme. In ihrem eigenen Land kamen Beileidsbezeugungen, die die Empfindung persönlichen Verlusts ausdrückten, von den Höchsten im Land, von Leuten von Rang, aus Kunst und Literatur, der Politik, der Gesellschaft, aus den Dörfern ihrer Heimat Yorkshire.

Gertrude Bell wurde am Nachmittag des 12. Juli auf dem Friedhof außerhalb Bagdads mit militärischen Ehren beigesetzt. Viele, viele Menschen, Iraker und Briten, waren anwesend, der Hochkommissar und der gesamte britische Stab, Zivilisten, Heer und Luftwaffe, der Premierminister des Irak und die Mitglieder des Kabinetts sowie eine große Anzahl arabischer Wüstenscheichs. Die Truppen der irakischen Armee säumten die Straße, und eine riesige Menschenmenge erwies einer Frau die letzte Reverenz, die im ganzen Land verehrt wurde.

Auf Wunsch König Feisals, der bei ihrem Tod im Ausland weilte, erhielt das Museum für Altertümer in Bagdad Gertrude Bells Namen.

Überblick über die Geschichte Iraks von 1914 bis 1933

In den Jahren vor dem Ersten Weltkrieg entsteht im Vorderen Orient eine ganze Palette arabisch-nationalistischer Bewegungen. Die Mehrheit erstrebt mehr Rechte für die Araber in einem dezentralisierten Osmanischen Reich, eine Minderheit will mit Konstantinopel brechen, strebt also nach arabischer Unabhängigkeit. Ursprünglich hatte der arabische Antagonismus gegen die Türken eher kulturelle als soziale oder politische Gründe; die Araber wehrten sich gegen die Türkifizierung.

1914 30. Okt.	Für die junge arabische Widerstandsbewegung ergibt sich eine neue Situation, als das Osmanische Reich an der Seite der Mittelmächte in den Krieg eintritt. Großbritannien als imperialistische Vormacht erhofft sich von der Revolutionierung der Araber eine militärische Entlastung im Vorderen Orient.
1915– 1916	Die britische Regierung verspricht dem *Scherifen Hussein* von Mekka für eine Kriegsbeteiligung der Araber auf der Seite der Entente die Anerkennung eines unabhängigen arabischen Staates, der auch das geographische Syrien und Mesopotamien umfassen soll. Nur hinsichtlich Südmesopotamiens und der syrischen Küstenregion macht England Vorbehalte.

1916 16. Mai	In einer geheimen Übereinkunft (*(Sykes-Picot-Abkommen)* grenzen Großbritannien und Frankreich ihre Interessensphären im Gebiet des zukünftigen arabischen Staates ab und legen damit den Grund für die spätere Aufteilung der Region.
5. Juni	Husseins Sohn *Feisal* erklärt die Unabhängigkeit der Araber: Der «Aufstand in der Wüste» beginnt. Nach ersten militärischen Erfolgen gegen die Türken nimmt Hussein den Titel «König der arabischen Länder» an (2. Nov.).
1917 März	In Mesopotamien gelingt es britischen Truppen – nach einer ersten Niederlage in Kut al-Amara im April 1916 –, die Türken aus Bagdad zu vertreiben. Eine britische Militäradministration wird eingerichtet.
Nov.	Die Araber erfahren von dem sie benachteiligenden Sykes-Picot-Abkommen, das die Bolschewiken mit anderen zaristischen Geheimdokumenten veröffentlichen.
1918 Jan.–Juni	Zweifel der Araber werden durch mehrere Erklärungen zerstreut, in denen die britische Regierung sich erneut zur «vollständigen und souveränen Unabhängigkeit der Araber» bekennt.
1. Okt.	Bei der britisch-arabischen Offensive unter Führung von T. E. Lawrence in Syrien erobern arabische Truppen Damaskus und andere Städte. Feisal errichtet ein provisorisches Regime im arabisch besetzten Syrien.

30\. Okt. Nach der Kapitulation der Türkei und dem Waffenstillstand von Mudros verbreiten Frankreich und Großbritannien in Syrien und Mesopotamien eine gemeinsame Erklärung, in der sie die Errichtung freigewählter nationaler Regierungen als ihr Ziel bezeichnen.

1919
20\. März Als Frankreich bei der *Friedenskonferenz in Paris* trotzdem ganz Syrien beansprucht, unterstützt der amerikanische Präsident den Antrag Feisals, eine interalliierte Kommission zu entsenden, die die Wünsche der Bevölkerung erkunden soll. Frankreich und daraufhin Großbritannien und Italien boykottieren die Kommission.

28\. Aug. Die Empfehlung der Kommission, das Mandat für Syrien keinesfalls Frankreich zu übertragen, wird nicht zur Kenntnis genommen, da England Frankreich nachgeben will. Feisal kann die arabischen Wünsche nicht durchsetzen.

1920
7\. März Der Allgemeine Syrische Nationalkongress (Vertretung der arabischen politischen Anliegen im Fruchtbaren Halbmond) erklärt die Unabhängigkeit Syriens und wählt Feisal zum König. Sein Vater Hussein bleibt König des Hedschas.

19.–26. April Auf der *Konferenz von San Remo* einigen sich die Alliierten über die Aufteilung der arabischen Provinzen der Türkei: Frankreich soll ein Mandat für Syrien einschließlich Libanon und Großbritannien für Mesopotamien (Irak) erhalten.

25\. Juli Frankreich vertreibt Feisal mit Waffengewalt aus Syrien. Das Ende des Traums von einem unabhängigen arabischen Reich nimmt die arabischen Nationalisten auch gegen Großbritannien ein, weil es Frankreich nachgegeben hat. In Mesopotamien ziehen sich schwere antibritische Unruhen bis ins nächste Jahr hin.

1921 März	Um zu einer Einigung zu kommen und die Ruhe im Land wiederherzustellen, wird *Feisal* auf der Konferenz in Kairo als *König des Irak* vorgeschlagen.
23. Aug.	Krönung Feisals
1922 10. Okt.	Gegen nationalistische Opposition wird im *Anglo-Irakischen Vertrag* das Mandatsverhältnis bestätigt.
1924	Eine verfassunggebende Versammlung erarbeitet ein Grundgesetz, das den Irak zur konstitutionellen Monarchie macht.
1926 5. Juni	Auf Empfehlung des Völkerbundes erhält Irak im *Mossulvertrag* das begehrte ölreiche Kurdengebiet um Mossul.
1930 30. Juni	Durch das Anglo-Irakische Bündnisabkommen wird der *Irak unabhängig*, bleibt jedoch militärisch und außenpolitisch an Großbritannien gebunden.
1932 3. Okt.	Mit dem Beitritt zum Völkerbund erlischt das Mandat.
1933	König Feisal stirbt, müde und desillusioniert. Er hatte sich jedoch trotz seiner Abhängigkeit von britischer Unterstützung als weitsichtiger und integrer nationaler Führer etablieren können.

Die innere Gespaltenheit des irakischen Staates – hervorgerufen durch die Einverleibung der nichtarabischen Provinz Mossul, die Zweiteilung der arabischen Bevölkerung in eine schiitische Mehrheit und eine politisch dominante sunnitische Minderheit und die Differenzen zwischen den beduinischen Wüstenstämmen – bleibt bis heute ein grundlegendes Problem.

Verzeichnis der türkischen und arabischen Ausdrücke

Aga	Titel für höhere türkische Offiziere und Zivilbeamte
Akal	Kordel der arabischen Kopfbedeckung
Arrak	Branntwein
Beg	höherer türkischer Titel
Chan	Herberge im Vorderen Orient; Karawanserei
Chatun	ehrerbietige Anrede für eine Frau
Dibbis	eine Art Traubensirup
Dragoman	Dolmetscher im Nahen Osten, besonders für Arabisch, Türkisch und Persisch
Dschebel	Berg, Gebirge
Dschihad	islamischer Heiliger Krieg
Effendi	höherer Beamter
Fallah!	Möge Erfolg beschieden sein ...
Fatwa	Auslegung eines Teils des Korans durch eine besonders hochgestellte Person
Ghasu	Überfall
Ghul	leichenfressender Dämon
Hadschi	Mekkapilger
Kadi	Richter in islamischen Ländern
Kaimakam	türkischer Titel für die Verwaltungsbeamten der Kreise
Kawass	Wächter und Bote einer Gesandtschaft im Vorderen Orient
Keffieh	als Schutz gegen Sonne und Staub von arabischen Männern getragenes Kopftuch
Laban	Sauermilch

Mahdi!	der von Gott Geleitete
Makad	Empfangsraum
Mamur	Gutsverwalter des Sultans
Maschallah!	bewundernder oder zustimmender Ausruf
Mudir	türkischer Beamtentitel
Mudschtehid	schiitischer Geistlicher, der verbindliche Glaubensentscheidungen treffen kann
Mutasarrif	türkischer Titel für den Gouverneur eines Regierungsbezirks, Vorgesetzter des Kaimakam
Nakib	geistliches Oberhaupt
Salam	arabisches Grußwort
Tell	Ruinenhügel, aus übereinander gelagerten Siedlungsresten verschiedener Zeitstufen geformt
Ulema	islamischer Rechts- und Gottesgelehrter
Wallabi oder Wallahi!	Bei Gott!

Bibliographie

Gertrude Bells Werke

Safar Nameh, Persian Pictures, anonym veröff., London 1894. Dt.: *Persische Reisebilder,* Hamburg 1949.

Poems from the Divan of Hafiz, London 1897.

«Islam in India», in: *Nineteenth Century and After,* Vol. 60, 1906.

«Notes on a Journey through Cilicia and Lycaonia» in: *Revue Archéologique,* VII, 1906–7.

The Desert and the Sown, London 1907. Dt.: *Am Ende des Lavastroms. Durch die Wüsten und Kulturstätten Syriens,* Wien 1991.

The Thousand and One Churches (mit Sir William Ramsay), Sevenoaks 1909.

«The Vaulting System at Ukhaidir», in: *Journal of Hellenic Studies,* XXX, 1910.

«Churches and Monasteries of the Tûr Abdìn and Neighbouring Districts», in: *Amida,* Heidelberg 1910, und in: *Zeitschrift für Geschichte der Architektur,* Nr. 9, Heidelberg 1913.

Amurath to Amurath, London 1911.

«Damascus», in: *Blackwood's Magazine,* Vol. 189, 1911.

«Asiatic Turkey under the Constitution», in: *Blackwood's Magazine,* Vol. 190, 1911.

«Postroad Through the Syrian Desert», in: *Blackwood's Magazine,* Vol. 190, 1911.

Palace and Mosque at Ukhaidir, Oxford 1914.

The Arabs of Mesopotamia, anonym veröff., Basra 1918.

Review of the Civil Administration of Mesopotamia, Cmd. 1061, HMSO, 1920.

«Great Britain and Iraq: An Experiment in Anglo-Asiatic Relations», anonym veröff. in: *The Round Table*, London 1924.
The Arab War (vertrauliche Berichte für das Generalhauptquartier in Kairo); Berichte für das *Arab Bulletin*, London 1940.
«Iraq», in: *Encyclopaedia Britannica* (14. Ausg).

Literatur zu Gertrude Bell

Bell, Lady (Hrsg.), *Letters of Gertrude Bell*, 2 Bde., London 1927, 2. Aufl. 1974.
Burgoyne, Elizabeth, *Gertrude Bell: From Her Personal Papers*, 2 Bde., London 1958–61.
Hill, Stephen, Berichte über Gertrude Bell, *Antiquity*, Vol. L, 1976, und *Observer*, 9. Mai 1976.
Jerusalem, Elisabeth, *Gertrude Bells Anteil an der Englischen Politik in Mesopotamien, 1916–1926*, Dissertation an der Philosophischen Fakultät der Universität Wien, 1935.
Kamm, Josephine, *Gertrude Bell, Daughter of the Desert*, London 1956.
Keay, Julia, *Mehr Mut als Kleider im Gepäck*, Bern, München, Wien 1991.
Richmond, Lady (Hrsg.), *The Earlier Letters of Gertrude Bell*, London 1937.
Ridley, M. R., *Gertrude Bell*, Glasgow 1941.
Simpson, Marie-José, *La dame de Bagdad*, Paris 1992.
Tibble, Anne, *Gertrude Bell*, Glasgow 1958.
Winstone, H. V. F., *Gertrude Bell*, London 1978.